Wann ist Design Kunst
im Sinne des Urheberrechts?

Europäische Hochschulschriften Recht

European University Studies in Law

Publications Universitaires Européennes de Droit

Band/Volume **6077**

Aline Schmidt

Wann ist Design Kunst im Sinne des Urheberrechts?

Das Erfordernis der künstlerischen Leistung als Schutzvoraussetzung bei Produktgestaltungen nach der „Geburtstagszug"-Entscheidung

PETER LANG

Bibliografische Information der Deutschen Nationalbibliothek
Die Deutsche Nationalbibliothek verzeichnet diese Publikation in der Deutschen Nationalbibliografie; detaillierte bibliografische Daten sind im Internet über http://dnb.d-nb.de abrufbar.

Zugl.: Köln, Univ., Diss., 2018

D 38
ISSN 0531-7312
ISBN 978-3-631-78529-4 (Print)
E-ISBN 978-3-631-78814-1 (E-PDF)
E-ISBN 978-3-631-78815-8 (EPUB)
E-ISBN 978-3-631-78816-5 (MOBI)
DOI 10.3726/b15555

Peter Lang – Berlin · Bern · Bruxelles · New York · Oxford · Warszawa · Wien

Diese Publikation wurde begutachtet.

www.peterlang.com

Danksagung

Ganz herzlich danke ich meinem Doktorvater Herrn Prof. Dr. Karl-Nikolaus Peifer für die Betreuung dieser Arbeit. Herrn Prof. Dr. Dan Wielsch, LL.M. (Berkeley) danke ich für das Zweitgutachten.

Für die geführten Gespräche, die in Form der Interviews einen großen Teil meiner Arbeit ausmachen, und ohne die diese Arbeit nicht möglich gewesen wäre, möchte ich Prof. Volker Albus, Prof. Anne Bergner, Prof. Nikolaus Bischoff, Dr. Katja Blomberg, Prof. Rido Busse, Prof. Dr. Rainer Funke, Prof. Dr. Marion Godau, Prof. Herman Hermsen, Prof. Dr. Wolfgang Jonas, Prof. Dr. Klaus Klemp, Prof. Dr. Melanie Kurz, Prof. Peter Naumann, Prof. Dr. Kerstin Plüm, Dr. Romana Rebbelmund, Dr. Josef Straßer und Prof. Dr. Annette Tietenberg danken.

Daneben möchte ich noch all denjenigen Personen danken, die mir im Laufe der Dissertation durch wertvolle Gespräche immer wieder Impulse gegeben haben.

Mein besonderer Dank gilt außerdem Jörg Mück, Elke Schmidt sowie Johanna Winkler, die mich fortwährend unterstützt haben.

Inhaltsverzeichnis

Abkürzungsverzeichnis

Abb.	Abbildung
BLJ	Bucerius Law Journal
bzgl.	bezüglich
bzw.	beziehungsweise
DAMS	Discipline delle arti, della musica e dello spettacolo, Universität in Bolgna, Italien
DesignR	Designrecht
DesignG, Designgesetz	Gesetz über den rechtlichen Schutz von Design
ders.	derselbe
dies.	dieselbe(n)
dt.	deutsch
ff.	fortfolgende
GeschmMR	Geschmacksmusterrecht
GeschmMG Geschmacksmustergesetz	Gesetz betreffend das Urheberrecht an Mustern und Modellen in der Fassung vom 11. Januar 1876
ggf.	gegebenenfalls
GRUR-RS	Gewerblicher Rechtsschutz und Urheberrecht, redaktionell bearbeitete Rechtsprechung
i.H.v.	in Höhe von
i.S.d.	im Sinne des
i.S.v.	im Sinne von
jurisPR-WettbR	juris PraxisReport Wettbewerbs- und Immaterialgüterrecht
KG	Kammergericht
KUG-E	Entwurf eines Gesetzes betreffend das Urheberrecht an Werken der bildenden Künste und der Photographie
Leg.-Periode	Legislatur-Periode
Frankfurt a.M.	Frankfurt am Main
Pers. Gespräch	Persönliches Gespräch
Preuß. UrhG, Preußisches Urhebergesetz	Königlich Preußische Gesetz zum Schutz des Eigentums an Werken der Wissenschaft und Kunst gegen Nachdruck und Nachbildung
sog.	sogenannt

Telef. Gespräch	Telefonisches Gespräch
u.a.	unter anderem
UrhG-E	Entwurf eines Gesetzes über Urheberrecht und verwandte Schutzrechte
UrhG-Ref-E	Referentenentwurf eines Gesetzes über Urheberrecht und verwandte Schutzrechte
v.	vom
VO	Verordnung
ZGE	Zeitschrift für Geistiges Eigentum

Im Übrigen wird auf *Kirchner*, Abkürzungsverzeichnis der Rechtssprache verwiesen.

A. Einleitung

I. Problemstellung und Arbeitshypothese

1. Problemstellung

Produktgestaltungen können sowohl durch das den Schutz von gewerblichen Gestaltungsleistungen erfassende Designgesetz[1] als auch durch das Urheberrechtsgesetz geschützt werden.

Bis vor kurzem spielte das Urheberrecht beim Schutz von Produktgestaltungen aufgrund seiner hohen Schutzanforderungen lediglich eine untergeordnete Rolle.[2] Der Anwendungsbereich des Urheberrechts war nach ständiger Rechtsprechung erst eröffnet, wenn es sich bei dem Gebrauchsgegenstand um „eine Schöpfung individueller Prägung [handelte], deren ästhetischer Gehalt einen solchen Grad erreicht[e], dass nach Auffassung der für Kunst empfänglichen und mit Kunstanschauungen einigermaßen vertrauten Kreise von einer ‚künstlerischen' Leistung gesprochen werden [konnte]".[3] Zusätzlich wurde für die Urheberrechtsschutzfähigkeit der Gestaltung im Gegensatz zu Werken der zweckfreien bildenden Kunst, der Literatur und der Musik „ein deutliches Überragen der Durchschnittsgestaltung"[4] gefordert. Urheberrechtsschutz wurde vor diesem Hintergrund in der Regel lediglich Designklassikern wie dem Sessel des Programms RZ62 von Dieter Rams,[5] der Tischleuchte WG24 von Wilhelm Wagenfeld,[6] dem USM-Haller Möbelprogramm[7] oder dem Sessel LC2 sowie der Liege LC4 von Le Corbusier, Pierre Jeanneret und Charlotte Perriand[8]

---

1 Am 10.10.2013 wurde das „Gesetz betreffend das Urheberrecht an Mustern und Modellen", auch Geschmacksmustergesetz genannt, durch das „Gesetz zur Modernisierung des Geschmacksmustergesetzes sowie zur Änderung der Regelungen über die Bekanntmachungen zum Ausstellungsschutz" mit Wirkung zum 1.1.2014 in „Designgesetz" umbenannt.

2 Siehe dazu ausführlich *A. Nordemann/Heise*, ZUM 2001, 128, 135–136.

3 *BGH*, GRUR 2011, 803 Rn. 31 – Lernspiele mit Verweis auf *BGH*, GRUR 1983, 377, 378 – Brombeer-Muster; *BGH*, GRUR 1987, 903, 904 – Le-Corbusier-Möbel.

4 *BGH*, GRUR 1995, 581, 582 – Silberdistel.

5 *BGH*, GRUR 1974, 740, 742 – Sessel.

6 *OLG Düsseldorf*, GRUR 1993, 903, 906 – Bauhaus-Leuchte.

7 *OLG Frankfurt a.M.*, GRUR 1990, 121, 122 – USM-Haller.

8 *OLG München*, GRUR 1992, 410 Ls.

zugesprochen. Nicht vom Schutz erfasst war dagegen die sog. „kleine Münze", also einfache Gestaltungen.[9]

Mit Urteil vom 13. November 2013 gab der BGH diese ständige Rechtsprechung in der „Geburtstagszug"-Entscheidung[10] auf, indem er ausführte, an den Urheberrechtsschutz von Werken angewandter Kunst seien keine anderen Anforderungen als an den Urheberrechtsschutz von Werken der zweckfreien Kunst oder des literarischen und musikalischen Schaffens zu stellen. Es genüge, wenn sie eine Gestaltungshöhe erreichten, die es nach Auffassung der für Kunst empfänglichen und mit Kunstanschauungen einigermaßen vertrauten Kreise rechtfertige, von einer künstlerischen Leistung zu sprechen. Es sei nicht mehr erforderlich, dass sie die Durchschnittsgestaltung deutlich überragten.[11] Mithin werden nach dieser Entscheidung die den Durchschnitt nicht deutlich überragenden Design-Leistungen nicht mehr per se vom Urheberrechtsschutz ausgeschlossen. Vielmehr ist nun für die Schutzfähigkeit eines Werkes der angewandten Kunst entscheidend, ob eine künstlerische Leistung vorliegt. Was genau unter einer künstlerischen Leistung zu verstehen ist, definierte der BGH nicht. Er führte lediglich an, dass bei Gebrauchsgegenständen, die durch den Gebrauchszweck bedingte Gestaltungsmerkmale aufweisen, der Spielraum für eine künstlerische Gestaltung regelmäßig eingeschränkt sei.[12]

Damit vollzog sich scheinbar ein großer Wandel zugunsten eines umfassenderen Urheberrechtsschutzes von Design-Leistungen, weil es keines deutlichen Überragens der Durchschnittsgestaltung mehr bedarf. Bei näherem Hinsehen kommen allerdings Zweifel auf: Eine Design-Leistung muss immer noch eine künstlerische Leistung darstellen. Die dem Gebrauchszweck geschuldeten Elemente können bei Design-Leistungen die künstlerische Leistung nicht begründen.

Die vorliegende Arbeit untersucht, ob und ggf. inwiefern durch die Beibehaltung des Erfordernisses einer künstlerischen Leistung tatsächlich eine Absenkung der Anforderungen an Werke der angewandten Kunst erfolgt ist. Hiermit geht die Frage einher, ob mit dem Rechtsprechungswandel der Anwendungsbereich des Urheberrechtschutzes auf eine nennenswerte Zahl von Design-Leistungen erweitert wurde. Dabei befasst sich die Arbeit primär mit dem Schutz von Produktgestaltungen, das Grafikdesign wird ausgeklammert. Produktgestaltungen

---

9 *BGH*, GRUR 1995, 581, 582 – Silberdistel; *BGH*, GRUR 2014, 175 Rn. 18 – Geburtstagszug.
10 *BGH*, GRUR 2014, 175 ff. – Geburtstagszug.
11 *BGH*, GRUR 2014, 175 Ls. 1 – Geburtstagszug.
12 *BGH*, GRUR 2014, 175 Rn. 41 – Geburtstagszug.

werden hier als dreidimensionale, funktional und ästhetisch ansprechend gestaltete und industriell hergestellte Gebrauchsgegenstände verstanden.

2. Arbeitshypothese

Die Arbeit geht davon aus, dass der BGH zwar beabsichtigte, die Anforderungen an die Schutzfähigkeit von Werken der angewandten Kunst auf das Schutzniveau der zweckfreien Kunst zu senken, dies jedoch nur bedingt gelang. Indem das Gericht einerseits judizierte, dass ein deutliches Überragen der Durchschnittsgestaltung für Werke der angewandten Kunst nicht mehr notwendig sei, andererseits aber daran festhielt, dass ein Werk der angewandten Kunst eine Gestaltungshöhe erreichen müsse, die es aus dem Blickwinkel der mit den Kunstanschauungen einigermaßen vertrauten Kreisen rechtfertige, von einer künstlerischen Leistung zu sprechen, gibt es allenfalls eine minimale Erweiterung des Anwendungsbereichs des Urheberrechts. Das liegt bereits daran, dass die reine bildende Kunst aufgrund ihrer Zweckfreiheit über einen größeren Gestaltungsspielraum verfügt als die angewandte Kunst. Zudem erfüllen – jedenfalls nach Ansicht der Fachkreise – den Durchschnitt gerade so überragende Gestaltungen das Erfordernis einer künstlerischen Leistung nicht. Obwohl die Fachkreise aufgrund der Unschärfe und Ambiguität des Begriffs der künstlerischen Leistung nicht endgültig zu bestimmen vermögen, was konkret darunter zu verstehen ist, besteht eine Tendenz nicht allzu geringe Anforderungen zu verlangen.

II. Stand von Rechtsprechung und Forschung

1. Rechtsprechung nach der „Geburtstagszug"-Entscheidung

Seit dem „Geburtstagszug"-Judikat ergingen weitere Entscheidungen, deren Gegenstand die urheberrechtliche Schutzfähigkeit von Werken angewandter Kunst war. Davon betrafen manche das Grafikdesign und andere das Produktdesign.[13] Unabhängig von der Art der verfahrensgegenständlichen Design-Leistung

---

13 Zum Grafikdesign: *OLG Frankfurt a.M.*, WRP 2014, 1103 – Bildmotiv mit Babyköpfen; *OLG Frankfurt a.M.*, GRUR-RS 2015, 15366 – Tapetenmuster; *OLG München*, GRUR-RS 2015, 06083 – Graffiti-Logo; *OLG Köln*, GRUR 2016, 495 – AIDA Kussmund; *LG Köln*, Urt. v. 30.4.2014, Az. 14 O 400/13; *LG München I*, GRUR-RS 2015, 09175 – Logo; *LG Hamburg*, GRUR-RS 2016, 13769 – Bierflaschendesign; zum Produktdesign: *OLG Nürnberg*, GRUR 2014, 1199 – Kicker-Stecktabelle; *OLG Frankfurt a. M.*, GRUR-RR 2015, 242 – Wasserpfeifen; *OLG Köln*, GRUR-RR 2015, 275 – Airbrush-Urnen; *OLG Schleswig*, GRUR-RR 2015, 1 – Geburtstagszug II; *OLG Hamburg*, Urt. v. 8.9.2016, Az.: 5 U 173/12 – Kugellampe; *KG*, GRUR-RS 2017, 134582 – Speiseeis;

wurde eine Erweiterung des Anwendungsbereichs des Urheberrechts durch die „Geburtstagszug"-Entscheidung auf jene Gebrauchsgestaltungen angenommen, die das Durchschnittsschaffen nicht deutlich überragen.[14]

Die Gerichte problematisieren die Frage, ob die den Durchschnitt nicht deutlich überragende Gestaltung eine künstlerische Leistung darstellt, nicht in jedem Einzelfall. So bejahten einige Gerichte etwa ohne ausführliche Begründung die Schutzfähigkeit von Design-Leistungen als Werke der angewandten Kunst.[15] Andere prüften hingegen dezidiert, ob ein Gestaltungsspielraum für eine künstlerische Leistung ausgenutzt wurde, die Gestaltung also nicht in ihren wesentlichen Elementen einem Gebrauchszweck geschuldet war und eine künstlerische Leistung vorlag.[16] Mithin können nach Auffassung der Oberlandes- und Landgerichte auch Gestaltungen, die das Durchschnittsschaffen nicht deutlich überragen, grundsätzlich künstlerische Leistungen darstellen. Das Festhalten am

---

LG Köln, Urt. v. 27.3.2015, Az.: 14 O 60/15; *LG Hamburg*, Urt. v. 1.6.2016, Az.: 308 O 281/15 – Salz- und Pfeffer-Streu-Sets.

14 Vgl. *OLG Frankfurt a.M.*, WRP 2014, 1103 Rn. 49 – Bildmotiv mit Babyköpfen; *OLG Nürnberg*, GRUR 2014, 1199, 1201–1202 – Kicker-Stecktabelle; *OLG Frankfurt a.M.*, GRUR-RS 2015, 15366 Rn. 13 – Tapetenmuster; *OLG Frankfurt a.M.*, GRUR-RR 2015, 242, 244 – Wasserpfeifen; *OLG Köln*, GRUR-RR 2015, 275 Rn. 23 – Airbrush-Urnen; *OLG München*, GRUR-RS 2015, 06083 Rn. 8 – Graffiti-Logo; *OLG Schleswig*, GRUR-RR 2015, 1 Rn. 29 – Geburtstagszug II; *OLG Köln*, GRUR 2016, 495 Rn. 11 – AIDA Kussmund; *OLG Hamburg*, Urt. v. 8.9.2016, Az.: 5 U 173/12 – Kugellampe; *KG*, GRUR-RS 2017, 134582 Rn. 40, 42 – Speiseeis; *LG Köln*, Urt. v. 30.4.2014, Az. 14 O 400/13; *LG Köln*, Urt. v. 27.3.2015, Az.: 14 O 60/15; *LG München I*, GRUR-RS 2015, 09175 Rn. 86 – Logo. Zwar kann der Entscheidung vom *LG Hamburg*, Urt. v. 1.6.2016, Az. 308 O 281/15 – Salz- und Pfeffer-Streu-Sets, nicht explizit entnommen werden, dass eine Absenkung der Anforderungen erfolgt ist. Allerdings kann nach Betrachtung des Verfahrensgegenstands nur schwerlich die Ansicht vertreten werden, hierbei handle es sich um eine nach der alten Rechtsprechung schutzfähige Gestaltung. In der Entscheidung des *LG Hamburg*, GRUR-RS 2016, 13769 Rn. 37–38 – Bierflaschendesign, äußerte sich das LG Hamburg nicht zu den neuen Anforderungen an Werke der angewandten Kunst, da die zu beurteilende Gestaltung die erforderliche Gestaltungshöhe eindeutig aufweise.

15 *OLG Frankfurt a.M.*, GRUR-RS 2015, 15366 Rn. 13 – Tapetenmuster; *OLG Frankfurt a.M.*, GRUR-RR 2015, 242, 244 – Wasserpfeifen; *OLG Köln*, GRUR 2016, 495 Rn. 11 – AIDA Kussmund.

16 *OLG Nürnberg*, GRUR 2014, 1199, 1201–1202 – Kicker-Stecktabelle; *OLG Hamburg*, Urt. v. 8.9.2016, Az.: 5 U 173/12 – Kugellampe; *LG Köln*, Urt. v. 27.3.2015, Az. 14 O 60/15; *LG Hamburg*, Urt. v. 1.6.2016, Az. 308 O 281/15 – Salz- und Pfeffer-Streu-Sets.

Erfordernis der künstlerischen Leistung hindert die Erweiterung des Anwendungsbereichs des Urheberrechts hiernach offensichtlich nicht.

Doch selbst wenn die Gerichte in vielen Fällen den Anwendungsbereich des Urheberrechts nach dem Rechtsprechungswechsel eröffneten, ließen sie die Ansprüche häufig an anderen Hürden scheitern:[17] Sie schränkten beispielsweise den Umfang des Schutzbereichs in den Grenzfällen so stark ein, dass eine Urheberrechtsverletzung mit der Begründung verneint wurde, bei der jeweils zu vergleichenden Gestaltung handele es sich um ein selbständiges Werk im Sinne des § 24 UrhG.[18] Oder die Gerichte ließen einen Anspruch aufgrund einer Doppelschöpfung,[19] der Verjährung,[20] des Fehlens einer Erstbegehungsgefahr[21] oder des Eingreifens eines Rechtfertigungsgrundes[22] scheitern.

2. Forschung

a) Einzelne Auffassungen

aa) Erweiterung des Anwendungsbereichs des Urheberrechts

Eine beachtliche Zahl der Stimmen in der Literatur vertritt die Position, der Anwendungsbereich des Urheberrechts habe sich durch die formale Absenkung

---

17 Nicht aber: *OLG Köln*, GRUR-RR 2015, 275 Rn. 23–24 – Airbrush-Urnen; *OLG München*, GRUR-RS 2015, 06083 Rn. 6 – Graffiti-Logo; *LG München I*, GRUR-RS 2015, 09175 Rn. 82 – Logo; *LG Hamburg*, Urt. v. 1.6.2016, Az.: 308 O 281/15 – Salz- und Pfeffer-Streu-Sets.

18 *OLG Frankfurt a.M.*, WRP 2014, 1103 Rn. 28 ff., 54 – Bildmotiv mit Babyköpfen, demgemäß nur ein Teil der Bilder eine unfreie Benutzung i.S.d. § 23 UrhG darstelle; beim anderen Teil handle es sich um eine freie Benutzung i.S.d. § 24 UrhG. *OLG Nürnberg*, GRUR 2014, 1199, 1201–1202 – Kicker-Stecktabelle, wonach offenblieb, ob die *Kicker-Stecktabelle* die nach der „Geburtstagszug"-Entscheidung geringeren Anforderungen des BGH erfülle. Denn selbst wenn der Stecktabelle Urheberrechtsschutz zuteilwürde, wäre der Schutzbereich so eng, dass die Abweichungen in der Form der Darstellung der streitgegenständlichen Tabelle genügten, um von einer freien Bearbeitung i.S.d. § 24 UrhG ausgehen zu können; *KG*, GRUR-RS 2017, 134582 Rn. 86, 91–92 – Speiseeis; vgl. auch *OLG Hamburg*, Urt. v. 8.9.2016, Az.: 5 U 173/12 – Kugellampe.

19 *OLG Frankfurt a.M.*, GRUR-RS 2015, 15366 Rn. 13, 14 – Tapetenmuster.

20 *OLG Schleswig*, GRUR-RR 2015, 1 Rn. 59 – Geburtstagszug II; aber Aufhebung des Berufungsurteils und Zurückverweis an OLG Schleswig durch *BGH*, GRUR 2016, 1291 ff. – Geburtstagskarawane.

21 *OLG Frankfurt a.M.*, GRUR-RR 2015, 242, 244 – Wasserpfeifen.

22 *OLG Köln*, GRUR 2016, 495 Rn. 14 – AIDA Kussmund.

der Anforderungen durch die „Geburtstagszug“-Entscheidung – ungeachtet des vom BGH geforderten Vorliegens einer künstlerischen Leistung – erweitert.[23]

Ludwig und *Suhr* nehmen sogar an, durch die Rechtsprechungsänderung verkehre sich das „zuvor bestehende Regel-Ausnahme-Verhältnis“ betreffend die fehlende Schutzfähigkeit von Produktgestaltungen in ihr Gegenteil.[24] Andere sind zurückhaltender und erklären beispielsweise: Trotz der Erweiterung des Anwendungsbereichs werde nicht jede banale Gestaltung geschützt.[25] Es bedürfe einer genauen Prüfung, ob die erforderliche Gestaltungshöhe erreicht sei.[26] *Hartmann* zufolge liegt eingedenk der vom BGH aufgezeigten Tatbestandeinschränkung, wonach die ästhetische Leistung auf einer künstlerischen Leistung und nicht dem Gebrauchszweck geschuldeten Elementen beruhen müsse, lediglich im Bereich der dekorativen Grafik eine Absenkung der Schutzanforderungen vor, da dieser Bereich der reinen bildenden Kunst am nächsten komme.[27]

Manche erkennen in dem Erfordernis der künstlerischen Leistung zwar die Möglichkeit, die im Vergleich zu anderen Werkarten erhöhten Anforderungen beizubehalten, verwerfen ein solches Verständnis der Entscheidung aber alsdann mit der Begründung, dies könne der BGH kaum gewollt haben.[28]

Daneben wird teilweise hervorgehoben, der Schutzbereich bei Werken nur geringer Schöpfungshöhe sei so eng, dass schon kleine Veränderungen der

---

23 *Barudi*, KUR 2014, 11, 14; *ders.*, UFITA 2014-I, 49, 68; *Czernik*, IPRB 2014, 234, 238 – in Bezug auf Mode- und Textilformen; *Geier*, Schutzkumulationen, S. 63–64, 199–200, 203, 206; *Glückstein*, ZUM 2015, 573, 573; *Hahn/Glückstein*, ZUM 2014, 380, 381; *Hartmann*, WRP 2016, 1327 Rn. 57–59; *Hasselblatt/George*, IPRB 2014, 163, 166, 167; *Hoeren*, MMR 2014, 337, 338; *Klawitter*, GRUR-Prax 2014, 30, 31; *Ludwig*, K&R 2014, 111, 112; *Ludwig/Suhr*, WRP 2016, 692 Rn. 7; *Mulch*, IPRB 2014, 27, 28; *W. Nordemann/A. Nordemann*, FS Fezer, 777, 777, 781, 784, 787; *Obergfell*, GRUR 2014, 621, 626; *Rauer/Ettig*, WRP 2014 2014, 135 Rn. 4; *dies.*, K&R 2015, 452, 457; *Ritscher/Schramm*, sic! 2014, 303, 306; *Schrader*, WRP 2017, 1421 Rn. 11, 13, 37, 39, 47; *Schulze*, NJW 2014, 475, 475; *ders.*, in: Eichmann/Kur, DesignR, § 4 Rn. 32; *Strauß*, GRUR-Prax 2014, 17, 17; *Szalai*, ZUM 2014, 231, 232; *Ungern-Sternberg*, GRUR 2014, 209, 209; *Verweyen/Richter*, MMR 2015, 156, 157, 158; *Vonau*, CR 2014, 166, 166, 168.

24 *Ludwig/Suhr*, WRP 2016, 692 Rn. 7.

25 *Rauer/Ettig*, WRP 2014, 135 Rn. 45; vgl. *Hahn/Glückstein*, ZUM 2014, 380, 381–382.

26 *Hahn/Glückstein*, ZUM 2014, 380, 381; *Hoeren*, MMR 2014, 333, 338; *Rauer/Ettig*, WRP 2014, 135 Rn. 45; *Verweyen/Richter*, MMR 2015, 156, 161.

27 *Hartmann*, WRP 2016, 1327 Rn. 59.

28 *Ritscher/Schramm*, sic! 2014, 303, 306; vgl. *Fusbahn*, IPRB 2016, 69, 71; *Schulze*, NJW 2014, 475, 475.

Gestaltung den Ausschluss von urheberrechtlichen Ansprüchen bewirken[29] oder jedenfalls bezweifelt werden könne, ob in einem solchen Fall der Schutzbereich betroffen sei.[30] Außerdem wird eine Zunahme an Doppelschöpfungen, die keine urheberrechtliche Verletzung darstellen, prognostiziert.[31]

bb) Keine Erweiterung des Anwendungsbereichs des Urheberrechts

Nach *Schack* ist die Entscheidung des BGH widersprüchlich: Einerseits senke der BGH die Anforderungen an Werke der angewandten Kunst, indem er eine besondere Gestaltungshöhe nicht mehr einfordere. Andererseits hebe er hervor, die Gestaltungshöhe müsse Urheberrechtsschutz rechtfertigen. Nähme man das Erfordernis der Rechtfertigung des Urheberrechtsschutzes ernst, würde die Aufgabe der besonderen Gestaltungshöhe indes keine erhebliche Erweiterung des Anwendungsbereichs bedingen. Eine Monopolisierung von gewöhnlichen Gebrauchsgegenständen müsse verhindert werden; für eine Ausdehnung des Schutzes bestehe keine Notwendigkeit.[32] In diese Richtung argumentiert auch *Mezger*, der der Untersuchung der Schutzschwelle bei Werken angewandter Kunst nach der „Geburtstagszug"-Entscheidung eine Dissertation widmet. Seiner Ansicht nach liegt die Schutzschwelle angesichts der Interessenlage, insbesondere des Freihaltebedürfnisses, weiterhin auf dem ursprünglichen Niveau.[33]

A. Nordemann und *Peifer* sind im Ergebnis ebenfalls der Ansicht, dass das „Geburtstagszug"-Urteil keine Erweiterung des Anwendungsbereichs bewirke, stützen dies jedoch auf das Festhalten des BGH am Erfordernis einer künstlerischen Leistung.[34] Denn die „kleine Münze"[35] bzw. die durchschnittliche

---

29 *Hoeren*, MMR 2014, 337, 338; *Schrader*, WRP 2017, 1421 Rn. 31, 48; vgl. auch *Mulch*, IPRB 2014, 27, 28.

30 Vgl. *Schulze*, NJW 2014, 475, 475.

31 *Schrader*, WRP 2017, 1421 Rn. 37, 48.

32 *Schack*, JZ 2014, 207, 208.

33 *Mezger*, Die Schutzschwelle für Werke der angewandten Kunst, S. 202.

34 Vgl. *Peifer*, FS Neuenfeld, 217, 220; *A. Nordemann*, FS Bornkamm, 895, 905, äußerte bereits vor der „Geburtstagszug"-Entscheidung, die „kleine Münze" bleibe in Anbetracht des Erfordernisses der künstlerischen Leistung wohl schutzlos. An anderer Stelle postuliert *A. Nordemann*, in: Fromm/Nordemann, UrhR, § 2 Rn. 150b jedoch abweichend, im Bereich des dekorativen Designs wie Schmuck sei eher eine Erweiterung zu erwarten, da hier der Gestaltungsspielraum für eine künstlerische Leistung wenig eingeschränkt sei.

35 *Peifer*, FS Neuenfeld, 217, 220; vgl. *A. Nordemann*, FS Bornkamm, 895, 904–905; aber einschränkend in *A. Nordemann*, in: Fromm/Nordemann, UrhR, § 2 Rn. 150b, wonach eine Erweiterung im Bereich des dekorativen Designs zu erwarten sei.

Design-Leistung[36] stelle keine künstlerische Leistung dar. Nach *Peifer* behauptet die Entscheidung folglich etwas, namentlich den Schutz der kleinen Münze im Bereich von Gebrauchsgegenständen, „was ihre Begründung nicht trägt".[37]

b) Zwischenergebnis

Die „Geburtstagszug"-Entscheidung wird in der Literatur unterschiedlich aufgenommen.[38] Die überwiegende Anzahl der Stimmen vertritt, der Anwendungsbereich des Urheberrechts erstrecke sich nunmehr auf Design-Leistungen, die Durchschnittsgestaltungen nicht deutlich überragen. Dementsprechend können diese Gestaltungen künstlerische Leistungen darstellen. Andere vertreten, dass sich der Anwendungsbereich nicht erweitert habe. Hierbei stützen sie sich teilweise auf die Notwendigkeit der Rechtfertigung des Urheberrechtsschutzes und teilweise auf das Festhalten am Erfordernis der künstlerischen Leistung.

III. Gang der Darstellung

Der erste Teil dieser Arbeit (**B**) befasst sich damit, ob bzw. welche Erkenntnisse sich zur Ausfüllung des vom BGH aufgestellten Erfordernisses einer künstlerischen Leistung aus der Kunst- und Designwissenschaft gewinnen lassen. Die Sicht der Kunst- und Designwissenschaft wird anhand einschlägiger Literatur sowie geführten Interviews mit Designexperten aufgezeigt. Dazu wird vorab die Begrifflichkeit „angewandte Kunst" – insbesondere angesichts eines geänderten Gestaltungsverständnisses sowie einer geänderten Terminologie – genauer betrachtet (**I**). Anschließend erfolgt eine Annäherung an das Erfordernis der künstlerischen Leistung (**II, III**). **Der zweite Teil** (**C**) untersucht das Erfordernis

---

36 *A. Nordemann*, FS Bornkamm, 895, 905; einschränkend *A. Nordemann*, in: Fromm/Nordemann, UrhR, § 2 Rn. 150b, wonach „eine nur durchschnittliche Designerleistung [...] oft nicht künstlerisch sein" werde.

37 *Peifer*, FS Neuenfeld, 217, 220.

38 Offenlassend: *Leistner*, JZ 2014, 846, 848, wonach abzuwarten sei, ob die neue Schutzschwelle zu einer Absenkung führe. An anderer Stelle tendiert *Leistner*, GRUR 2014, 1145, 1147, 1154, in Anbetracht der neuen Schutzanforderungen für den Bereich der angewandten Kunst eher zu einer Verschiebung des Prüfungsschwerpunkts und nicht unbedingt zu dessen Absenkung. *Lerach*, jurisPR-WettbR 3/2014, Anm. 1, C, D, bezweifelt, dass sich der Anwendungsbereich tatsächlich erweitert habe. Gegen das Bekenntnis einer Ausweitung des Anwendungsbereiches durch den BGH spreche nämlich, dass er gleichzeitig hervorhebe, der Gestaltungsspielraum sei eingeschränkt und der Schutzbereich gering.

der künstlerischen Leistung als nationale urheberrechtliche Schutzvoraussetzung vor und nach der „Geburtstagszug"-Entscheidung. Dazu erfolgt eingangs eine Einordnung des Erfordernisses in die Urheberrechtsschutzprüfung (**I**). Anschließend wird die Bedeutung des Kriteriums der künstlerischen Leistung innerhalb der Prüfung der Urheberrechtsschutzfähigkeit vor (**II**) und nach der „Geburtstagszug"-Entscheidung (**III**) ermittelt. Sodann folgt eine Bestandsaufnahme der Anforderungen an Werke der angewandten Kunst nach der „Geburtstagszug"-Entscheidung (**IV**). Dieser Teil schließt ab mit dem Versuch einer inhaltlichen Konkretisierung des Erfordernisses der künstlerischen Leistung, indem Ausführungen zum Gestaltungsspielraum als Voraussetzung für eine künstlerische Leistung (**V**) und zur künstlerischen Leistung nach Auffassung der maßgeblichen Verkehrskreise (**VI**) getroffen werden. **Der dritte Teil** (**D**) geht auf die unionsrechtlichen Vorgaben an die urheberrechtliche Schutzfähigkeit von Produktformen ein und untersucht, ob der nationale Werkbegriff, insbesondere das Erfordernis der künstlerischen Leistung, mit diesen vereinbar ist. Hierzu wird kurz dargestellt, welche Anforderungen aus europäischer Sicht für Werke der angewandten Kunst bestehen (**I.**). Anschließend werden diese im Einzelnen betrachtet (**II**). Danach wird die Vereinbarkeit mit dem Erfordernis der künstlerischen Leistung untersucht (**III**). **Der letzte Teil** (**E**) beantwortet die Arbeitshypothese, fasst die Ergebnisse der vorbenannten Teile zusammen und schließt mit einem Fazit.

B. Das Erfordernis der künstlerischen Leistung in der Kunst- und Designwissenschaft

Soweit der BGH als Voraussetzung für das Vorliegen eines Werkes der angewandten Kunst verlangt, dass dieses „eine Gestaltungshöhe erreichen [muss], die es nach Auffassung der für Kunst empfänglichen und mit Kunstanschauungen einigermaßen vertrauten Kreise rechtfertigt, von einer ‚künstlerischen' Leistung zu sprechen",[39] dient das Merkmal der künstlerischen Leistung als ein juristisches Abgrenzungskriterium zwischen Werken angewandter Kunst und Design-Leistungen, und zwar dergestalt, dass Produktgestaltungen, sofern sie künstlerisch sind, in den Anwendungsbereich sowohl des Designgesetzes als auch des Urheberrechtsgesetzes fallen können. Gestaltungen, die keine künstlerische Leistung sind, hingegen lediglich vom Designgesetz erfasst werden können. Als zwingende Voraussetzung einer künstlerischen Leistung nennt der BGH das Vorhandensein und das Ausnutzen eines Gestaltungsspielraums.[40] Um das Merkmal der künstlerischen Leistung inhaltlich zu konkretisieren, wird hier der Versuch unternommen, die Erkenntnisse der Kunst- und Designwissenschaft nutzbar zu machen. Die Sicht der Design- und Kunstwissenschaft wird anhand von Literatur sowie Interviews dargestellt.

I. Angewandte Kunst und der Wandel des Gestaltungsverständnisses

Anknüpfungspunkt für den urheberrechtlichen Schutz von Produktgestaltungen bildet die angewandte Kunst. Daher ist es für die weiteren Ausführungen unerlässlich, diesen Begriff näher zu betrachten. Hier wird der Begriff „angewandte Kunst" (vormals: Kunsthandwerk, Kunstgewerbe oder Kunstindustrie genannt) in die geschichtliche, insbesondere die wirtschaftliche und soziale Entwicklung eingebettet und aus dieser heraus bestimmt. Anschließend wird der Wandel des Begriffsverständnisses sowie der Begrifflichkeit im Zusammenhang mit dem geänderten Gestaltungsverständnis abgebildet. Zu beachten ist, dass die nachfolgende Darstellung die Entwicklungen lediglich in ihren Grundzügen wiedergeben muss, zumal ausführliche geschichtliche Darstellungen über die Entwicklung des Designs bereits vorliegen.[41]

---

39 *BGH*, GRUR 2014, 175 Rn. 26 – Geburtstagszug.

40 *BGH*, GRUR 2014, 175 Rn. 41 – Geburtstagszug.

41 Z.B. *Zentek*, Acht Jahrzehnte verkanntes Design.

1. Begriffsbestimmung von angewandter Kunst

a) Verhältnis von zweckbestimmter Kunst und freier Kunst

Bis zum Übergang vom 18. ins 19. Jahrhundert wurde nicht zwischen zweckbestimmter und freier Kunst unterschieden.[42] Bis dahin begriffen sich Künstler als Handwerker[43] und waren derselben Zunft zugehörig.[44] Aus ihrer Sicht war Kunst stets zweckgebunden: Ob sie im Auftrag ein Porträt malten oder einen Gegenstand herstellten, änderte nach ihrer Auffassung den schöpferischen Prozess nicht.[45]

Zwar kam bereits in der Antike eine Unterscheidung der Künste in Artes liberales, auch freie Künste genannt,[46] und Artes mechanicae, auf.[47] Allerdings bezeichnete der Begriff „Artes liberales" – entgegen unserem heutigen Verständnis – diejenigen Bildungsgebiete, die einem Mann zugänglich sein sollten, welcher finanziell unabhängig, mithin nicht auf eine Erwerbstätigkeit angewiesen, und damit frei war.[48] Hierzu gehörten Grammatik, Dialektik, Rhetorik, Geometrie, Arithmetik, Astronomie und Musik.[49] Den Artes mechanicae wurde dagegen

---

42 *Brockhaus*, Online-Enzyklopädie, Angewandte Kunst, Version v. 5.2.2014; *Pilgrim*, Der urheberrechtliche Schutz der angewandten Formgestaltung, S. 88; *Strauß/Olbrich*, Lexikon der Kunst, Bd. 1, Angewandte Kunst. Mit der Renaissance begann allerdings allmählich die Lösung der Malerei, Plastik und Architektur vom Handwerk hin zu den freien Künsten, vgl. *Foraita*, Borderline, S. 208; *Linares*, kunsttexte.de 1/2010, S. 2; *Schneider*, Design, S. 222; *Schönberger*, in: Honour/Fleming, Lexikon Kunsthandwerk und Design, 5, 6; *Strauß/Olbrich*, Kunstlexikon, Bd. 4, Sieben freie Künste.

43 *Pilgrim*, Der urheberrechtliche Schutz der angewandten Formgestaltung, S. 88. Mit Ausnahme derjenigen, die an den Kunstakademien unterrichtet wurden. Diese verstanden sich nämlich als Künstler, vgl. *Schönberger*, in: Honour/Fleming, Lexikon Kunsthandwerk und Design, 5, 6–7.

44 Hiervon wurden Ausnahmen gemacht. So war etwa Malern und Bildhauern eine Befreiung des seit dem Mittelalter bestehenden Zunftszwangs durch die erfolgreiche Mitgliedschaft an einer – der ab dem 16. Jahrhundert bestehenden – Kunstakademien möglich, vgl. *Schönberger*, in: Honour/Fleming, Lexikon Kunsthandwerk und Design, 5, 6–7.

45 *Pilgrim*, Der urheberrechtliche Schutz der angewandten Formgestaltung, S. 88.

46 *Jahn/Lieb*, Wörterbuch der Kunst, Sieben freie Künste; *Strauß/Olbrich*, Lexikon der Kunst, Bd. 2, Freie Künste.

47 *Geiger*, in: Geiger/Glasmeier, Kunst und Design, 9, 11; *Strauß/Olbrich*, Lexikon der Kunst, Bd. 4, Sieben freie Künste.

48 *Geiger*, in: Geiger/Glasmeier, Kunst und Design, 9, 11; *Jahn/Lieb*, Wörterbuch der Kunst, Sieben freie Künste.

49 *Geiger*, in: Geiger/Glasmeier, Kunst und Design, 9, 11; *Jahn/Lieb*, Wörterbuch der Kunst, Sieben freie Künste; *Schönberger*, in: Honour/Fleming, Lexikon Kunsthandwerk

die Malerei, die Bildhauerei, die Baukunst sowie das Kunsthandwerk zugeordnet.[50] Unter die nützlichen Künste fiel also alles, was manuell ausgeführt werden musste und folglich zum Handwerk zählte.

Im Übergang vom 18. ins 19. Jahrhundert erfolgte jedoch eine scharfe Trennung zwischen zweckorientierter und zweckfreier Kunst. Hintergrund war zum einen ein neuzeitliches bürgerliches Kunstverständnis.[51] Im Zuge der Aufklärung löste sich die Kunst aus ihrem religiösen und höfisch-repräsentativen Kontext[52] sowie der Auftragsanfertigung.[53] Die ästhetische Funktion wurde in den Mittelpunkt gestellt[54] und es etablierte sich die Vorstellung von der Autonomie des Kunstwerks (L'art pour l'art).[55] Gegenstände mit einem Gebrauchszweck wurden dagegen nicht als Kunst betrachtet. Hier entstand ebenfalls die noch heute oft verwendete Unterteilung in „hohe Kunst" für die zweckfreie Kunst und „niedere Kunst" für angewandte Kunst.[56] Begünstigt wurde die Spaltung durch die aufkommende Industrialisierung.[57] Die serielle Herstellung von Gebrauchsgegenständen führte zu einer Trennung von Entwerfer und Ausführendem[58] sowie einer primär an den Interessen des unternehmerischen Produzenten orientierten Gestaltung; die künstlerischen Werte wurden dabei vernachlässigt.[59] Mangels eigener Formensprache bediente man sich lediglich der Stilelemente

---

und Design, 5, 6; *Strauß/Olbrich*, Lexikon der Kunst, Bd. 2, Freie Künste; *dies.*, Lexikon der Kunst Bd. 4, Sieben freie Künste.

50 Vgl. *Geiger*, in: Geiger/Glasmeier, Kunst und Design, 9, 11; *Linares*, kunsttexte.de 1/2010, S. 2.

51 *Schneider*, Design, S. 222–223; *Tietenberg*, in: Geiger/Glasmeier, Kunst und Design, 25, 25; vgl. *Pilgrim*, Der urheberrechtliche Schutz der angewandten Formgestaltung, S. 90–91.

52 *Schneider*, Design, S. 222; *Tietenberg*, in: Geiger/Glasmeier, Kunst und Design, 25, 25; vgl. auch *Linares*, kunsttexte.de 1/2010, S. 4.

53 *Pilgrim*, Der urheberrechtliche Schutz der angewandten Formgestaltung, S. 88; *Schneider*, Design, S. 222; vgl. auch *Linares*, kunsttexte.de 1/2010, S. 4.

54 Vgl. *Tietenberg*, in: Geiger/Glasmeier, Kunst und Design, 25, 25.

55 *Tietenberg*, in: Geiger/Glasmeier, Kunst und Design, 25, 25; *Zentek*, Acht Jahrzehnte verkanntes Design, S. 21–22, 95.

56 Hiermit geht freilich eine negative Bewertung zu Lasten der Gebrauchskunst einher.

57 *Foraitia*, Borderline, S. 208; *Pilgrim*, Der urheberrechtliche Schutz der angewandten Formgestaltung, S. 88.

58 *Brockhaus*, Online-Enzyklopädie, Angewandte Kunst, Version v. 5.2.2014; *Zentek*, Acht Jahrzehnte verkanntes Design, S. 5; vgl. *Pilgrim*, Der urheberrechtliche Schutz der angewandten Formgestaltung, S. 88.

59 *Pilgrim*, Der urheberrechtliche Schutz der angewandten Formgestaltung, S. 88; *Zech*, Der Schutz von Werken der angewandten Kunst, S. 3–4.

vorangegangener Zeiten,[60] um ohne Bezug zur konkreten Gestaltung dieselbe mit Ornamenten auszustatten.[61] Dies führte zu einem Qualitätsverlust des Kunstgewerbes.[62] Insgesamt überraschte es daher nicht, dass die industriellen und kunstgewerblichen Erzeugnisse aus Deutschland auf den Weltausstellungen 1851 in London,[63] 1867 in Paris[64] und 1876 in Philadelphia[65] sehr schlecht abschnitten.

In der zweiten Hälfte des 19. Jahrhunderts wandte sich zuerst in England die Arts & Crafts Bewegung gegen die Trennung von angewandter und freier Kunst[66] sowie gegen den mit der Industrialisierung einhergehenden Niedergang des Kunsthandwerks[67] und den Historismus.[68] Sie strebte nach „handwerkliche[r] Qualität und künstlerische[r] Gestaltung"[69] im Gegensatz zur industriellen Herstellung. Im Ergebnis wurden qualitativ hochwertige, aber zugleich sehr kostspielige Produkte hergestellt, die außerhalb jeder Konkurrenz zu den industriell angefertigten Gegenständen standen. Die Arts & Crafts Bewegung löste den internationalen Jugendstil aus,[70] der um 1900 Deutschland erreichte.[71] Der Jugendstil propagierte ebenfalls die Gleichwertigkeit von angewandter und bildender Kunst[72] und wandte sich gegen die industrielle Nachahmung historischer

---

60 *Foraita*, Borderline, S. 40; *Schneider*, Design, S. 22.

61 Vgl. *Foraita*, Borderline, S. 40; *Pilgrim*, Der urheberrechtliche Schutz der angewandten Formgestaltung, S. 88, wonach das Künstlerische von der Herstellung getrennt und manchmal nachträglich als Zierrat appliziert wurde.

62 *Pilgrim*, Der urheberrechtliche Schutz der angewandten Formgestaltung, S. 88; *Zech*, Der Schutz von Werken der angewandten Kunst, S. 4; vgl. *Brockhaus*, Online-Enzyklopädie, Angewandte Kunst, Version v. 5.2.2014.

63 *Foraita*, Borderline, S. 38, 42; *Geiger*, in: Geiger/Glasmeier, Kunst und Design, 9, 22; *Zentek*, Acht Jahrzehnte verkanntes Design, S. 29, 34.

64 *Foraita*, Borderline, S. 42.

65 *Heuss*, Was ist Qualität, S. 46; siehe dazu ausführlich *Reuleaux*, Briefe aus Philadelphia, S. 3 ff.

66 *Jahn/Lieb*, Wörterbuch der Kunst, Arts and Crafts Movement; *Linares*, kunsttexte.de 2010/1, S. 4.

67 *Brockhaus*, Online-Enzyklopädie, Kunsthandwerk, Version v. 1.9.2014; *Strauß/Olbrich*, Lexikon der Kunst, Bd. 4, Kunsthandwerk.

68 *Strauß/Olbrich*, Lexikon der Kunst, Bd. 1, Arts and crafts movement; *dies.*, Lexikon der Kunst, Bd. 4, Kunsthandwerk; *Zentek*, Acht Jahrzehnte verkanntes Design, S. 78.

69 *Jahn/Lieb*, Wörterbuch der Kunst, Arts and Crafts Movement.

70 Vgl. *Zentek*, Acht Jahrzehnte verkanntes Design, S. 78.

71 *Strauß/Olbrich*, Lexikon der Kunst, Bd. 3, Jugendstil.

72 *Strauß/Olbrich*, Lexikon der Kunst, Bd. 3, Jugendstil.

Stile.[73] Im Gegensatz zur Arts & Crafts Bewegung erstrebte der Jugendstil – jedenfalls teilweise – eine Formensprache, die sich zur industriellen Massenfertigung eignen sollte.[74] Mithin fand eine Aufwertung der angewandten Kunst statt.

b) Bedeutung der angewandten Kunst

Der Begriff der angewandten Kunst wurde erstmalig 1898 in einem Zeitschriftenbeitrag über die Pariser Weltausstellung verwendet.[75] Davor waren die Bezeichnungen „Kunsthandwerk“, „Kunstgewerbe“ und „Kunstindustrie“ üblich.[76]

Der Wortsinn des Begriffs „angewandte Kunst“ leitet sich von der Übertragung von Elementen der bildenden Kunst auf Gebrauchsgegenstände ab.[77] Dem lag unter anderem der Gedanke zugrunde, Formgestaltungen durch diese Anwendung „über ihren Gebrauchszweck ästhetisch zu erhöhen. Sie würden dadurch zwar nicht zu Kunstwerken, würden aber durch Formgebung und Dekor teilhaben am schmückenden Wesen der Kunst.“[78] Die Applikation von Ornamenten, also Elementen der bildenden Kunst, auf Gebrauchsgestaltungen und Gebäuden wurde von der Gründerzeit bis einschließlich des Jugendstils praktiziert.[79]

---

73 *Jahn/Lieb*, Wörterbuch der Kunst, Jugendstil; vgl. *Strauß/Olbrich*, Lexikon der Kunst, Bd. 4, Kunstgewerbe.

74 *Foraita*, Borderline, S. 44; *Riley*, Kunsthandwerk & Design, S. 298; a.A.: *Linares*, kunsttexte.de 2010/1, S. 7.

75 *Böttner*, Kunst- und Werkbegriff, S. 92.

76 *Mezger*, Die Schutzschwelle für Werke der angewandten Kunst, S. 47; vgl. *Schneider*, Design, S. 196.

77 *Pilgrim*, Der urheberrechtliche Schutz der angewandten Formgestaltung, S. 94; *Schönberger*, in: Honour/Fleming, Lexikon Kunsthandwerk und Design, 5, 5; *Zentek*, Acht Jahrzehnte verkanntes Design, S. 20; in diese Richtung wohl auch *Read*, Kunst und Industrie, S. 29, der aber der Auffassung ist, dass die Bezeichnung „angewandte Kunst“ auf einer sprachlichen Ungenauigkeit beruhe. Ursprünglich sei das Ornament auf ein Kunstwerk, Bauwerken oder eine Gebrauchsgestaltung übertragen worden. Hieraus habe sich dann nicht der Begriff „angewandtes Ornament“, sondern „angewandte Kunst“ abgeleitet; *Bürdek*, Design, S. 64, schließt sich Read an; a.A.: *Foraita*, Borderline, S. 32, zufolge ist das Wort „angewandt“ im Zusammenhang mit Kunst nicht lediglich im Sinne einer Anwendung von Formen der freien Kunst auf Gebrauchsgegenstände zu verstehen, sondern vielmehr als die Nutzbarmachung der Kunst zur Erschaffung von Gebrauchsgegenständen; ähnlich auch *Hirdina*, in: Barck/Fontius/Schlenstedt/Steinwachs/Wolfzettel, Ästhetische Grundbegriffe, Design, 41, 46.

78 *Schönberger*, in: Honour/Fleming, Lexikon Kunsthandwerk und Design, 5, 5.

79 *Foraita*, Borderline, S. 44; *Hauffe*, Geschichte des Designs, S. 49; *Velde*, in: Fischer/Hamilton, Theorien der Gestaltung, 95, 97; a.A.: *Pilgrim*, Der urheberrechtliche Schutz

„Angewandte Kunst" wird in der Regel als Teil der bildenden Kunst in Abgrenzung zur zweckfreien Kunst definiert.[80] Danach fallen die von einem Künstler entworfenen Objekte, die keinen praktischen Nutzwert verfolgen, unter die freie Kunst, welche die Plastik, Malerei und Graphik umfasst.[81] Zu den Objekten der angewandten Kunst werden dagegen die für den Gebrauch geschaffenen Gegenstände mit künstlerischer Formgestaltung gezählt.[82] Dabei wird der Terminus „angewandte Kunst" heutzutage nicht mehr ausschließlich in seinem ursprünglichen Sinne, sondern auch allgemein als Oberbegriff zur Bezeichnung von künstlerischen Gebrauchsgegenständen verwendet.[83]

2. Wandel des Gestaltungsverständnisses

a) Entwicklung der Gebrauchsgestaltung

Anfang des 20. Jahrhunderts wandten sich in Deutschland zuerst der 1907 gegründete Deutsche Werkbund und später das 1919 errichtete Bauhaus der Gestaltung industriell herstellbarer Gegenstände zu.[84] Sowohl der Werkbund[85]

---

der angewandten Formgestaltung, S. 93–94, zufolge war dies sogar noch bis zum Bauhaus üblich.

80 Die Bezeichnung „bildende Kunst im weiteren Sinne" vereint als Oberbegriff Architektur, Plastik, Malerei, Grafik und angewandte Kunst, vgl. *Jahn/Lieb*, Wörterbuch der Kunst, Bildende Kunst. Später kamen noch die Fotografie und Filmkunst hinzu, vgl. *Lucie-Smith*, Du Mont´s Lexikon der Bildenden Kunst, Bildende Kunst, Bildende Künste; *Strauß/Olbrich*, Lexikon der Kunst, Bd. 1, Bildende Kunst.

81 *Strauß/Olbrich*, Lexikon der Kunst, Bd. 1, Angewandte Kunst.

82 Vgl. *Lucie-Smith*, Du Mont´s Lexikon der Bildenden Kunst, Angewandte Kunst; *Pilgrim*, Der urheberrechtliche Schutz der angewandten Formgestaltung, S. 94; *Strauß/Olbrich*, Lexikon der Kunst, Bd. 1, Angewandte Kunst.

83 Vgl. dazu etwa die Bezeichnungspraxis der Museen; so werden im Museum für Angewandte Kunst in Köln (MAKK) und im Museum Angewandte Kunst in Frankfurt a.M. sowohl kunsthandwerkliche als auch designerische Leistungen ausgestellt.

84 *Honour/Fleming*, Lexikon Kunsthandwerk und Design, Industrial Design; vgl. *Jahn/Lieb*, Wörterbuch der Kunst, Design; zum deutschen Werkbund: *Hirdina*, in: Barck/Fontius/Schlenstedt/Steinwachs/Wolfzettel, Ästhetische Grundbegriffe, Design, 41, 50.

85 Vgl. § 2 der Bundessatzung des deutschen Werkbunds, wonach Ziel des Bundes „die Veredelung der gewerblichen Arbeit im Zusammenwirken von Kunst, Industrie und Handwerk, durch Erziehung, Propaganda und geschlossene Stellungnahme zu einschlägigen Fragen" war, abgedruckt in: *Der Deutsche Werkbund*, in: Fischer, Zwischen Kunst und Industrie, 50, 50.

als auch das Bauhaus[86] strebten eine Einheit von Kunst, Handwerk und Industrie an. Sie betrachteten den künstlerischen Anteil nicht lediglich als die Anbringung von zweckfreien Zierrat an einen Gebrauchsgegenstand. Vielmehr vereinten sie bereits im Entwurf von Objekten Funktionalität, Ästhetik und industrielle Herstellbarkeit miteinander.[87]

Sowohl der Werkbund als auch das Bauhaus waren Anhänger des Funktionalismus.[88] Der Architekt *Louis Sullivan* formulierte im Jahr 1896 das wohl bekannteste Leitprinzip des Funktionalismus „form follows function".[89] Nach dem Funktionalismus leitete sich die Form des Gebrauchsgegenstands von seiner Funktion ab.[90] Danach waren die Gebrauchsgegenstände, „die gut funktionier[t]en und das Material mit größtmöglicher Wirtschaftlichkeit [verwandten], notwendigerweise schön [...] und – umgekehrt – [...] diejenigen [Gestaltungen], die nicht gut funktionier[t]en und die das Material verschwende[te]n, [konnten] nicht schön sein".[91] Bildende künstlerische Elemente konnten nicht mehr vom Gebrauchsgegenstand losgelöst werden.[92] Hierdurch unterschieden sich der Werkbund und das Bauhaus wesentlich von den vorangegangenen Kunstströmungen.

Auch nach dem zweiten Weltkrieg wurde die Gestaltung von Gebrauchsgestaltungen vom Funktionalismus beeinflusst.[93] In den 1950er und 1960er Jahren

---

86 *Gropius* verkündete 1919 noch „Kunst und Handwerk – eine Einheit" und ab 1922/23 „Kunst und Technik – eine neue Einheit", vgl. *Asendorf*, in: Fiedler/Feierabend, Bauhaus, 80, 80.

87 Vgl. *Schönberger*, in: Honour/Fleming, Lexikon Kunsthandwerk und Design, 5, 8–9; ähnlich auch *Foraita*, Borderline, S. 52, der zufolge „der künstlerische Einfluss [...] nicht aufgehoben, sondern verändert" wurde.

88 *Hauffe*, Geschichte des Designs, S. 80.

89 *Hauffe*, Geschichte des Designs, S. 80; *Honour/Fleming*, Lexikon Kunsthandwerk und Design, Funktionalismus; *Jahn/Lieb*, Wörterbuch der Kunst, Funktionalismus. *Foraita*, Borderline, S. 44, zufolge wurde dieses Prinzip aus seinem Kontext gelöst und sodann fehlinterpretiert. Für Sullivan sei nämlich der künstlerische Aspekt der Gestaltung, der die Gefühle der Menschen in Form von Architektur oder Gebrauchsgestaltungen anspreche, von erheblicher Bedeutung gewesen. Das Ornament sei nach Sullivan ein wichtiger Bestandteil des Ganzen gewesen, aber nicht als eine nachträgliche Applikation, sondern als Unterstützung der emotionalen Wirkung eines Gebäudes verstanden worden.

90 *Strauß/Olbrich*, Lexikon der Kunst, Bd. 2, Funktionalismus.

91 *Honour/Fleming*, Lexikon Kunsthandwerk und Design, Funktionalismus; vgl. *Schönberger*, in: Honour/Fleming, Lexikon Kunsthandwerk und Design, 5, 9.

92 *Pilgrim*, Der urheberrechtliche Schutz der angewandten Formgestaltung, S. 94.

93 Vgl. *Hauffe*, Geschichte des Designs, S. 80.

dominierte insbesondere die „Gute Form“ die Entwurfstätigkeit.[94] Hiernach sollten die Produkte vorrangig gebrauchstüchtig, lange haltbar und ästhetisch einfach sein.[95] Als Beispiel werden oft die Produkte von Dieter Rams angeführt.[96]

Ab Mitte der 1960er Jahre wurde der Funktionalismus zunehmend in Frage gestellt.[97] Kritisiert wurden insbesondere die Unterkühltheit eines ausschließlich auf Massenfertigung ausgelegten Designs.[98] Es entwickelte sich eine Ablehnung der Abhängigkeit von der Industrie[99] und ein Bedürfnis „nach Atmosphäre und mehr Emotionalität“[100] in der Gestaltung von Gebrauchsgegenständen. Die Grenzen zwischen Design und Kunst wurden überschritten.[101] Designer begannen ungebunden und experimentell zu arbeiten.[102] Teilweise rückte das Design gestalterisch so nah an die freie Kunst heran, dass die Gegenstände kaum noch genutzt werden konnten, sondern eher aufgrund der starken ästhetischen Funktion als Anschauungsobjekte dienten.[103] Hierzu gehört beispielsweise die Zitronenpresse „Juicy Salif“ von Philippe Starck.[104] In der Postmoderne fand also nach der scharfen Trennung um die Jahrhundertwende 18./19. eine Annäherung von Design und freier Kunst statt.[105] Mittlerweile hat sich die Auffassung durchgesetzt, dass „der künstlerische Anteil an einem Industrieerzeugnis nur teilweise mit seiner realen Brauchbarkeit zusammenhängt. Die Form sollte nicht nur Funktion ausdrücken, sondern auch psychologische und emotionale Werte verkörpern.“[106]

94 Vgl. *Foraita*, Borderline, S. 58.
95 *Hauffe*, Geschichte des Designs, S. 205.
96 Ein anschaulicher Überblick über gutes Design im Zusammenhang mit den Produktgestaltungen von Dieter Rams findet sich unter URL: https://www.vitsoe.com/de/ueber-vitsoe/gutes-design, letzter Abruf: 16.6.2018.
97 *Hauffe*, Geschichte des Designs, S. 237 ff., 245.
98 *Hauffe*, Geschichte des Designs, S. 237, 245.
99 *Hauffe*, Geschichte des Designs, S. 238.
100 *Foraita*, Borderline, S. 58.
101 *Schneider*, Design, S. 166–167, 223–224.
102 Vgl. *Foraita*, Borderline, S. 63; *Hauffe*, Geschichte des Designs, S. 238.
103 *Foraita*, Borderline, S. 64; siehe ausführlich zum Verhältnis von Design und Kunst *Hauffe*, Geschichte des Designs, S. 303–304.
104 Vgl. *Hauffe*, Geschichte des Designs, S. 304.
105 *Foraita*, Borderline, S. 208; *Hauffe*, Geschichte des Designs, S. 303–304.
106 *Honour/Fleming*, Lexikon Kunsthandwerk und Design, Industrial Design, S. 286.

b) *Auswirkung auf die angewandte Kunst*

Mit Gründung des Werkbunds – spätestens jedoch mit dem Bauhaus –[107] vollzog sich ein Wandel des Gestaltungsverständnisses. Seitdem ist ein Werk der angewandten Kunst nicht mehr ein dem Gebrauchszweck dienendes Objekt mit applizierten Elementen der bildenden Kunst.[108] Mithin emanzipierte sich die Gebrauchsgestaltung von der reinen bildenden Kunst und wurde zu einer eigenständigen Kategorie.[109]

Dieser Wandel findet sich – zumindest was die industriell angefertigten Gegenstände anbelangt – ebenfalls in einer geänderten Terminologie[110] wieder.[111] Zwar wurde zu Zeiten des Werkbundes und Bauhauses die – auch künstlerische – Gestaltung von industriell herstellbaren Produkten[112] noch durch Begriffe wie etwa „Gestaltung"[113] oder „industrielle

---

107 Vgl. *Pilgrim*, Der urheberrechtliche Schutz der angewandten Formgestaltung, S. 93–94.

108 *Pilgrim*, Der urheberrechtliche Schutz der angewandten Formgestaltung, S. 94; vgl. *Foraita*, Borderline, S. 209–210.

109 *Pilgrim*, Der urheberrechtliche Schutz der angewandten Formgestaltung, S. 94, 96, der betont, angewandte Kunst stelle mittlerweile eine von der freien bildenden Kunst selbstständige Kategorie dar. Zur Begründung führt er an, dass keine Ornamente der bildenden Kunst mehr an die Gestaltung appliziert würden und das angewandte künstlerische Schaffen um 1970 „keine Unterteilung, sondern das *Gegenteil* des ‚freien' künstlerischen Schaffens" sei. Mittlerweile gibt es wieder gegenteilige Tendenzen, vgl. dazu ausführlich *Geiger*, in: Geiger/Glasmeier, Kunst und Design, 9 ff.

110 Mit der Industrialisierung wird der Beginn der Designgeschichte beschrieben, siehe dazu ausführlich *Schneider*, Design, S. 16 ff. Nach anderer Ansicht stellt nicht die industrielle Revolution einhergehend mit der Trennung von Entwurf und Ausführung den Ursprung des Designs dar. Vielmehr wird die Entstehung von Design – verstanden als Gestaltung von Gebrauchsgegenständen – bereits auf die Altsteinzeit mit der Formung eines Steines zum Werkzeug, namentlich dem Faustkeil, zurückgeführt, vgl. dazu *Foraita*, Borderline, S. 21–22, 27.

111 *Bürdek*, Design, S. 64–65, zufolge ist „seit den 1930er-Jahren [der Begriff „angewandte Kunst"] ein zentraler Irrtum"; a.A.: *Pilgrim*, Der urheberrechtliche Schutz der angewandten Formgestaltung, S. 94, der den Begriff „angewandte Kunst" in seiner Dissertation aus dem Jahr 1971 zur Beschreibung der Funktionsästhetik nutzt; *Landau*, in: DDC, design identifizieren, 224, 225, 229, demzufolge ein Designobjekt angewandte Kunst sein kann.

112 *Brockhaus*, Online-Enzyklopädie, Design, Version v. 19.2.2016.

113 *Hirdina*, in: Barck/Fontius/Schlenstedt/Steinwachs/Wolfzettel, Ästhetische Grundbegriffe, Design, 41, 52 ff.

Formgebung"[114] beschrieben, später wurden diese Begrifflichkeiten jedoch durch „Design"[115] ersetzt. In den 1930er Jahren gebrauchte der Architekt *Ludwig Mies van der Rohe* das Wort „Design" erstmals als englische Übersetzung für das deutsche Wort „Gestalt".[116] *Mart Stam* benutzte den Begriff „Industrial Design" im Jahre 1948 erstmalig anstelle des Wortes „industrielle Gestaltung".[117] Der Begriff „Design" etablierte sich hingegen erst in den 1960er[118] bzw. 1970er Jahren[119] und wurde von da an rückwirkend für vorausgegangene Sachverhalte gebraucht. Damit leiteten in Deutschland der deutsche Werkbund und das Bauhaus zum Design bzw. Industriedesign über.[120]

II. Die Abgrenzung zwischen angewandter Kunst und Design

Die rechtliche Einordnung einer Produktgestaltung richtet sich insbesondere nach dem Vorliegen einer künstlerischen Leistung. Nur dann, wenn sie eine künstlerische Leistung darstellt, kann sie als Werk der angewandten Kunst Schutz erfahren, andernfalls ist sie ausschließlich Design-Leistung.

Wie unter **B.I.** erläutert, ist der Terminus „angewandte Kunst" seit dem geänderten Gestaltungsverständnis Anfang des 20. Jahrhunderts überholt und wurde – jedenfalls was die industriell produzierten Gebrauchsgegenstände betrifft – durch den Begriff „Design" ersetzt. Folglich wäre die Formulierung „künstlerisches Design" in Abgrenzung zu reinem Design wohl passender.

Gegenwärtig beschäftigt sich ein Teil der Design- und Kunstwissenschaft mit dem Verhältnis von zweckfreier Kunst und Design, genauer, wann ein Gebrauchsgegenstand ein Kunstwerk ist. So setzt sich etwa *Foraita* in ihrer designwissenschaftlichen Dissertation „Borderline: Das Verhältnis von Design und Kunst aus der Perspektive des Design" an der Hochschule für Bildende Künste Braunschweig aus dem Jahre 2005 mit Kunsttheorien auseinander, die die Abgrenzung von Design und freier Kunst bzw. die Zuordnung eines Objekts zur Kunst oder

---

114 So *Brockhaus*, Online-Enzyklopädie, Design, Version v. 19.2.2016; nach *Hirdina*, in: Barck/Fontius/Schlenstedt/Steinwachs/Wolfzettel, Ästhetische Grundbegriffe, Design, 41, 58, wurde dieser Begriff erst ab den 1950er gebraucht.

115 *Brockhaus*, Online-Enzyklopädie, Design, Version v. 19.2.2016.

116 Jens Reese, Der Begriff „Design. Anwendung und Umsetzung", in: Reese (Hrsg.), Der Ingenieur und seine Designer, 2005, S. 7, zitiert nach *Mareis*, Design als Wissenskultur, S. 25.

117 *Hirdina*, Gestalten für die Serie, S. 16.

118 *Mareis*, Design als Wissenskultur, S. 26.

119 *Schneider*, Design, S. 196.

120 *Brockhaus*, Online-Enzyklopädie, Kunstgewerbe, Version v. 1.9.2014.

zum Design, nicht indessen die Abgrenzung von Design und angewandter Kunst respektive künstlerischem Design, zum Gegenstand haben.[121] In seiner Monographie „Design – eine Einführung: Entwurf im sozialen, kulturellen und wirtschaftlichen Kontext“ führt *Schneider* ein eigenes Kapitel zum Verhältnis von Design und Kunst an.[122] In diesem wird ebenfalls Design in Bezug zur freien Kunst und nicht im Verhältnis zur angewandten Kunst respektive künstlerischem Design behandelt.

Die Differenzierung zwischen angewandter Kunst bzw. künstlerischem Design und Design ist kaum Gegenstand des wissenschaftlichen Diskurses in der Kunst- und Designwissenschaft. Exemplarisch führt *Landau* aus, eine Design-Leistung avanciere zur angewandten Kunst, wenn sie Gebrauchsgegenstand sei und zugleich als Kunstwerk wie eine Skulptur oder Installation bzw. Kulturgut betrachtet werden könne. Bei der angewandten Kunst träfen Funktion und Ästhetik aufeinander.[123] Nähere Aussagen dazu, wann ein Kunstwerk vorliegt, trifft *Landau* gleichwohl nicht.

Diese Problemstellung stellt sich anscheinend wenig in der Kunst- und Designwissenschaft.

III. Das Erfordernis der künstlerischen Leistung aus Branchensicht – Interviewergebnisse

Wie unter **B.II.** aufgezeigt, findet eine abstrakte Befassung der Kunst- und Designwissenschaft mit der Abgrenzung von Werken der angewandten Kunst bzw. künstlerischem Design und Design-Leistungen nur am Rande statt. Um sich dem von der Rechtsprechung verwendeten Erfordernis der künstlerischen Leistung anzunähern und dieses mit Inhalt zu füllen, wurden hier Interviews mit Design- und Kunstprofessoren sowie Museumskuratoren geführt. Ziel der

---

121 *Foraita*, Borderline, S. 130–131, 137, nennt beispielsweise den kunsttheoretischen Ansatz von Danto (Arthur Coleman Danto´s Werk „Die Verklärung des Gewöhnlichen“), wonach das maßgebliche Unterscheidungsmerkmal zwischen Kunst und Design das Kriterium des Über-etwas-Seins („aboutness“) sei. Nach *Foraita* bedarf es Danto zufolge primär einer „aboutness“, also einer Intention, eines Themas, damit ein Gebrauchsgegenstand ein Kunstwerk darstellt. Außerdem müsse das Werk den Stil des Menschen, der es geschaffen habe, repräsentieren. Ferner arbeitet *Foraita*, Borderline, S. 132–133, Abgrenzungskriterien zwischen Kunst und Design heraus, wie die Vermittlung von Handlungsweisen, dann liege Design, oder Denkweisen, dann liege Kunst vor.

122 Kapitel 19: „Design – Kunst“, vgl. *Schneider*, Design, S. 221–226.

123 *Landau*, in: DDC, design identifizieren, S. 224, 229.

Befragungen war es, zu erfahren, wann aus Sicht der Angehörigen von Kunst- und Designwissenschaft eine Produktgestaltung einen solchen Grad an ästhetischem Gehalt erreicht, dass von einer künstlerischen Leistung gesprochen werden kann und ob Produktgestaltungen, die die Durchschnittsgestaltung nicht deutlich überragen, künstlerische Leistungen darstellen können.

Dazu erfolgt zuerst eine Vorbemerkung, sodann eine zusammenfassende Darstellung der Kernthesen gegliedert nach den Themengebieten bzw. Fragestellungen und zuletzt eine Auswertung der Kernthesen.

1. Vorbemerkung

a) Überblick

Im Zeitraum von März 2016 bis Juli 2016 wurden 16 Interviews mit Kunst- und Designprofessoren sowie Museumskuratoren geführt. Bei sämtlichen interviewten Personen wurde im Wesentlichen die als Anhang (**Anhang I**) abgedruckte und erläuterte Tischvorlage zum Gegenstand des Gesprächs gemacht. Da es sich um eine nicht homogene Gruppe von Befragten, die keinen juristischen Hintergrund haben, handelte, war ein strikter Interview-Rhythmus aus Frage und Antwort nicht einzuhalten. Vielmehr entwickelte sich jeweils ein Gespräch. Der Fragenkatalog diente also nur als grobe Richtschnur. Situationsabhängig wurden abweichend vom eigentlich vorgesehenen Gesprächsablauf ergänzende Fragen gestellt oder ausgelassen. Dies erklärt auch, warum zu den einzelnen Fragen nicht von jedem Befragten eine Aussage wiedergegeben werden kann. Ein Wortprotokoll zu führen, war deshalb nicht tunlich. Dementsprechend handelt es sich bei den als Anhang dieser Arbeit wiedergegebenen Aussagen der Befragten nicht um Zitate, sondern um diesseits zusammengefasste Kernthesen. Die Darstellung derselben findet sich – gegliedert nach Themengebieten einschließlich der jeweils herrschenden Leitfragen – ebenfalls als Anhang (**Anhang II**) dieser Arbeit.

b) Auswahl des Personenkreises

Wie unter **B.I.** gezeigt, stellte die angewandte Kunst gemäß ihrem Bedeutungsgehalt als angewandte bildende Kunst zugleich ein Teilgebiet der Kunstwissenschaft dar. Angesichts des Wandels des Gestaltungsverständnisses von Produkten entwickelte sich das Design als eigenständige Disziplin und damit einhergehend auch die Designwissenschaft. Nachdem vorliegend Produktgestaltungen bzw. Gebrauchsgestaltungen auf das Bestehen einer künstlerischen Leistung untersucht werden sollen, wurden daher weniger Kunstprofessoren, deren

Tätigkeitsschwerpunkt in der Regel die zweckfreie bildende Kunst darstellt, sondern überwiegend Designprofessoren und eine Kunstprofessorin, deren Forschungsschwerpunkt u.a. das Design ist, befragt. Insgesamt wurden Gespräche mit acht Designprofessoren, einer Kunstprofessorin, drei Design- und Kunstprofessoren sowie vier Kuratoren von Museen für angewandte Kunst respektive Design geführt.

2. Zusammenfassende Darstellung der Kernthesen der Interviews

a) Definition der Begrifflichkeiten[124]

Zunächst ist festzuhalten, dass keine Einigkeit der Befragten bei der Definition des Begriffes „angewandte Kunst“ herrscht.[125] So verstehen Einige die angewandte Kunst als Oberbegriff für das Kunsthandwerk und das Design.[126] Dagegen begreift sie *Funke* als einen Teilbereich des Designs;[127] *Busse* meint, unter die angewandte Kunst falle das Kunstgewerbe[128] und *Blomberg* zufolge ist Design angewandte Kunst.[129]

Gleiches gilt für die Begriffsbestimmung von Design.[130] Hierzu knüpfen die Befragten an unterschiedliche Aspekte an: Für manche ist die Trennung von Entwurf und Ausführung[131] und für andere die Serienanfertigung[132] bzw. industrielle Herstellungsweise[133] entscheidend. Andere wiederum äußern zwar, für eine Design-Leistung sei ursprünglich die Trennung von Entwurf und Herstellung Voraussetzung gewesen, mittlerweile habe sich aber ein Wandel des

124 Die Antworten sind im **Anhang II** unter Punkt **1.a)** und **b)** nachzulesen.

125 Siehe auch *Klemp*, Pers. Gespräch v. 4.5.2016 und *Straßer*, Telef. Gespräch v. 7.6.2016, die darauf hinweisen, dass dem Begriff ein unterschiedliches Begriffsverständnis zugrunde gelegt werde.

126 *Albus*, Telef. Gespräch v. 23.5.2016; *Bischoff*, Telef. Gespräch v. 24.5.2016; *Klemp*, Pers. Gespräch v. 4.5.2016; *Plüm*, Telef. Gespräch v. 30.6.2016; *Rebbelmund*, Pers. Gespräch v. 2.5.2016; *Straßer*, Telef. Gespräch v. 7.6.2016.

127 *Funke*, Telef. Gespräch v. 10.5.2016.

128 *Busse*, Pers. Gespräch v. 15.7.2016.

129 *Blomberg*, Telef. Gespräch v. 19.4.2016.

130 Siehe auch *Klemp*, Pers. Gespräch v. 4.5.2016; *Kurz*, Telef. Gespräch v. 4.4.2016; *Plüm*, Telef. Gespräch v. 30.6.2016 und *Straßer*, Telef. Gespräch v. 7.6.2016, die anmerken, dem Begriff werde ein unterschiedliches Begriffsverständnis zugrunde gelegt.

131 *Albus*, Telef. Gespräch v. 23.5.2016; *Kurz*, Telef. Gespräch v. 4.4.2016.

132 *Godau*, Telef. Gespräch v. 10.5.2016.

133 *Plüm*, Telef. Gespräch v. 30.6.2016.

Begriffsverständnisses vollzogen.[134] Danach fielen heutzutage Produkte unabhängig von ihrer Herstellungsweise unter den Designbegriff[135] und es existierten Schnittmengen zu anderen Disziplinen wie beispielsweise der Kunst.[136] *Busse* hingegen macht die Einordnung als Design-Leistung von der Erfüllung bestimmter Kriterien, namentlich Technik, Fertigung, Ergonomie sowie Ästhetik, abhängig.[137]

Einige der Befragten – sogar derjenigen, die die angewandte Kunst als Oberbegriff verstehen – sind der Auffassung, der Begriff „angewandte Kunst" werde heutzutage kaum noch verwendet[138] bzw. sei durch Design ersetzt worden.[139] Als Begründung führt *Kurz* an, der Begriff „angewandte Kunst" entstamme einer Zeit, in der Künstler Elemente aus der bildenden Kunst auf Gebrauchsgegenstände übertrügen. Mit der Entwicklung von angewandter Kunst zu Design habe sich jedoch eine inhaltliche Veränderung der gestalterischen Tätigkeit vollzogen.[140]

b) Verhältnis von Design und Kunst[141]

Betreffend das Verhältnis von Design und Kunst heißt es, in Deutschland herrschte eine scharfe Trennung von Design bzw. angewandter Kunst und zweckfreier Kunst.[142]

---

134 *Bischoff*, Telef. Gespräch v. 24.5.2016; *Funke*, Telef. Gespräch v. 10.5.2016; *Straßer*, Telef. Gespräch v. 7.6.2016.

135 *Funke*, Telef. Gespräch v. 10.5.2016; *Straßer*, Telef. Gespräch v. 7.6.2016.

136 *Bischoff*, Telef. Gespräch v. 24.5.2016.

137 *Busse*, Pers. Gespräch v. 15.7.2016.

138 *Busse*, Pers. Gespräch v. 15.7.2016; *Funke*, Telef. Gespräch v. 10.5.2016; *Godau*, Telef. Gespräch v. 10.5.2016; *Naumann*, Telef. Gespräch v. 21.6.2016; *Plüm*, Telef. Gespräch v. 30.6.2016; *Straßer*, Telef. Gespräch v. 7.6.2016; ähnlich auch *Bischoff*, Telef. Gespräch v. 24.5.2016, wonach heutzutage eher „Design" als „angewandte Kunst" gebraucht werde; *Kurz*, Telef. Gespräch v. 4.4.2016, wonach der Begriff „angewandte Kunst" veraltet sei.

139 *Bergner*, Telef. Gespräch v. 8.6.2016; *Funke*, Telef. Gespräch v. 10.5.2016; *Godau*, Telef. Gespräch v. 10.5.2016; *Kurz*, Telef. Gespräch v. 4.4.2016; *Naumann*, Telef. Gespräch v. 21.6.2016; *Straßer*, Telef. Gespräch v. 7.6.2016; ähnlich auch *Bischoff*, Telef. Gespräch v. 24.5.2016, wonach heutzutage eher „Design" als „angewandte Kunst" gebraucht werde.

140 *Kurz*, Telef. Gespräch v. 4.4.2016; in diese Richtung auch *Funke*, Telef. Gespräch v. 10.5.2016 und *Godau*, Telef. Gespräch v. 10.5.2016.

141 Die Antworten sind im **Anhang II** unter Punkt **2.** nachzulesen.

142 *Klemp*, Pers. Gespräch v. 4.5.2016.

In den letzten 20 bis 30 Jahren würden sich Kunst und Design indes wieder annähern.[143]

Die nachfolgenden – jeweils diametralen – Kriterien geben nach Ansicht einiger Befragten Aufschluss über die Zuordnung eines Gegenstands zum Design oder zur Kunst: Der Kontext, aus dem heraus das Objekt entstanden sei – Design- oder Kunstkontext,[144] die Person des Entwerfers der Gestaltung – Designer oder Künstler –,[145] die Zweckbestimmtheit eines Gegenstands, dann handele es sich um Design oder die Zweckfreiheit, dann handele es sich um Kunst.[146] Für den Fall, dass es sich um eine Auftragsarbeit handele, solle es Design und bei fehlender Auftragsbezogenheit Kunst sein.[147] Außerdem wird auf die Anfertigung in Serie abgestellt, die zur Einordnung als Design führe, in Abgrenzung zu einem Unikat, das als Kunst zu behandeln sei,[148] ferner die Motivation für die Entstehung der Gestaltung, als eine Problemlösung bzw. Verbesserung der Produkteigenschaften, dann Design, oder aus intrinsischen Gründen, dann Kunst.[149]

c) Konkretisierung des Erfordernisses der künstlerischen Leistung

aa) Überblick[150]

Das Erfordernis der künstlerischen Leistung setzt *Albus* und *Tietenberg* zufolge die Vermittlung einer Botschaft[151] respektive mit *Bergner* weitere Bedeutungs- und

143 *Klemp*, Pers. Gespräch v. 4.5.2016; vgl. *Kurz*, Telef. Gespräch v. 4.4.2016; ähnlich auch *Bischoff*, Telef. Gespräch v. 24.5.2016, der ohne einen zeitlichen Rahmen zu nennen, ausführt: „Es herrscht […] ein Fluss zwischen Kunst und Design" und *Funke*, Telef. Gespräch v. 10.5.2016, wonach sich Design und Kunst heutzutage nicht mehr voneinander abgrenzen wollten.

144 *Godau*, Telef. Gespräch v. 10.5.2016.

145 *Godau*, Telef. Gespräch v. 10.5.2016; vgl. auch *Blomberg*, Telef. Gespräch v. 19.4.2016.

146 *Bischoff*, Telef. Gespräch v. 24.5.2016.

147 So *Straßer*, Telef. Gespräch v. 7.6.2016, der aber einschränkend ergänzt, es gebe selbstverständlich Ausnahmen.

148 Vgl. *Kurz*, Telef. Gespräch v. 4.4.2016, wonach bei der Beurteilung, ob ein Objekt dem Design oder der Kunst zuzuschreiben sei, die Produktionszahlen (Unikat, Serie) benötigt würden.

149 *Bergner*, Telef. Gespräch v. 8.6.2016; *Tietenberg*, Telef. Gespräch v. 11.4.2016; ähnlich auch *Albus*, Telef. Gespräch v. 23.5.2016, der ausführt: „Bei Design steht die Frage im Vordergrund, ‚Wie mache ich etwas, damit es einen bestimmten Zweck erfüllt?', bei der freien bildenden Kunst dagegen ‚Wie sage ich etwas bzw. mit welchen Mitteln bringe ich etwas zum Ausdruck?' ".

150 Die Antworten sind im **Anhang II** unter Punkt **3.** nachzulesen.

151 *Albus*, Telef. Gespräch v. 23.5.2016; *Tietenberg*, Telef. Gespräch v. 11.4.2016.

Sinnebenen voraus.[152] Von einer künstlerischen Leistung werde nämlich erwartet, dass sie irritiere, provoziere, missfalle bzw. dass es einen Bruch mit Denk- und Wahrnehmungsgewohnheiten respektive einen Überraschungsmoment gebe.[153] Nach *Plüm* definiert sich die künstlerische Leistung institutionell, also durch Museen oder Galerien.[154] *Kurz* zufolge bestimmt sich, was künstlerisch sei, dagegen nach der jeweils geltenden Kunsttheorie einer Gesellschaft.[155] Nach *Bischoff* lässt sich eine künstlerische Leistung nicht definieren. Vielmehr sei der Kontext für die Einordnung als künstlerische Leistung ausschlaggebend.[156] Allerdings gilt Vorgenanntes nach Auffassung dieser Befragten nur für den Fall, dass Anknüpfungsgegenstand ein Werk der freien Kunst wäre.[157]

Im Zusammenhang mit Gebrauchsgegenständen sei das Kriterium der künstlerischen Leistung daher im Sinne einer gestalterischen Leistung hoher Qualität,[158] gestalterischen, kreativen Leistung,[159] oder eines besonderen schöpferischen Akts[160] zu verstehen. Daneben führt *Klemp* aus, in Bezug auf Gebrauchsgegenstände sei eine künstlerische Leistung als hohe, gestalterische Qualität zu begreifen.[161] *Rebbelmund* zufolge ist „nachdem mit dem Begriff ‚künstlerisch' eine gewisse Wertigkeit verbunden wird, […] eine künstlerische Leistung als eine freie kreative originelle Schöpfung zu begreifen".[162] Ihr kann indes nicht

---

152 *Bergner*, Telef. Gespräch v. 8.6.2016.
153 *Tietenberg*, Telef. Gespräch v. 11.4.2016.
154 *Plüm*, Telef. Gespräch v. 30.6.2016.
155 *Kurz*, Telef. Gespräch v. 4.4.2016.
156 *Bischoff*, Telef. Gespräch v. 24.5.2016.
157 *Albus*, Telef. Gespräch v. 23.5.2016; *Bergner*, Telef. Gespräch v. 8.6.2016; *Bischoff*, Telef. Gespräch v. 24.5.2016; *Kurz*, Telef. Gespräch v. 4.4.2016. Vgl. auch *Plüm*, Telef. Gespräch v. 30.6.2016, die meint, das Kriterium der künstlerischen Leistung sei zur Beurteilung von Gebrauchsgegenständen ungeeignet und daher zu ersetzen. Dem lässt sich entnehmen, dass sie sich bei ihrer Konkretisierung des Erfordernisses der künstlerischen Leistung auf die zweckfreie Kunst bezieht. Eine Gesamtschau der Kernthesen von *Tietenberg*, Telef. Gespräch v. 11.4.2016, lässt ebenfalls den Schluss zu, dass Tietenberg von zweckfreier Kunst als Anknüpfungsgegenstand bei der Konkretisierung des Erfordernisses der künstlerischen Leistung ausgeht.
158 *Bischoff*, Telef. Gespräch v. 24.5.2016.
159 *Bergner*, Telef. Gespräch v. 8.6.2016; a.A.: *Busse*, Pers. Gespräch v. 15.7.2016, nach dessen Ansicht das Kriterium der künstlerischen Leistung gleichbedeutend mit dem Kriterium der kreativen, gestalterischen Leistung sei.
160 *Albus*, Telef. Gespräch v. 23.5.2016.
161 *Klemp*, Pers. Gespräch v. 4.5.2016.
162 *Rebbelmund*, Pers. Gespräch v. 2.5.2016.

eindeutig entnommen werden, ob sie das Erfordernis der künstlerischen Leistung in Bezug auf Produktgestaltungen oder allgemein bestimmt.

Manche der befragten Personen betonen[163] oder deuten zumindest an,[164] dass das Kriterium der künstlerischen Leistung ersetzt werden solle. Beispielsweise durch die Begriffe „entwerferische oder gestalterische Leistung",[165] „gestalterische Leistung hoher Qualität",[166] „gestalterische, kreative Leistung",[167] oder „gestalterische[r], kreative[r] Prozess".[168] Als Begründung wird ausgeführt: Zur Beurteilung von Design sei das Kriterium der künstlerischen Leistung ungeeignet[169] bzw. irreführend.[170] Design sei gerade nicht künstlerisch[171] bzw. keine Kunst.[172] Daher sei Design auch anhand anderer Kriterien als die Kunst zu bewerten.[173] Das Kriterium der künstlerischen Leistung könne zu der Annahme verleiten, die Gestaltung müsse ein Kunstobjekt sein.[174]

Andere nennen dagegen unmittelbar Kriterien zur näheren Bestimmung des Erfordernisses der künstlerischen Leistung in Bezug auf Produktgestaltungen.[175]

---

163 *Bischoff*, Telef. Gespräch vom 24.05.2016; *Godau*, Telef. Gespräch v. 10.5.2016; *Kurz*, Telef. Gespräch v. 4.4.2016.

164 *Albus*, Telef. Gespräch v. 23.5.2016; *Bergner*, Telef. Gespräch v. 8.6.2016; *Plüm*, Telef. Gespräch v. 30.6.201; *Straßer*, Telef. Gespräch v. 7.6.2016.

165 *Godau*, Telef. Gespräch v. 10.5.2016.

166 *Bischoff*, Telef. Gespräch v. 24.5.2016; *Straßer*, Telef. Gespräch v. 7.6.2016.

167 So *Bergner*, Telef. Gespräch v. 8.6.2016; *Plüm*, Telef. Gespräch v. 30.6.2016: „gestalterischen, kreativen Leistung".

168 *Plüm*, Telef. Gespräch v. 30.6.2016.

169 *Albus*, Telef. Gespräch v. 23.5.2016; *Bergner*, Telef. Gespräch v. 8.6.2016; *Bischoff*, Telef. Gespräch v. 24.5.2016; *Plüm*, Telef. Gespräch v. 30.6.2016.

170 *Godau*, Telef. Gespräch v. 10.5.2016; *Straßer*, Telef. Gespräch v. 7.6.2016.

171 *Bischoff*, Telef. Gespräch v. 24.5.2016; *Godau*, Telef. Gespräch v. 10.5.2016; einschränkend *Straßer*, Telef. Gespräch v. 7.6.2016, wonach Design nicht unbedingt künstlerisch sei.

172 *Albus*, Telef. Gespräch v. 23.5.2016; *Kurz*, Telef. Gespräch v. 4.4.2016.

173 *Kurz*, Telef. Gespräch v. 4.4.2016.

174 *Godau*, Telef. Gespräch v. 10.5.2016; vgl. *Bischoff*, Telef. Gespräch v. 24.5.2016; *Straßer*, Telef. Gespräch v. 7.6.2016.

175 *Blomberg*, Telef. Gespräch v. 19.4.2016; *Funke*, Telef. Gespräch v. 10.5.2016; *Hermsen*, Telef. Gespräch v. 9.3.2016; *Jonas*, Telef. Gespräch v. 11.4.2016; *Naumann*, Telef. Gespräch v. 21.6.2016.

bb) Anhaltspunkte zur Ermittlung einer künstlerischen Leistung[176]

Damit eine Produktgestaltung eine künstlerische Leistung bzw. das jeweils genannte Alternativkriterium darstellt, muss die Gestaltung nach Ansicht eines Teils der Befragten derart neu sein, dass sie „über ihre Vorgänger hinausgeh[t]",[177] „eine originäre Ausnahme bereits vorhandener Gestaltungen,[178] „eine bedeutende, bahnbrechende, einflussreiche, herausragende Neuerung",[179] „etwas Eigenschöpferisches"[180] darstellt, bzw. „überraschend",[181] „originell",[182] „von einer hohen Qualität"[183], „nicht nur originell, sondern radikal einmalig"[184] ist.

Nach *Rebbelmund* liegt eine künstlerische Leistung vor, „wenn eine neue Form für etwas Bestehendes oder etwas was es noch nicht gab, entwickelt wurde".[185] Gemäß *Busse* liegt Kunst vor, wenn „die Gestaltung im Vergleich zum vorbekannten Formenschatz gestalterisch weitergeh[t], neuartig [ist] bzw. eine neue ästhetische Wirkung aufweis[t].[186] *Kurz* meint, das Kriterium der künstlerischen Leistung sollte etwa durch einen „Ausdruck von Fantasie im Vergleich zum bereits Bekannten und Üblichen" oder einen „hohe[n] Innovationsgrad"[187] ersetzt werden. Gemäß *Hermsen* ist für eine künstlerische Leistung ein „zeitgenössische[r] Bezug[] bzw. eine[] inhaltliche[] Auseinandersetzung mit der Zeit" erforderlich.[188] Allerdings sei dieses Merkmal regelmäßig dann erfüllt, wenn das Objekt innovativ sei.[189] Die Gestaltung muss nach Ansicht mancher Befragten „innovativ",[190]

176 Die Antworten sind im **Anhang II** unter Punkt **3.** nachzulesen.

177 *Straßer*, Telef. Gespräch v. 7.6.2016.

178 *Naumann*, Telef. Gespräch v. 21.6.2016.

179 *Bischoff*, Telef. Gespräch v. 24.5.2016.

180 *Funke*, Telef. Gespräch v. 10.5.2016.

181 *Bergner*, Telef. Gespräch v. 8.6.2016; *Jonas*, Telef. Gespräch v. 11.4.2016.

182 *Godau*, Telef. Gespräch v. 10.5.2016; *Jonas*, Telef. Gespräch v. 11.4.2016.

183 *Godau*, Telef. Gespräch v. 10.5.2016.

184 *Blomberg*, Telef. Gespräch v. 19.4.2016.

185 *Rebbelmund*, Pers. Gespräch v. 2.5.2016.

186 *Busse*, Pers. Gespräch v. 15.7.2016.

187 So *Kurz*, Telef. Gespräch v. 4.4.2016, daneben nennt sie als Kriterien die „Originalität der Komponentenkombination im Sinne des Besonderen", „Verbesserungen (zum Beispiel der Gebrauchstauglichkeit beziehungsweise der Produzierbarkeit) im Hinblick zum Bestehenden".

188 *Hermsen*, Telef. Gespräch v. 9.3.2016.

189 So *Hermsen*, Telef. Gespräch v. 9.3.2016; nach *Hermsen* vermittelt beispielsweise der Stahlrohrstuhl von Mart Stam eine gesellschaftliche Auseinandersetzung.

190 *Albus*, Telef. Gespräch v. 23.5.2016; *Godau*, Telef. Gespräch v. 10.5.2016; *Hermsen*, Telef. Gespräch v. 9.3.2016; vgl. auch *Klemp*, Pers. Gespräch v. 4.5.2016, der ausführt,

„kreativ“,[191] originell,[192] „qualitativ“[193] sein. Als weiteres Kriterium nennt *Klemp* „die adäquate Nutzung neuer Materialien“[194] und *Straßer* „die Nachhaltigkeit der Materialien bzw. die Ressourcenschonung“.[195] Beide erklären, dass die Kriterien veränderbar seien, da sie vom Zeitgeist beeinflusst würden und damit einem Wandel unterlägen.[196] Maßgebliches Kriterium für die Ermittlung einer künstlerischen Leistung ist *Bischoff* und *Funke* zufolge die gestalterische Innovation, Neuheit.[197]

cc) Herangehensweise bei der Beurteilung[198]

Ergänzend stellten manche der Befragten eine mögliche Herangehensweise bei der Beurteilung, ob eine Produktgestaltung eine künstlerische Leistung ist, dar. Grob gefasst gehen sie jeweils in zwei Schritten vor:

In einem ersten Schritt wird nach Auffassung dieser Befragten die zu beurteilende Produktgestaltung mit dem verglichen, was zum Schöpfungszeitpunkt auf dem Markt existierte.[199] Der Vergleich ermögliche die Ermittlung der Unterschiede und Gemeinsamkeiten des Produktes zu Bestehendem.[200] Gemäß *Busse* und *Naumann* ist bei der Beurteilung ausdrücklich der Gesamteindruck der

---

das Produkt müsse so neu, dass es über eine hohe gestalterische Qualität verfüge; *Plüm*, Telef. Gespräch v. 30.6.2016, wonach „die Abweichung hinreichend neu bzw. innovativ im Vergleich zu dem Bestehenden [sein muss], um eine künstlerische bzw. kreative, gestalterische Leistung annehmen zu können“.

191 *Albus*, Telef. Gespräch v. 23.5.2016.

192 *Klemp*, Pers. Gespräch v. 4.5.2016; *Kurz*, Telef. Gespräch v. 4.4.2016; *Rebbelmund*, Pers. Gespräch v. 2.5.2016; a.A.: *Blomberg*, Telef. Gespräch v. 19.4.2016, die Originalität für eine künstlerische Leistung nicht genügen lässt, sondern radikale Einmaligkeit verlangt.

193 *Busse*, Pers. Gespräch v. 15.7.2016.

194 *Klemp*, Pers. Gespräch v. 4.5.2016.

195 *Straßer*, Telef. Gespräch v. 7.6.2016.

196 *Klemp*, Pers. Gespräch v. 4.5.2016; *Straßer*, Telef. Gespräch v. 7.6.2016.

197 *Bischoff*, Telef. Gespräch v. 24.5.2016; *Funke*, Telef. Gespräch v. 10.5.2016.

198 Die Antworten sind im **Anhang II** unter Punkt **3.** nachzulesen.

199 *Busse*, Pers. Gespräch v. 15.7.2016; *Klemp*, Pers. Gespräch v. 4.5.2016; *Naumann*, Telef. Gespräch v. 21.6.2016; *Plüm*, Telef. Gespräch v. 30.6.2016; ähnlich *Funke*, Telef. Gespräch v. 10.5.2016. *Busse*, Pers. Gespräch v. 15.7.2016; *Naumann*, Telef. Gespräch v. 21.6.2016 und *Plüm*, Telef. Gespräch v. 30.6.2016, zufolge ist vorab eine Produktanalyse notwendig.

200 *Busse*, Pers. Gespräch v. 15.7.2016; *Klemp*, Pers. Gespräch v. 4.5.2016; *Plüm*, Telef. Gespräch v. 30.6.2016; ähnlich auch *Funke*, Telef. Gespräch v. 10.5.2016.

Gestaltung maßgebend.[201] Darüber hinaus führen *Funke* und *Naumann* an, dass nur Personen, die über Marktkenntnis verfügen, eine Gestaltung zu beurteilen vermögen.[202]

In einem zweiten Schritt wird bestimmt, ob sich die Gestaltung vom bereits Vorbekannten hinreichend abhebe, sie mithin ausreichend neu sei.[203] *Plüm* betont, dass auch das Konzept des Entwurfs von Bedeutung sei, da eine Idee Ausdruck kreativen Schaffens sei.[204] *Klemp* hebt hervor, wann eine Produktgestaltung so neu sei, dass von einer künstlerischen Leistung gesprochen werden könne, sei schwierig festzulegen[205] und *Funke* meint, die Einschätzung, ob genügend Neuheit vorliege, sei zuweilen sehr subjektiv.[206]

dd) Die Durchschnittsgestaltung als Maßstab[207]

Welcher Abstand zu einer Durchschnittsgestaltung nötig ist, damit von einer künstlerischen Leistung bzw. einem der genannten alternativen Kriterien gesprochen werden kann, wird nicht einheitlich beantwortet. Nach Auffassung mancher Befragten reicht jedenfalls ein lediglich geringes Überragen des Durchschnittsschaffens nicht aus.[208] Einige verlangen darüber hinaus sogar ein deutliches Überragen des Durchschnitts.[209] Andere betonen wiederum, dass ein

201 *Busse*, Pers. Gespräch v. 15.7.2016; *Naumann*, Telef. Gespräch v. 21.6.2016.

202 Vgl. *Funke*, Telef. Gespräch v. 10.5.2016; *Naumann*, Telef. Gespräch v. 21.6.2016.

203 *Klemp*, Pers. Gespräch v. 4.5.2016; *Funke*, Telef. Gespräch v. 10.5.2016; *Naumann*, Telef. Gespräch v. 21.6.2016; *Plüm*, Telef. Gespräch v. 30.6.2016; vgl. auch *Busse*, Pers. Gespräch v. 15.7.2016, nach dem das Produkt „im Vergleich zum vorbekannten Formenschatz gestalterisch weitergehen, neuartig sein bzw. eine neue ästhetische Wirkung aufweisen" müsse.

204 *Plüm*, Telef. Gespräch v. 30.6.2016.

205 *Klemp*, Pers. Gespräch v. 4.5.2016.

206 *Funke*, Telef. Gespräch v. 10.5.2016.

207 Die Antworten sind im **Anhang II** unter Punkt **6.** nachzulesen.

208 *Albus*, Telef. Gespräch v. 23.5.2016; *Bischoff*, Telef. Gespräch v. 24.5.2016; *Blomberg*, Telef. Gespräch v. 19.4.2016; *Busse*, Pers. Gespräch v. 15.7.2016; *Funke*, Telef. Gespräch v. 10.5.2016; *Godau*, Telef. Gespräch v. 10.5.2016; *Jonas*, Telef. Gespräch v. 11.4.2016; Pers. Gespräch v. 4.5.2016; *Naumann*, Telef. Gespräch v. 21.6.2016; *Straßer*, Telef. Gespräch v. 7.6.2016. Nicht eindeutig: *Hermsen*, Telef. Gespräch v. 9.3.2016, der postuliert, Gestaltungen, die den Durchschnitt nicht überragten, erreichten keinen solchen Grad an ästhetischem Gehalt um eine künstlerische Leistung annehmen zu können; *Plüm*, Telef. Gespräch v. 30.6.2016, die lediglich meint, ein deutliches Überragen des Durchschnitts sei nicht notwendig.

209 *Albus*, Telef. Gespräch v. 23.5.2016; *Bischoff*, Telef. Gespräch v. 24.5.2016; *Busse*, Pers. Gespräch v. 15.7.2016; *Godau*, Telef. Gespräch v. 10.5.2016; *Rebbelmund*, Pers.

deutliches Überragen der Durchschnittsgestaltung gerade nicht erforderlich sei.[210]

d) Bewertung des Stahlrohrstuhls S33 von Mart Stam als Testfall[211]

Exemplarisch herrscht betreffend die Einordnung des Stahlrohrstuhls (vgl. Abb. 1) von Mart Stam als künstlerische Leistung Uneinigkeit. So führen *Jonas* und *Hermsen* an, bei diesem handle es sich um eine künstlerische Leistung,[212] *Bergner*, *Bischoff*, *Godau*, *Plüm* und *Straßer* sind indes gegenteiliger Auffassung.[213] Von denjenigen, die ihm die Eigenschaft einer künstlerischen Leistung absprechen, wird er als eine originär gestalterische Leistung,[214] „gestalterische, kreative Leistung",[215] Leistung „von hoher gestalterischer Qualität",[216] „gestalterisch herausragende Leistung"[217] eingeordnet. Darüber hinaus wird dem Stahlrohrstuhl von den Befragten – mit Ausnahme von *Hermsen* –[218] keine Vermittlung einer inhaltlichen Botschaft zugeschrieben.[219]

Die erhaltenen Rückmeldungen stimmen aber darin überein, dass der Stahlrohrstuhl Design und keine Kunst sei.[220]

Gespräch v. 2.5.2016; in diese Richtung auch *Klemp*, Pers. Gespräch v. 4.5.2016, der meint, Gestaltungen, die von hoher gestalterischer Qualität seien, überragten in der Regel das Durchschnittsschaffen deutlich, und *Straßer*, Telef. Gespräch v. 7.6.2016, wonach in der Regel ein deutliches Überragen der Durchschnittsgestaltung für eine künstlerische Leistung erforderlich sei.

210 *Funke*, Telef. Gespräch v. 10.5.2016; *Plüm*, Telef. Gespräch v. 30.6.2016.

211 Die Antworten sind im **Anhang II** unter Punkt **4.** nachzulesen.

212 *Jonas*, Telef. Gespräch v. 11.4.2016; *Hermsen*, Telef. Gespräch v. 9.3.2016, der für das Bestehen einer künstlerischen Leistung eine gesellschaftliche Auseinandersetzung voraussetzt und diese dem Stahlrohrstuhl zuspricht.

213 *Bergner*, Telef. Gespräch v. 8.6.2016; *Bischoff*, Telef. Gespräch v. 24.5.2016; *Godau*, Telef. Gespräch v. 10.5.2016; *Straßer*, Telef. Gespräch v. 7.6.2016; vgl. auch *Plüm*, Telef. Gespräch v. 30.6.2016, die den Stuhl als gestalterische, kreative Leistung und damit gerade nicht als künstlerische Leistung einordnet.

214 *Godau*, Telef. Gespräch v. 10.5.2016.

215 *Bergner*, Telef. Gespräch v. 8.6.2016; *Plüm*, Telef. Gespräch v. 30.6.2016.

216 *Straßer*, Telef. Gespräch v. 7.6.2016.

217 *Bischoff*, Telef. Gespräch v. 24.5.2016.

218 *Hermsen*, Telef. Gespräch v. 9.3.2016.

219 *Bergner*, Telef. Gespräch v. 8.6.2016; *Godau*, Telef. Gespräch v. 10.5.2016; *Naumann*, Telef. Gespräch vom 21.6.2016.

220 *Albus*, Telef. Gespräch v. 23.5.2016; *Busse*, Pers. Gespräch v. 15.7.2016 „Design bzw. angewandte Kunst"; *Godau*, Telef. Gespräch v. 10.5.2016; *Tietenberg*, Telef. Gespräch v. 11.4.2016.

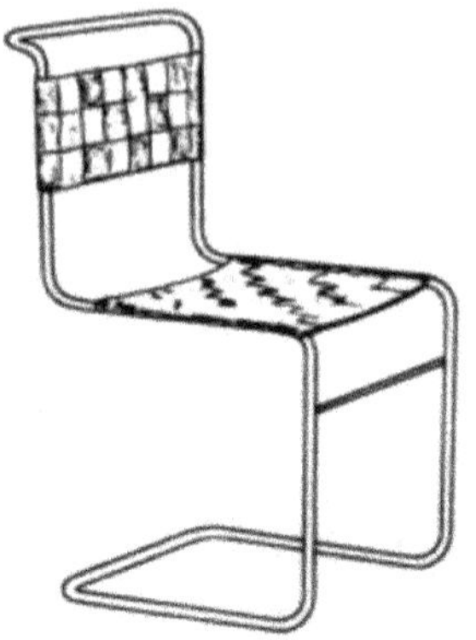

Abb. 1: Skizze des Stahlrohrstuhls, Quelle: *BGH*, GRUR 1981, 820, 820 – Stahlrohrstuhl II

e) Künstlerische Leistung bei Geburtstagszug und Geburtstagskarawane[221]

Die beiden Produktgestaltungen „Geburtstagszug“ und „Geburtstagskarawane“ stellen nach einer Ansicht keine künstlerischen Leistungen bzw. den jeweils genannten Alternativvorschlag dar.[222] Als Gründe werden angeführt: Die Gestaltungen seien nicht überraschend,[223] nicht ausreichend innovativ um gestalterisch herauszuragen,[224] nicht genügend innovativ bzw. kreativ,[225] sie verfügten nicht über hinreichend Gestaltungsqualität,[226] wiesen lediglich eine geringe Schöpfungshöhe aufgrund der Verwendung von bekannten und häufig aufgegriffenen Elementen[227] oder nur ein geringes Gestaltungsniveau aufgrund ihres trivialen Designs,[228] auf.

---

221 Die Antworten sind im **Anhang II** unter Punkt **5.** nachzulesen.

222 *Albus*, Telef. Gespräch v. 23.5.2016; *Bischoff*, Telef. Gespräch v. 24.5.2016; *Busse*, Pers. Gespräch v. 15.7.2016; *Godau*, Telef. Gespräch v. 10.5.2016; *Hermsen*, Telef. Gespräch v. 9.3.2016; *Jonas*, Telef. Gespräch v. 11.4.2016; *Klemp*, Pers. Gespräch v. 4.5.2016; *Rebbelmund*, Pers. Gespräch v. 2.5.2016; *Straßer*, Telef. Gespräch v. 7.6.2016.

223 *Jonas*, Telef. Gespräch v. 11.4.2016.

224 *Bischoff*, Telef. Gespräch v. 24.5.2016.

225 *Albus*, Telef. Gespräch v. 23.5.2016.

226 *Straßer*, Telef. Gespräch v. 7.6.2016

227 *Busse*, Pers. Gespräch v. 15.7.2016.

228 *Godau*, Telef. Gespräch v. 10.5.2016.

Manche heben hervor, dass die Geburtstagskarawane im Gegensatz zum Geburtstagszug etwas origineller,[229] *mehr* überraschend[230] sei respektive eine höhere kreative Leistung darstelle.[231] Dagegen sind *Albus* und *Godau* der Auffassung, beide Produkte seien gleichwertig respektive nicht unterschiedlich zu bewerten.[232]

Andere betrachten beide Gestaltungen als künstlerische Leistungen[233] bzw. als eines der genannten Alternativkriterien.[234] Sie begründen dies mit der in den Gestaltungen verwirklichten neuen Idee, einen Bummelzug bzw. Tierfiguren auf Rollen mit Geburtstagselementen zu kombinieren.[235] So heißt es beispielsweise: „Der Grad der Neuheit der Idee [Kombination von Tieren auf Rollen respektive Bummelzug mit Geburtstagselementen] genügt um eine gestalterische, kreative Leistung annehmen zu können."[236] „Sowohl die Geburtstagskarawane als auch der Geburtstagszug stellen eine neue, ganz originäre Leistung dar, da einem neuen Produkt eine neue Gestaltung verpasst wurde."[237] Allerdings wäre auch gemäß dieser Ansicht[238] die Verbindung von Tieren mit Rollen – selbst wenn sie neu wäre – nicht ausreichend innovativ, um von einer künstlerischen Leistung sprechen zu können.[239] Von einigen Befragten – eingeschlossen diejenigen, die eine künstlerische Leistung annehmen – wird angeführt, dass

229 *Bischoff*, Telef. Gespräch v. 24.5.2016; *Kurz*, Telef. Gespräch v. 4.4.2016; *Jonas*, Telef. Gespräch v. 11.4.2016.

230 *Bergner*, Telef. Gespräch v. 8.6.2016.

231 *Rebbelmund*, Pers. Gespräch v. 2.5.2016.

232 *Albus*, Telef. Gespräch v. 23.5.2016; *Godau*, Telef. Gespräch v. 10.5.2016.

233 *Funke*, Telef. Gespräch v. 10.5.2016; *Naumann*, Telef. Gespräch v. 21.6.2016; die Ansicht von *Tietenberg*, Telef. Gespräch v. 11.4.2016, wonach die Gestaltungen keine künstlerischen Leistungen darstellten, bleibt unberücksichtigt, da sie die künstlerische Leistung im Sinne eines Werkes der freien Kunst versteht.

234 *Plüm*, Telef. Gespräch v. 30.6.2016; *Bergner*, Telef. Gespräch v. 8.6.2016, geht sogar noch weiter und meint, die Geburtstagskarawane könne außerdem eine künstlerische Leistung im Sinne der freien Kunst sein, da die Tiere künstlerische Interpretationen von Archetypen darstellten.

235 *Funke*, Telef. Gespräch v. 10.5.2016; *Naumann*, Telef. Gespräch v. 21.6.2016; *Plüm*, Telef. Gespräch v. 30.6.2016.

236 *Plüm*, Telef. Gespräch v. 30.6.2016.

237 *Naumann*, Telef. Gespräch v. 21.6.2016.

238 Bei *Bergner*, Telef. Gespräch v. 8.6.2016, bleibt dies jedoch offen.

239 *Funke*, Telef. Gespräch v. 10.5.2016; ähnlich *Naumann*, Telef. Gespräch v. 21.6.2016; *Plüm*, Telef. Gespräch v. 30.6.2016.

hinsichtlich der konkreten Ausgestaltung der Produkte keine besondere gestalterische Qualität vorliege.[240]

f) Gestaltungsspielraum für eine künstlerische Leistung

aa) Ausschluss der funktionalen Elemente[241]

Welche Elemente eine künstlerische Leistung bzw. den jeweiligen Alternativvorschlag begründen und damit bei der Beurteilung berücksichtigt werden können, wird unterschiedlich beurteilt. Nach *Jonas* schränken die funktionalen Merkmale den Spielraum für eine künstlerische Leistung ein.[242] *Hermsen* ist gegenteiliger Auffassung: Ihm gelten die funktionalen Elemente vielmehr „als eine zusätzliche Herausforderung".[243] Gemäß einer differenzierten Sicht schließen lediglich die technisch zwingenden Merkmale den Spielraum für eine künstlerische Leistung aus,[244] in der Wahl von funktionalen Gestaltungsalternativen könne nämlich eine künstlerische Leistung liegen.[245]

bb) Praktikabilität der Trennung von funktionalen und ästhetischen Elementen[246]

Eng verknüpft mit der Frage, welche Elemente eine künstlerische Leistung begründen können, ist die Frage, ob eine Trennung der funktionalen von den ästhetischen Elementen praktikabel ist. Grundsätzlich ist eine Unterscheidung der ästhetischen von den funktionalen Elementen einer Gestaltung nach

---

240 *Funke*, Telef. Gespräch v. 10.5.2016; ähnlich *Klemp*, Pers. Gespräch v. 4.5.2016; *Plüm*, Telef. Gespräch v. 30.6.2016.

241 Die Antworten sind im **Anhang II** unter Punkt **7.** nachzulesen.

242 *Jonas*, Telef. Gespräch v. 11.4.2016 zufolge handelt es sich bei dem Stahlrohrstuhl von Mart Stam sowie dem Kompaktgeschirr „TC 100" von Hans Roericht dennoch um künstlerische Leistungen. Gerade bei diesen Objekten stehen Form und Funktion jedoch in Übereinstimmung.

243 *Hermsen*, Telef. Gespräch v. 9.3.2016.

244 *Bischoff*, Telef. Gespräch v. 24.5.2016; *Godau*, Telef. Gespräch v. 10.5.2016; *Klemp*, Pers. Gespräch v. 4.5.2016; *Straßer*, Telef. Gespräch v. 7.6.2016; ähnlich auch *Funke*, Telef. Gespräch v. 10.5.2016, wonach die Merkmale eines Produktes, die unmittelbar von operationalen Zwecken bedingt seien, den Gestaltungsspielraum für eine künstlerische Leistung einschränkten.

245 *Bischoff*, Telef. Gespräch v. 24.5.2016; *Straßer*, Telef. Gespräch v. 7.6.2016; vgl. *Busse*, Pers. Gespräch v. 15.7.2016.

246 Die Antworten sind im **Anhang II** unter Punkt **8.** nachzulesen.

Auffassung einiger Befragten möglich.[247] Lediglich *Straßer* schränkt ein, eine Trennung sei schwierig, da die Gestaltung heutzutage als Ganzes betrachtet werde, mithin Funktion und Form ineinandergriffen.[248]

3. Auswertung der Kernthesen der Interviews

Selbstverständlich konnte die Befragung im Ergebnis nicht die Ermittlung einer allgemeingültigen, positiv formulierten Definition des Erfordernisses der künstlerischen Leistung bieten, sehr wohl aber Näherungswerte schaffen. Im Einzelnen:

Ausschlaggebend für die Bestimmung, ob es sich um ein Objekt der Kunst oder des Designs handelt, sind insbesondere der Kontext des Erzeugnisses,[249] die Person des Schöpfers[250] sowie die Motivation für die Entstehung der Gestaltung.[251] Gerade diese Kriterien können zwar gewichtige Indizien für die urheberrechtliche Schutzfähigkeit einer Gebrauchsgestaltung darstellen, vermögen diese hingegen nicht zu definieren. Der urheberrechtliche Schutz knüpft schließlich an das konkrete Werk und nicht an äußere Umstände an. Außerdem grenzen sie lediglich Design und die freie Kunst, nicht aber Design und angewandte Kunst bzw. künstlerisches Design, voneinander ab.

Darüber hinaus beschrieben einige der Befragten die „künstlerische Leistung" als etwas, was eine Aussage respektive weitere Sinn- und Bedeutungsebenen vermittle.[252] Dies mag auf den Umstand zurückzuführen sein, dass Teile der Fachkreise mit dem Begriff der künstlerischen Leistung die zweckfreie Kunst assoziieren.[253] Es weisen hingegen nicht alle Gebrauchsgegenstände, die urheberrechtlich als Werke der angewandten Kunst anerkannt sind, ein derartiges Merkmal auf; beispielsweise verfügt der Stahlrohrstuhl von Mart Stam, jedenfalls nach der überwiegenden Anzahl der erhaltenen Rückmeldungen, nicht über

---

247 *Bergner*, Telef. Gespräch v. 8.6.2016; *Bischoff*, Telef. Gespräch v. 24.5.2016; *Busse*, Pers. Gespräch v. 15.7.2016; *Funke*, Telef. Gespräch v. 10.5.2016; *Godau*, Telef. Gespräch v. 10.5.2016.

248 *Straßer*, Telef. Gespräch v. 7.6.2016.

249 *Bischoff*, Telef. Gespräch v. 24.5.2016; *Godau*, Telef. Gespräch v. 10.5.2016.

250 *Blomberg*, Telef. Gespräch v. 19.4.2016; *Godau*, Telef. Gespräch v. 10.5.2016.

251 *Bergner*, Telef. Gespräch v. 8.6.2016; *Tietenberg*, Telef. Gespräch v. 11.4.2016.

252 *Albus*, Telef. Gespräch v. 23.5.2016; *Hermsen*, Telef. Gespräch v. 9.3.2016; *Tietenberg*, Telef. Gespräch v. 11.4.2016; vgl. *Bergner*, Telef. Gespräch v. 8.6.2016.

253 Anders aber *Hermsen*, Telef. Gespräch v. 9.3.2016, der die Vermittlung einer inhaltlichen Botschaft auch bei Design-Leistungen verlangt. Allerdings sei dieses regelmäßig bereits dann erfüllt, wenn die Gestaltung neu sei.

eine inhaltlich anregende Botschaft.[254] Nachdem die genannten Kriterien nur die Eigenschaften als Werk zweckfreier Kunst betreffen, eignen sich diese nicht zur inhaltlichen Ausfüllung des Begriffes „künstlerische Leistung“ im Zusammenhang mit Produktgestaltungen.

Die Fehlvorstellung, es müsse sich um ein Kunstwerk handeln, könnte durch das Kriterium der künstlerischen Leistung bedingt sein.[255]

Ein Teil der interviewten Personen sprach sich – jedenfalls implizit – für die Ersetzung des Begriffs „künstlerische Leistung“ durch andere Begriffe aus.[256] Dies geschah mit der Begründung, dass das Kriterium der künstlerischen Leistung zur Beurteilung von Design ungeeignet[257] bzw. irreführend sei.[258] Design sei eben nicht künstlerisch.[259] Nach Ansicht dieser Befragten handelt es sich folgerichtig bei dem rechtswissenschaftlich als Werk der angewandten Kunst anerkannten[260] und im Museum ausgestellten[261] Stahlrohrstuhl von Mart Stam nicht um eine künstlerische Leistung.[262] Dem Stahlrohrstuhl wurde gleichwohl

---

254 *Bergner*, Telef. Gespräch v. 8.6.2016; *Godau*, Telef. Gespräch v. 10.5.2016; *Naumann*, Telef. Gespräch vom 21.06.2016; a.A.: *Hermsen*, Telef. Gespräch v. 9.3.2016.

255 So ausdrücklich: *Godau*, Telef. Gespräch v. 10.5.2016; *Straßer*, Telef. Gespräch v. 7.6.2016; vgl. auch diejenigen, die die künstlerische Leistung in Bezug auf die freie Kunst anders als im Zusammenhang mit Produktgestaltungen definieren: *Albus*, Telef. Gespräch v. 23.5.2016; *Bergner*, Telef. Gespräch v. 8.6.2016; *Bischoff*, Telef. Gespräch v. 24.5.2016; *Kurz*, Telef. Gespräch v. 4.4.2016; *Plüm*, Telef. Gespräch v. 30.6.2016.

256 *Albus*, Telef. Gespräch v. 23.5.2016; *Bergner*, Telef. Gespräch v. 8.6.2016; *Bischoff*, Telef. Gespräch vom 24.5.2016; *Godau*, Telef. Gespräch v. 10.5.2016; *Kurz*, Telef. Gespräch v. 4.4.2016; *Plüm*, Telef. Gespräch v. 30.6.2016; *Straßer*, Telef. Gespräch v. 7.6.2016.

257 *Albus*, Telef. Gespräch v. 23.5.2016; *Bergner*, Telef. Gespräch v. 8.6.2016; *Bischoff*, Telef. Gespräch v. 24.5.2016; *Plüm*, Telef. Gespräch v. 30.6.2016.

258 *Godau*, Telef. Gespräch v. 10.5.2016; vgl. *Bischoff*, Telef. Gespräch v. 24.5.2016; *Straßer*, Telef. Gespräch v. 7.6.2016.

259 *Bischoff*, Telef. Gespräch v. 24.5.2016; *Godau*, Telef. Gespräch v. 10.5.2016; *Straßer*, Telef. Gespräch v. 7.6.2016 (etwas einschränkend); vgl. *Albus*, Telef. Gespräch v. 23.5.2016; *Kurz*, Telef. Gespräch v. 4.4.2016.

260 *BGH*, GRUR 1961, 635 ff. – Stahlrohrstuhl I.

261 Der Stahlrohrstuhl „S33“ findet sich in dem Museum für Angewandte Kunst in Köln.

262 *Bischoff*, Telef. Gespräch v. 24.5.2016; *Godau*, Telef. Gespräch v. 10.5.2016; *Straßer*, Telef. Gespräch v. 7.6.2016; vgl. *Albus*, Telef. Gespräch v. 23.5.2016; *Kurz*, Telef. Gespräch v. 4.4.2016, äußert sich nicht. Der Ansicht, dass es sich um keine künstlerische Leistung handelt, sind daneben *Bergner*, Telef. Gespräch v. 8.6.2016 und *Plüm*, Telef. Gespräch v. 30.6.2016; a.A.: *Jonas*, Telef. Gespräch v. 11.4.2016; *Hermsen*, Telef. Gespräch v. 9.3.2016.

von einigen dieser interviewten Personen eine hohe gestalterische Leistung zugeschrieben.[263]

Möglicherweise könnte auch der terminologische und inhaltliche Wandel der Begrifflichkeit „angewandte Kunst" erklären, warum das Kriterium der künstlerischen Leistung zur Beurteilung von Produktgestaltungen missverständlich, wenn nicht sogar ungeeignet, sein könnte. Gebrauchsgegenstände werden heutzutage häufig nicht mehr als angewandte Kunst wahrgenommen, sondern als Design. Zwar wurde der Begriff „angewandte Kunst" von den Befragten sehr unterschiedlich definiert.[264] Unabhängig von einem divergierenden Begriffsverständnis führte aber etwas mehr als die Hälfte der Befragten aus, der Begriff „angewandte Kunst" werde heutzutage kaum noch verwendet[265] bzw. sei durch den Begriff „Design" ersetzt worden.[266]

Darüber, welcher Begriff im Bereich der Produktgestaltungen als Anknüpfungspunkt verwendet werden soll, herrschte jedoch keine Einheitlichkeit. Als alternative Kriterien wurden etwa „gestalterische Leistung",[267] „gestalterische Leistung hoher Qualität",[268] oder „gestalterische, kreative Leistung"[269] genannt.

---

263 *Bischoff*, Telef. Gespräch v. 24.5.2016; *Godau*, Telef. Gespräch v. 10.5.2016; *Straßer*, Telef. Gespräch v. 7.6.2016 und daneben: *Bergner*, Telef. Gespräch v. 8.6.2016; *Plüm*, Telef. Gespräch v. 30.6.2016.

264 Als Oberbegriff für Kunsthandwerk und Design: *Albus*, Telef. Gespräch v. 23.5.2016; *Bischoff*, Telef. Gespräch v. 24.5.2016; *Klemp*, Pers. Gespräch v. 4.5.2016; *Plüm*, Telef. Gespräch v. 30.6.2016; *Rebbelmund*, Pers. Gespräch v. 2.5.2016; *Straßer*, Telef. Gespräch v. 7.6.2016; als Teilbereich des Designs: *Funke*, Telef. Gespräch v. 10.5.2016; als Synonym für Design: *Blomberg*, Telef. Gespräch v. 19.4.2016 oder als Oberbegriff für das Kunstgewerbe: *Busse*, Pers. Gespräch v. 15.7.2016.

265 *Busse*, Pers. Gespräch v. 15.7.2016; *Funke*, Telef. Gespräch v. 10.5.2016; *Godau*, Telef. Gespräch v. 10.5.2016; *Naumann*, Telef. Gespräch v. 21.6.2016; *Plüm*, Telef. Gespräch v. 30.6.2016; *Straßer*, Telef. Gespräch v. 7.6.2016; ähnlich auch *Bischoff*, Telef. Gespräch v. 24.5.2016, wonach heutzutage eher „Design" als „angewandte Kunst" gebraucht werde und *Kurz*, Telef. Gespräch v. 4.4.2016, der zufolge der Begriff „angewandte Kunst" veraltet sei.

266 *Bergner*, Telef. Gespräch v. 8.6.2016; *Funke*, Telef. Gespräch v. 10.5.2016; *Godau*, Telef. Gespräch v. 10.5.2016; *Kurz*, Telef. Gespräch v. 4.4.2016; *Naumann*, Telef. Gespräch v. 21.6.2016; *Straßer*, Telef. Gespräch v. 7.6.2016; ähnlich auch *Bischoff*, Telef. Gespräch v. 24.5.2016, wonach heutzutage eher „Design" als „angewandte Kunst" gebraucht werde.

267 *Godau*, Telef. Gespräch v. 10.5.2016.

268 *Bischoff*, Telef. Gespräch v. 24.5.2016; *Straßer*, Telef. Gespräch v. 7.6.2016.

269 So *Bergner*, Telef. Gespräch v. 8.6.2016; *Plüm*, Telef. Gespräch v. 30.6.2016 „gestalterischen, kreativen Leistung".

Zwar weichen diese Kriterien im Einzelnen begrifflich voneinander ab, immer handelt es sich aber – genauso wie beim Erfordernis der künstlerischen Leistung – um unbestimmte Begriffe, welche mithin einer Ausfüllung bedürfen. Die terminologische Präzisierung stellt indes nicht lediglich eine Verlagerung des Problems, der Ausfüllung eines unbestimmten Begriffes, dar. Denn mit dem Abrücken von dem Begriff „künstlerische Leistung“ ist klargestellt, dass die zu beurteilende Gestaltung im Ergebnis kein Kunstobjekt darstellt, um urheberrechtlichen Schutz zu erlangen.

Andere benennen dagegen unmittelbar Kriterien zur näheren Konkretisierung des Erfordernisses der künstlerischen Leistung in Bezug auf Produktgestaltungen und erachten folglich das Erfordernis der künstlerischen Leistung im Zusammenhang mit Produktgestaltungen nicht für problematisch.[270] Hiernach kann Design unproblematisch künstlerisch sein.

Zur Ausfüllung des Erfordernisses der künstlerischen Leistung bzw. des Alternativkriteriums wurden von den Befragten weitere Merkmale genannt. Gemeinsam war allen Antworten indes, dass die zu untersuchende Gebrauchsgestaltung neu respektive innovativ sein muss.[271] Im Ergebnis ist folglich entscheidend, ob Neuheit/Innovation vorliegt.[272] Die von manchen Befragten in den Gesprächen aufgezeigte Herangehensweise bei der Produktbeurteilung unterstützt dies. Entscheidend für das Vorliegen einer künstlerischen Leistung ist danach der Abstand zum Bestehenden, also die Neuheit.[273]

---

270 *Blomberg*, Telef. Gespräch v. 19.4.2016; *Funke*, Telef. Gespräch v. 10.5.2016; *Hermsen*, Telef. Gespräch v. 9.3.2016; *Jonas*, Telef. Gespräch v. 11.4.2016; *Naumann*, Telef. Gespräch v. 21.6.2016.

271 *Albus*, Telef. Gespräch v. 23.5.2016; *Bergner*, Telef. Gespräch v. 8.6.2016; *Bischoff*, Telef. Gespräch v. 24.5.2016; *Blomberg*, Telef. Gespräch v. 19.4.2016; *Busse*, Pers. Gespräch v. 15.7.2016; *Funke*, Telef. Gespräch v. 10.5.2016; *Godau*, Telef. Gespräch v. 10.5.2016; *Hermsen*, Telef. Gespräch v. 9.3.2016; *Jonas*, Telef. Gespräch v. 11.4.2016; *Klemp*, Pers. Gespräch v. 4.5.2016; *Kurz*, Telef. Gespräch v. 4.4.2016; *Naumann*, Telef. Gespräch v. 21.6.2016; *Plüm*, Telef. Gespräch v. 30.6.2016; *Rebbelmund*, Pers. Gespräch v. 2.5.2016; *Straßer*, Telef. Gespräch v. 7.6.2016; nachdem *Tietenberg*, Telef. Gespräch v. 11.4.2016, bei ihrer Definition der künstlerischen Leistung an die freie Kunst anknüpft, bleibt ihre Auffassung unberücksichtigt.

272 Hierauf wird von *Bischoff*, Telef. Gespräch v. 24.5.2016 und *Funke*, Telef. Gespräch v. 10.5.2016 explizit hingewiesen.

273 *Busse*, Pers. Gespräch v. 15.7.2016; *Klemp*, Pers. Gespräch v. 4.5.2016; *Funke*, Telef. Gespräch v. 10.5.2016; *Naumann*, Telef. Gespräch v. 21.6.2016; *Plüm*, Telef. Gespräch v. 30.6.2016.

Dabei ist hervorzuheben, dass zwar alle Interviewten den Begriff „künstlerische Leistung“ respektive das jeweils genannte Alternativkriterium mit „Innovation/ Neuheit“ ausfüllten, bezüglich des Maßes jedoch unterschiedliche Aussagen trafen. So differenzierten einige Befragten beispielsweise, Neuheit müsse dergestalt vorliegen, dass die Gestaltung überraschend sei,[274] über ihre Vorgänger hinausgehe[275] oder eine originäre Ausnahme bereits vorhandener Gestaltungen darstelle.[276] Zwei interviewte Personen nannten noch als weitere Kriterien, die Nachhaltigkeit des Materials bzw. die Ressourcenschonung[277] und die adäquate Nutzung neuer Materialien,[278] was eine Öffnung der Begrifflichkeit für zeitgeistliche Strömungen nahelegt. Diese Kriterien bedingen allerdings nicht zwingend die Formgestaltung, welche lediglich durch das Urheberrecht geschützt wird und sind daher nicht geeignet.

In welchem Grad Neuheit erfüllt sein muss, um eine künstlerische Leistung anzunehmen, konnte nicht auf einen gemeinsamen Nenner gebracht werden. Als Maßstab wurde der Abstand zur Durchschnittsgestaltung herangezogen. Die abstrakte Einschätzung, wann ein Produkt eine Durchschnittsgestaltung nur ein wenig oder deutlich überragt, ist schwerlich objektiv bestimmbar, schließlich verlaufen die Grenzen fließend und sind von subjektiven Wertungen abhängig. Gleichwohl können sie einen Anhaltspunkt für die Konkretisierung der künstlerischen Leistung vermitteln. Festhalten lässt sich daher, dass nach Auffassung des Großteils der Befragten ein geringes Überragen des Durchschnittsschaffens noch nicht zur Annahme einer künstlerischen Leistung ausreichte.[279] Darüber hinaus verlangte sogar die Mehrzahl der Rückmeldungen ein deutliches Überragen des Durchschnitts zur Annahme einer künstlerischen Leistung.[280] Lediglich

---

274 *Bergner*, Telef. Gespräch v. 8.6.2016; *Jonas*, Telef. Gespräch v. 11.4.2016.

275 *Straßer*, Telef. Gespräch v. 7.6.2016.

276 *Naumann*, Telef. Gespräch v. 21.6.2016.

277 *Straßer*, Telef. Gespräch v. 7.6.2016.

278 *Klemp*, Pers. Gespräch v. 4.5.2016.

279 *Albus*, Telef. Gespräch v. 23.5.2016; *Bischoff*, Telef. Gespräch v. 24.5.2016; *Blomberg*, Telef. Gespräch v. 19.4.2016; *Busse*, Pers. Gespräch v. 15.7.2016; *Funke*, Telef. Gespräch v. 10.5.2016; *Godau*, Telef. Gespräch v. 10.5.2016; *Jonas*, Telef. Gespräch v. 11.4.2016; Pers. Gespräch v. 4.5.2016; *Naumann*, Telef. Gespräch v. 21.6.2016; *Straßer*, Telef. Gespräch v. 7.6.2016. Nicht eindeutig: *Hermsen*, Telef. Gespräch v. 9.3.2016, *Plüm*, Telef. Gespräch v. 30.6.2016.

280 *Albus*, Telef. Gespräch v. 23.5.2016; *Bischoff*, Telef. Gespräch v. 24.5.2016; *Busse*, Pers. Gespräch v. 15.7.2016; *Godau*, Telef. Gespräch v. 10.5.2016; *Rebbelmund*, Pers. Gespräch v. 2.5.2016; in diese Richtung auch *Klemp*, Pers. Gespräch v. 4.5.2016, der meint, Gestaltungen, die von hoher gestalterischer Qualität seien, überragten in der

zwei Personen konstatierten, ein deutliches Überragen sei für eine künstlerische Leistung keine Voraussetzung.[281]

Vor diesem Hintergrund überrascht es auch nicht, dass die soeben genannten Kriterien angewandt auf die beiden Produktgestaltungen „Geburtstagszug“ und „Geburtstagskarawane“, nicht nur zu unterschiedlichen, sondern teilweise sogar zu gegenläufigen Urteilen führten.

So versagte die Mehrzahl der Befragten beiden das Prädikat eine künstlerische Leistung bzw. eines der genannten Alternativkriterien zu sein.[282]

Dagegen bejahte ein nicht unbeachtlicher Teil das Vorliegen einer künstlerischen Leistung respektive eines der genannten Alternativkriterien mit der Begründung,[283] genügend Neuheit zeige sich in der den Produktgestaltungen zugrunde gelegten Idee, namentlich der Kombination von Bummelzug bzw. Tierfiguren auf Rollen mit den Geburtstagselementen, die sich im Gestaltungsergebnis verwirkliche.[284] Ließe dieser Teil der befragten Personen indes die dem Gebrauchszweck geschuldeten Elemente unberücksichtigt, verbliebe in Bezug auf den Geburtstagszug lediglich die Gestaltung eines bekannten Bummelzuges und hinsichtlich der Geburtstagskarawane die erstmalige Kombination von Tierfiguren mit einem Spielzeugbummelzug, in Form des Ersatzes der Waggons und des Zugführers durch Tiere. Ersterem liege damit keine neue Idee zugrunde und letzterem fehle es an einem ausreichenden Maß an Neuheit hinsichtlich der Idee. Ohne die Berücksichtigung der durch den Gebrauchszweck bedingten Merkmale stellten beide Produktgestaltungen auch nach Ansicht dieses Teils

Regel das Durchschnittsschaffen deutlich, und *Straßer*, Telef. Gespräch v. 7.6.2016, wonach in der Regel ein deutliches Überragen der Durchschnittsgestaltung für eine künstlerische Leistung erforderlich sei.

281 *Funke*, Telef. Gespräch v. 10.5.2016; *Plüm*, Telef. Gespräch v. 30.6.2016.

282 *Albus*, Telef. Gespräch v. 23.5.2016; *Bischoff*, Telef. Gespräch v. 24.5.2016; *Busse*, Pers. Gespräch v. 15.7.2016; *Godau*, Telef. Gespräch v. 10.5.2016; *Hermsen*, Telef. Gespräch v. 9.3.2016; *Jonas*, Telef. Gespräch v. 11.4.2016; *Klemp*, Pers. Gespräch v. 4.5.2016; *Rebbelmund*, Pers. Gespräch v. 2.5.2016; *Straßer*, Telef. Gespräch v. 7.6.2016.

283 *Funke*, Telef. Gespräch v. 10.5.2016; *Naumann*, Telef. Gespräch v. 21.6.2016; *Plüm*, Telef. Gespräch v. 30.6.2016; *Bergner*, Telef. Gespräch v. 8.6.2016, geht sogar noch weiter und meint, die Geburtstagskarawane könne außerdem eine künstlerische Leistung im Sinne der freien Kunst sein, da die Tiere künstlerische Interpretationen von Archetypen darstellten; die Ansicht von *Tietenberg*, Telef. Gespräch v. 11.4.2016, wonach die Gestaltungen keine künstlerischen Leistungen darstellten, bleibt unberücksichtigt, da sie die künstlerische Leistung im Sinne eines Werkes der freien Kunst versteht.

284 Vgl. *Bergner*, Telef. Gespräch v. 8.6.2016; *Funke*, Telef. Gespräch v. 10.5.2016; *Naumann*, Telef. Gespräch v. 21.6.2016; *Plüm*, Telef. Gespräch v. 30.6.2016.

der Fachkreise keine künstlerischen Leistungen respektive alternativ genannten Kriterien dar.[285] Anzumerken ist, dass die Befragten zum vorbekannten Formenschatz neben dem Bummelzug und Zahlenzug auch „Tierfiguren auf Rollen" zählten.

Bei der Beurteilung, ob eine Gestaltung eine künstlerische Leistung bzw. den jeweiligen Alternativvorschlag darstellt, wurden überwiegend die funktionalen Elemente – größtenteils mit Ausnahme der technisch zwingenden – einbezogen,[286] so dass auch Designalternativen eine künstlerische Leistung begründen können. Den Rückmeldungen zufolge ist eine Unterscheidung zwischen den ästhetischen und den funktionalen Elementen einer Gestaltung grundsätzlich möglich.[287] Nur ein Befragter hob hervor, die Abgrenzung der funktionalen von den ästhetischen Elementen könne sich im Einzelfall schwierig gestalten.[288]

IV. Zusammenfassung

Unter Zugrundelegung der Kunst- und Designwissenschaft kann festgehalten werden:

Das Gestaltungsverständnis von Gebrauchsgegenständen hat sich grundlegend gewandelt. Heutzutage stellt die Übertragung von zweckfreiem Zierrat, also Elementen der zweckfreien Kunst, auf Gegenstände keine übliche Gestaltungspraxis mehr dar. Vielmehr beeinflussen sich Form und Funktion bereits bei der Entwurfstätigkeit. Seit der Funktionalismus-Kritik bzw. Postmoderne werden emotionale und psychische Komponenten vermehrt berücksichtigt.

Daneben wurde der Begriff der angewandten Kunst heutzutage größtenteils durch den Begriff „Design" abgelöst.

Kunst- und designwissenschaftlich stellt sich die Frage, wann angewandte Kunst bzw. künstlerisches Design in Abgrenzung zu bloßem Design vorliegt,

---

285 *Funke*, Telef. Gespräch v. 10.5.2016; *Naumann*, Telef. Gespräch v. 21.6.2016; *Plüm*, Telef. Gespräch v. 30.6.2016; bei *Bergner*, Telef. Gespräch v. 8.6.2016, bleibt dies jedoch offen.

286 *Bischoff*, Telef. Gespräch v. 24.5.2016; *Godau*, Telef. Gespräch v. 10.5.2016; *Klemp*, Pers. Gespräch v. 4.5.2016; *Straßer*, Telef. Gespräch v. 7.6.2016; ähnlich auch *Funke*, Telef. Gespräch v. 10.5.2016 und *Busse*, Pers. Gespräch v. 15.7.2016; anders wohl *Hermsen*, Telef. Gespräch v. 9.3.2016, der jedenfalls nicht ausführt, dass die technisch bedingten Elemente unberücksichtigt zu bleiben haben; a.A.: *Jonas*, Telef. Gespräch v. 11.4.2016.

287 *Bergner*, Telef. Gespräch v. 8.6.2016; *Bischoff*, Telef. Gespräch v. 24.5.2016; *Busse*, Pers. Gespräch v. 15.7.2016; *Funke*, Telef. Gespräch v. 10.5.2016; *Godau*, Telef. Gespräch v. 10.5.2016.

288 *Straßer*, Telef. Gespräch v. 7.6.2016.

anscheinend kaum. Vielmehr wird das Verhältnis zwischen Design und freier Kunst thematisiert.

Die Befragung konnte nicht ermitteln, was inhaltlich unter einer künstlerischen Leistung zu verstehen ist, wohl aber Näherungswerte schaffen:

Das juristische Kriterium „künstlerische Leistung“ ist im Zusammenhang mit Produktgestaltungen nicht so zu verstehen, dass im Ergebnis ein Werk der freien Kunst vorliegen muss, so dass derartige Kriterien nicht heranzuziehen sind. Obwohl kein einheitliches Begriffsverständnis herrscht, konnten sich alle Befragten[289] darauf verständigen, eine Gestaltung müsse neu/innovativ sein. Betreffend den Abstand zur Durchschnittsgestaltung ergab sich ebenfalls kein einheitliches Meinungsbild. Ein nur geringes Überragen des Durchschnitts mag jedenfalls nicht genügen, um eine künstlerische Leistung respektive einen der genannten Alternativvorschläge anzunehmen. Darüber hinaus zeichnet sich insgesamt eine Tendenz zu nicht allzu geringen Anforderungen ab. In den geführten Gesprächen konnte der Eindruck gewonnen werden, dass die Einschätzung, ab wann ein ausreichendes Maß an Neuheit zur Bejahung einer künstlerischen Leistung vorliegt, nicht abstrakt in Wörter zu fassen ist, es sich vielmehr um eine Art Bauchgefühl respektive einer Würdigung aufgrund eines reichen Erfahrungsschatzes handelt.

Ob die künstliche Aufspaltung – in künstlerische Gestaltungen, welche den Durchschnitt nicht deutlich überragen und in solche, die den Durchschnitt deutlich überragen – der Rechtsprechung praxisfern ist, also eine rein rechtliche Kategorie darstellt, da es diese Zwischenkategorie gar nicht gibt, lässt sich nicht trennscharf beantworten.

---

289 Lediglich die Auffassung von *Tietenberg*, Telef. Gespräch v. 11.4.2016, bleibt unberücksichtigt, da sie bei ihrer Definition der künstlerischen Leistung an die freie Kunst anknüpft.

C. Das Erfordernis der künstlerischen Leistung als urheberrechtliche Schutzvoraussetzung vor und nach der „Geburtstagszug“-Entscheidung – Anforderungen an Produktgestaltungen

In der „Geburtstagszug“-Entscheidung gab der BGH seine über 100 Jahre lang geforderten, im Vergleich zu Werken der zweckfreien Kunst, Musik und Literatur höheren Anforderungen an die Werke der angewandten Kunst auf. An dem Erfordernis der künstlerischen Leistung für Werke der angewandten Kunst hielt der BGH gleichwohl fest.[290] Um zu ermitteln, ob das Festhalten am Erfordernis der künstlerischen Leistung tatsächlich eine Absenkung der Anforderungen an Werke der angewandten Kunst bedingt und sich der Anwendungsbereich nach der „Geburtstagszug“-Entscheidung auf eine Vielzahl an Produktgestaltungen erweitern könnte, erfolgt zunächst eine Darstellung der urheberrechtlichen Anforderungen an den Schutz von Produktgestaltungen. Anschließend wird ermittelt, welche Relevanz dem Erfordernis der künstlerischen Leistung als Urheberrechtsschutzvoraussetzung vor und nach der Entscheidung zukam bzw. zukommt. Sodann erfolgt der Versuch einer Konkretisierung des Erfordernisses der künstlerischen Leistung.

I. Produktgestaltung als urheberrechtlich geschütztes Werk

Eine Produktgestaltung kann urheberrechtlichen Schutz erfahren, sofern sie der angewandten Kunst zugehört und über urheberrechtliche Werkqualität verfügt. Da die Anforderungen an die urheberrechtliche Schutzfähigkeit auch abhängig von der konkreten Werkgattung sind, wird die Kategorie der Werke der angewandten Kunst insbesondere zu den vorangestellten kunst- und designwissenschaftlichen Ausführungen in Beziehung gesetzt. Alsdann werden die Voraussetzungen an den urheberrechtlichen Werkbegriff im Zusammenhang mit Gebrauchsgegenständen aufgezeigt und zugleich das Erfordernis der künstlerischen Leistung innerhalb der Urheberrechtsschutzprüfung verortet.

290 *BGH*, GRUR 2014, 175 Rn. 26 – Geburtstagszug.

1. Werk der angewandten Kunst

a) Angewandte Kunst als urheberrechtlich geschützte Werkkategorie

Vorab erfolgt eine kurze Einführung in die historische Entwicklung des Urheberrechtsschutzes von Werken der angewandten Kunst, eine systematische Einordnung des Schutzgegenstands im Urheberrechtsgesetz mit anschließender Definition sowie einer Abgrenzung zur reinen Kunst.

aa) Historische Entwicklung des urheberrechtlichen Schutzes von Werken der angewandten Kunst

(1) Preußisches Urheberrechtsgesetz vom 11. Juni 1837

Das Königlich Preußische Gesetz zum Schutz des Eigentums an Werken der Wissenschaft und Kunst gegen Nachdruck und Nachbildung vom 11. Juni 1837 war das erste Gesetz, das eine umfassende Kodifikation des Urheberrechts bot.[291] Es entstand vor dem Hintergrund der aufkommenden Industrialisierung, welche die Vervielfältigung von Gegenständen der Kunst erleichterte und damit ein Schutzbedürfnis weckte, welches durch das bis dahin bestehende Privilegienwesen nicht gedeckt wurde.[292] Durch das Preußische Urheberrechtsgesetz wurden Zeichnungen, Gemälden sowie Skulpturen gemäß §§ 21, 22, 23 Preußisches UrhG Schutz gegen Vervielfältigungen gewährt. Dieser Schutz wurde jedoch zum einen durch § 24 Preußisches UrhG, der die Vervielfältigung respektive Übertragung in eine andere Kunstgattung vom Verbot ausnahm, und zum anderen durch § 25 Preußisches UrhG, der eine Benutzung von Kunstwerken als Muster zu den Erzeugnissen der Manufakturen, Fabriken und Handwerke erlaubte, eingeschränkt. Letzterem lag die Wertung zugrunde, dass eine Anlehnung der Industrie an die Kunst möglich bleiben sollte, um Unsicherheiten in der Stil- und Formensprache, welche mit dem Niedergang des traditionellen Handwerks einhergingen, entgegen wirken zu können.[293] Daneben verdeutlichte die Vorschrift, dass gewerbliche Produkte respektive zweckbestimmte Gestaltungen nach damaligem Kunstverständnis keine Kunstwerke darstellten.[294] Zu dieser Zeit wurde nämlich zwischen der zweckfreien hohen Kunst und den

291 *Daude*, UrhR, S. 2.

292 *Zentek*, Acht Jahrzehnte verkanntes Design, S. 16–17.

293 *Wadle*, Geistiges Eigentum I, S. 565.

294 Vgl. *Wadle*, Geistiges Eigentum I, S. 552, 565; *Zentek*, UFITA 2016-I, 35, 37; *dies.*, Acht Jahrzehnte verkanntes Design, S. 20–21.

gewerblichen Erzeugnissen bzw. Gebrauchsgegenständen (angewandte Kunst) unterschieden.[295]

Dieses Gesetz verlieh somit lediglich Werken der reinen bildenden Kunst,[296] nicht dagegen Produktgestaltungen, Schutz. Ferner wurde bereits hier der Gebrauchszweck zur Abgrenzung von angewandter und reiner Kunst genutzt.[297]

(2) Urheberrechtsgesetze von Januar 1876

Der Schutz, den das Gesetz bot, wurde als unzureichend empfunden. Schließlich konnten Kunstwerke sanktionslos gewerblich reproduziert werden und künstlerisch gestalteten, aber industriell hergestellten, Gebrauchsgegenständen kam überhaupt kein Schutz zu.[298] Bereits 1870 gab es daher konkrete gesetzgeberische Bemühungen, welche unter anderem eine Verbesserung des Schutzes von Werken der bildenden Kunst bewirken sollten. Nachdem keine Einigung, insbesondere in Bezug auf die Schutzerstreckung auf Kunstwerke gegen die gewerbliche Vervielfältigung sowie auf Erzeugnisse der Kunstindustrie gegen Nachbildungen, erzielt werden konnte, wurde dieser Abschnitt des Gesetzesentwurfs gestrichen.[299] Der Reichstag nahm allerdings eine Resolution an, die Regierungen zu ersuchen, „dem nächsten Reichstag ein Gesetz vorzulegen, welches den Abschnitt V [betreffend Werke der bildenden Künste] selbständig und dergestalt [regeln sollte], daß dabei zugleich die berechtigten Interessen der Kunstindustrie entsprechende Berücksichtigung [fanden]".[300] Eine deshalb eingerichtete Enquête-Kommission führte im Jahr 1874 Beratungen durch, die primär das Verhältnis der bildenden Künste zur Industrie zum Gegenstand hatten.[301] Im Ergebnis sprach man sich überwiegend für einen Schutz der bildenden Künste gegen die Nachbildung durch die Kunstindustrie[302] sowie einstimmig für die

295 Vgl. *Schulze*, Die kleine Münze, S. 9–10; *Zentek*, UFITA 2016-I, 35, 37; *dies.*, Acht Jahrzehnte verkanntes Design, S. 21–22.

296 So auch *Zech*, Der Schutz von Werken der angewandten Kunst, S. 143.

297 *Wächter*, VerlagsR, S. 136.

298 Vgl. *Heydemann*, Votum vom 29.12.1842, in: Rep. 84 II 2 N Nr. 1 Bd. II Bl. 172–172, zitiert nach *Wadle*, Geistiges Eigentum II, S. 305; *Kühns*, Rechtsschutz an Werken der Bildenden Künste, S. 9–10, 40.

299 Motive zum Entwurf eines Gesetzes betreffend das Urheberrecht an Werken der bildenden Künste, Dt. Reichstag, 2. Leg.-Periode, III. Session, 1875/1876, S. 72; *Dambach*, MusterschutzG, S. 2.

300 Stenographische Berichte über die Verhandlungen des Reichstages des Norddeutschen Bundes, 1. Leg.-Periode, Session 1870, Bd. 2, S. 888.

301 *Schmid*, Die Entwicklung des Geschmacksmusterschutzes, S. 75.

302 *Schmid*, Die Entwicklung des Geschmacksmusterschutzes, S. 78.

Einführung eines Musterschutzes[303] aus. Keine Übereinstimmung konnte indes hinsichtlich des Schutzes von Erzeugnissen der Kunstindustrie gegen Nachbildung erreicht werden.[304] Für die Umsetzung des Musterschutzes waren insbesondere zwei äußere Ereignisse entscheidend.[305] Zum einen wurde die Region Elsaß-Lothringen 1871 Deutschland angegliedert. Hier waren Industrielle tätig, die noch den bis dahin unter der französischen Herrschaft geltenden Musterschutz kannten und in Deutschland schutzlos gegenüber Nachbildungen ihrer Produkte standen.[306] Diese Fabrikanten forderten verstärkt die Gewährung von Musterschutz.[307] Zum anderen schnitten deutsche Gestaltungen auf der Wiener Weltausstellung im Jahr 1873 im Vergleich zu anderen Ländern, die einen gesetzlichen Musterschutz besaßen, zum wiederholten Male[308] schlecht ab.[309] Dies wurde auf das Fehlen einer Schutzmöglichkeit für Muster geschoben und die Forderung nach einem solchen wurde drängender.[310]

Im Jahr 1876 wurden das Gesetz betreffend das Urheberrecht an Werken der bildenden Künste in der Fassung vom 9. Januar 1876 sowie das Gesetz betreffend

---

303 *Schmid*, Die Entwicklung des Geschmacksmusterschutzes, S. 80.

304 *Schmid*, Die Entwicklung des Geschmacksmusterschutzes, S. 80.

305 *Eichmann*, in: Eichmann/Falckenstein/Kühne, DesignG, Allg. zum DesignR, Rn. 2; *Dambach*, MusterschutzG, S. 3; *Osterrieth*, Gewerblicher Rechtsschutz, S. 216; *Henssler*, Urheberschutz angewandte Kunst und Architektur, S. 16–17, stellt auf die Niederlage auf der Wiener Weltausstellung als Triebfeder für die Entstehung des Geschmacksmustergesetzes ab.

306 *Dambach*, MusterschutzG, S. 3; *Zentek*, Acht Jahrzehnte verkanntes Design, S. 47; vgl. *Osterrieth*, Gewerblicher Rechtsschutz, S. 216.

307 Motive zum Entwurf eines Gesetzes betreffend das Urheberrecht an Mustern und Modellen, Dt. Reichstag, 2. Leg.-Periode, III. Session, 1875/1876, S. 77; *Eichmann*, in: Eichmann/Falckenstein/Kühne, DesignG, Allg. zum DesignR, Rn. 2; *Dambach*, MusterschutzG, S. 3–4; *Zentek*, Acht Jahrzehnte verkanntes Design, S. 47.

308 Zur Weltausstellung in London 1851: *Foraita*, Borderline, S. 38, 42; *Geiger*, in: Geiger/Glasmeier, Kunst und Design, 9, 22; *Zentek*, Acht Jahrzehnte verkanntes Design, S. 29, 34; zur Weltausstellung in Paris 1867: *Foraita*, Borderline, S. 42.

309 *Eichmann*, in: Eichmann/Falckenstein/Kühne, DesignG, Allg. zum DesignR, Rn. 2; *Dambach*, MusterschutzG, S. 3; *Henssler*, Urheberschutz angewandte Kunst und Architektur, S. 16; *Lessing*, Kunstgewerbe auf der Wiener Weltausstellung, S. 231–232; *Zentek*, Acht Jahrzehnte verkanntes Design, S. 46.

310 *Eichmann*, in: Eichmann/Falckenstein/Kühne, DesignG, Allg. zum DesignR, Rn. 2; siehe dazu auch *Dambach*, MusterschutzG, S. 3.

das Urheberrecht an Mustern und Modellen in der Fassung vom 11. Januar 1876 bekannt gemacht.[311]

Mit Inkrafttreten dieser Gesetze im Jahr 1876 wurden die Werke der angewandten Kunst in erster Linie durch das Geschmacksmustergesetz geschützt. Ob Produktgestaltungen daneben auch Schutz durch das erste Kunsturhebergesetz erfahren konnten, richtete sich nach dem mit der Gestaltung verfolgten Zweck.[312] In den Motiven zum Kunsturhebergesetz heißt es nämlich: Es „können nur solche Werke als Werke der Kunst angesehen werden, welche vorwiegend dem Zwecke der ästhetischen Darstellung – im Gegensatze zu industriellen Zwecken – dienen."[313] Ausgehend von diesem gesetzgeberischen Willen stellten Rechtsprechung und Literatur darauf ab, welcher Zweck überwog, die ästhetische Wirkung oder die materielle Gebrauchsbestimmung,[314] sog. Prävalenztheorie.[315] Gegenstände, die vorwiegend einem Gebrauchszweck und nicht der ästhetischen Wirkung dienten, wurden durch das Geschmacksmustergesetz geschützt. Dagegen konnten Gestaltungen mit nachrangiger oder ohne Gebrauchsbestimmung, vom ersten Kunsturhebergesetz erfasst werden. Die Einschätzung, welcher Zweck überwog, stand im richterlichen Ermessen. Hierbei konnten die Gerichte Sachverständigenhilfe in Anspruch nehmen.[316] Nach dem gesetzgeberischen Willen sollte die Industriekunst nicht durch das Kunsturhebergesetz, sondern durch das Geschmacksmustergesetz geschützt werden.[317] Bereits die Bezeichnung der Gesetze „Werke der bildenden Kunst" und „Muster und Modelle" sowie die Unterscheidung ihrer jeweiligen Schutzgegenstände offenbart die vom Gesetzgeber gewollte Trennung von angewandter Kunst (Muster

311 Daneben wurde das Gesetz betreffend das Urheberrecht an Werken der Photographie in der Fassung vom 10.1.1876 erlassen.

312 *Zentek*, Acht Jahrzehnte verkanntes Design, S. 293.

313 § 1 der Motive zum Entwurf eines Gesetzes betreffend das Urheberrecht an Werken der bildenden Künste, Dt. Reichstag, 2. Leg.-Periode, III. Session, 1875/1876, S. 72.

314 *RG*, RGZ 71, 145, 147 – Bronzene Standuhr; *Dambach*, MusterschutzG, S. 17; *Kohler*, AcP 1897, 1, 6 ff.; kritisch dazu *Riezler*, Urheber- und Erfinderrecht, S. 414.

315 *Schulze*, Die kleine Münze, S. 18; *ders.*, FS GRUR 100 Jahre II, 1308 Rn. 8; *Zech*, Der Schutz von Werken der angewandten Kunst, S. 146–147; *Zentek*, ZUM 2012, 42, 43–44; *dies.*, UFITA 2016-I, 35, 45; *dies.*, Acht Jahrzehnte verkanntes Design, S. 55.

316 Vgl. dazu § 1 der Motive zum Entwurf eines Gesetzes betreffend das Urheberrecht an Werken der bildenden Kunst, Dt. Reichstag, 2. Leg.-Periode, III. Session, 1875/1876, S. 72.

317 Vgl. dazu § 1 der Motive zum Entwurf eines Gesetzes betreffend das Urheberrecht an Werken der bildenden Kunst, Dt. Reichstag, 2. Leg.-Periode, III. Session, 1875/1876, S. 72.

und Modelle) gegenüber bildender Kunst.[318] Auch in § 14 KUG kam diese Unterscheidung zum Ausdruck: Erlaubte der Schöpfer eines Werkes der bildenden Künste nämlich die gewerbliche Nachbildung, konnte er Schutz gegen weitere Nachbildungen nur noch durch das Geschmacksmustergesetz erfahren. Mithin wirkte sich auch hier das 1876 gegenwärtige Kunstideal der l'art pour l'art auf die Gesetzgebung aus.[319]

Dementsprechend fielen nur solche Produktgestaltungen unter den Schutz des ersten Kunsturhebergesetzes, deren ästhetischer Zweck den Gebrauchszweck deutlich in den Hintergrund stellte. Ein Urheberrechtsschutz kam dem Gegenstand in der Praxis regelmäßig bereits dann nicht zu, wenn dieser einen Gebrauchszweck verfolgte. Tatsächlich wurde durch dieses Gesetz also nur die zweckfreie Kunst und nicht die angewandte Kunst geschützt.[320]

(3) Kunsturhebergesetz vom 9. Januar 1907

In § 2 Abs. 1 S. 1 des Gesetzes betreffend das Urheberrecht an Werken der bildenden Künste und der Photographie vom 9. Januar 1907 wurden als Schutzgegenstand der bildenden Kunst auch die Erzeugnisse des Kunstgewerbes aufgeführt. § 2 Abs. 1 S. 1 KUG lautete: „Die Erzeugnisse des Kunstgewerbes gehören zu den Werken der bildenden Künste." Der im Gesetzesentwurf noch vorhandene Zusatz „soweit sie künstlerische Zwecke verfolgen",[321] wurde weggelassen, um einer Fehlinterpretation dergestalt, das zu schützende Werk solle ausschließlich künstlerischen Zwecken dienen, vorzubeugen.[322] Ein Kunstwerk sollte nämlich dann vorliegen, wenn in dem Werk die Persönlichkeit des Schöpfers, sein künstlerisches Empfinden, zum Ausdruck gebracht wurde, und zwar unabhängig von einem etwaigen Gebrauchszweck.[323]

---

318 Vgl. dazu § 1 der Motive zum Entwurf eines Gesetzes betreffend das Urheberrecht an Werken der bildenden Kunst, Dt. Reichstag, 2. Leg.-Periode, III. Session, 1875/1876, S. 72.

319 Vgl. *Eck*, Neue Wege zum Schutz der Formgebung, S. 22; *Nirk*, UFITA 80/1977, 1, 3–4; *Ulmer*, UrhR, § 25 I; siehe auch unter **B.I.1.a**).

320 *Meineke*, Nachahmungsschutz für Industriedesign, S. 35; *Nirk*, UFITA 80/1977, 1, 3, *Schulze*, FS GRUR 100 Jahre II, 1303 Rn. 20.

321 Entwurf eines Gesetzes betreffend das Urheberrecht an Werken der bildenden Künste und der Photographie, GRUR 1906, 11.

322 Bericht der X. Kommission über den Entwurf eines Gesetzes betreffend das Urheberrecht an Werken der bildenden Künste und der Photographie, XI. Leg.-Periode, II. Session 1905/1906, S. 4677.

323 Vgl. *Osterrieth*, GRUR 1904, 189, 197–198.

Damit postulierte das Kunsturhebergesetz erstmals die Gleichstellung von zweckfreier und angewandter Kunst bzw. Kunstgewerbe.[324] Hierdurch wollte der Gesetzgeber angesichts der fortschreitenden Industrialisierung zu Beginn des 19. Jahrhunderts der zunehmenden Bedeutung künstlerischer Industrieerzeugnisse sowie dem Interesse der Künstler an Gebrauchsgegenständen gerecht werden.[325] Zu jener Zeit wandelte sich das Verständnis von der Kunst, die nur „in einer naturhaften, erhabenen Schönheit ohne jeden Zweck liegen könne"[326] und wich einem Verständnis von Gleichwertigkeit angewandter und freier Kunst.[327]

In den Motiven zum Kunsturhebergesetz wurde dementsprechend ausgeführt: „Seitdem die Kunst in steigendem Maße sich der Aufgabe zugewendet hat, auch die Gegenstände des täglichen Lebens zu veredeln und in ästhetisch wirksamen Formen sinnvoll auszubilden, läßt sich eine verschiedenartige Behandlung der Kunst, je nachdem sie sich dem Dienste der Gewerbe zugewendet hat oder nicht, nach der Auffassung des Entwurfs nicht länger aufrecht erhalten. Der Grundsatz der Gleichstellung von hoher Kunst und angewandter Kunst beherrscht auch die meisten Gesetze des Auslandes. [...] Der Entwurf will daher die angewandte Kunst von den Beschränkungen des gegenwärtigen Rechtes befreien und sie urheberrechtlich der hohen Kunst gleichbehandeln."[328]

Folglich ermöglichte der Gesetzgeber den kumulativen Schutz von Gebrauchsgegenständen durch das bereits bestehende Geschmacksmustergesetz sowie durch das Kunsturhebergesetz. Nach dem Willen des Gesetzgebers war für den Schutz durch das Kunsturhebergesetz ausschlaggebend, dass der Gegenstand eine individuelle künstlerische Leistung darstellte, gleichgültig, ob dieser auch einen Gebrauchszweck verfolgte oder nicht.[329] Mithin konnten erstmals Produktgestaltungen urheberrechtlichen Schutz gleich den Werken der reinen Kunst erlangen.

324 Vgl. dazu §§ 1, 2 der Begründung des Entwurfes eines Gesetzes betreffend das Urheberrecht an Werken der bildenden Künste und der Photographie, GRUR 1906, 15, 16–17.

325 Vgl. *Schulze*, Die kleine Münze, S. 33–34; *Zentek*, UFITA 2016-I, 35, 48.

326 *Zentek*, Acht Jahrzehnte verkanntes Design, S. 95.

327 Siehe unter B.I.1.a).

328 §§ 1, 2 der Begründung des Entwurfes eines Gesetzes betreffend das Urheberrecht an Werken der bildenden Künste und der Photographie, GRUR 1906, 15, 16–17.

329 §§ 1, 2 der Begründung zum Entwurf eines Gesetzes betreffend das Urheberrecht an Werken der bildenden Künste und der Photographie, GRUR 1906, 15, 17.

(4) Urheberrechtsgesetz vom 9. September 1965

Das Gesetz über das Urheberrecht und verwandte Schutzrechte vom 9. September 1965 diente der Anpassung des Kunsturhebergesetzes an die geschichtliche Entwicklung und die internationalen Bestrebungen sowie der Zusammenführung von Literatur- und Kunstschutz.[330] Ziel war es insbesondere den urheberrechtlichen Schutz für alle Werkarten in einem Gesetz zu vereinen[331] und diese einheitlich zu schützen.[332] Eine unterschiedliche Behandlung erschien nicht mehr gerechtfertigt.[333] Durch das Urheberrechtsgesetz änderte sich für den Schutz der Werke angewandter Kunst eigentlich nur deren Bezeichnung.[334] Der Begriff „Erzeugnis des Kunstgewerbes" wurde durch den Begriff „Werk der angewandten Kunst" abgelöst.[335] Hiermit sollte eine Angleichung an die internationale Terminologie[336] vorgenommen werden. Eine inhaltliche Änderung der Rechtslage zum Werkbegriff war nicht beabsichtigt. Dies bedingt ebenfalls, dass die Rechtsprechung, welche zum Kunsturhebergesetz ergangen war, weiterhin zur Auslegung genutzt werden darf bzw. an diese Rechtsprechung angeknüpft werden kann.[337] Folglich können Produktgestaltungen auch durch das Urheberrechtsgesetz von 1965 als Werke der angewandten Kunst Schutz genießen.

bb) Angewandte Kunst als Teil der bildenden Kunst gemäß § 2 Abs. 1 UrhG

§ 2 Abs. 1 UrhG führt als urheberrechtlich geschützte Werkgattungen die Literatur, Wissenschaft und Kunst an. Hierzu gehören „insbesondere Werke der bildenden Künste einschließlich der Werke der Baukunst und der angewandten Kunst und Entwürfe solcher Werke" (§ 2 Abs. 1 Nr. 4 UrhG). Die Formulierung „insbesondere" verdeutlicht, dass die Aufzählung des § 2 Abs. 1 UrhG nicht abschließend ist, also auch unbenannte Werkarten erfasst, sofern sie Literatur,

---

330 *Mahr*, Designschutz, S. 28.

331 *Mezger*, Die Schutzschwelle für Werke der angewandten Kunst, S. 40.

332 Zu § 2 der Begründung des Entwurfes eines Gesetzes über Urheberrecht und verwandte Schutzrechte, BT-Drucks. IV/270, S. 37–38.

333 Zu § 2 der Begründung des Entwurfes eines Gesetzes über Urheberrecht und verwandte Schutzrechte, BT-Drucks. IV/270, S. 37.

334 *Kur*, FS Schricker, 503, 508; *Schulze*, Die kleine Münze, S. 46.

335 *Gerstenberg*, Die Urheberrechte an Werken der Kunst, S. 53; *Kur*, FS Schricker, 503, 508; *Loewenheim*, in: Loewenheim/Schricker, UrhR, § 2 Rn. 181.

336 Vgl. insbesondere Art. 2 Abs. 1 RBÜ.

337 Zu § 2 der Begründung des Entwurfes eines Gesetzes über Urheberrecht und verwandte Schutzrechte, BT-Drucks. IV/270, S. 38; *Loewenheim*, in: Loewenheim/Schricker, UrhR, § 2 Rn. 25, 181; *Mahr*, Designschutz, S. 28–29, 98.

Wissenschaft und Kunst angehören.[338] § 2 Abs. 1 Nr. 4 UrhG nennt die angewandte Kunst als Unterfall der bildenden Kunst.[339]

cc) Definition der angewandten Kunst und Abgrenzung zur reinen Kunst

Der Begriff der bildenden Kunst im urheberrechtlichen Sinne erfasst „alle zwei- oder dreidimensionalen Gestaltungen, die ihren ästhetischen Gehalt durch Ausdrucksmittel wie Farbe, Linie, Fläche, Raumkörper und Oberfläche zum Ausdruck bringen."[340]

Zur angewandten Kunst, als Unterfall der bildenden Kunst, gehören nach allgemeiner Auffassung künstlerisch gestaltete Gebrauchsgegenstände[341] oder „Bedarfs- und Gebrauchsgegenstände mit künstlerischer Formgebung"[342]. Folglich wird zur Unterscheidung von angewandter und reiner Kunst der Gebrauchszweck als Kriterium herangezogen.[343] Die Herstellungsweise spielt dabei keine Rolle. Sowohl handwerkliche als auch industriell hergestellte Gestaltungen können Werke der angewandten Kunst darstellen.[344]

---

338 *Bullinger*, in: Wandtke/Bullinger, UrhR, § 2 Rn. 4.

339 Durch die Einfügung in § 2 Abs. 1 Nr. 4 UrhG wurde erstmals ausdrücklich die Rechtslage klargestellt, dass es sich um einen Unterfall der bildenden Kunst handelt, vgl. *Eichmann*, in: Eichmann/Falckenstein, GeschMG 2. Aufl., Allg. 18; a.A.: Nach *Pilgrim*, Der urheberrechtliche Schutz der angewandten Formgestaltung, S. 73, 96, ist dem Wortlaut des Gesetzes von 1965 zu entnehmen, dass angewandte und bildende Kunst gleichberechtigt nebeneinanderstehen.

340 *Bullinger*, in: Wandtke/Bullinger, UrhR, § 2 Rn. 81; vgl. auch *Loewenheim*, in: Schricker/Loewenheim, UrhR, § 2 Rn. 159.

341 Vgl. *Ahlberg*, in: BeckOK UrhR, § 2 Rn. 29; *Bullinger*, in: Wandtke/Bullinger, UrhR, § 2 Rn. 96.

342 *Gamm*, Die Problematik der Gestaltungshöhe, S. 38; *Kur*, FS Schricker, 503, 510; *Loewenheim*, in: Schricker/Loewenheim, UrhR, § 2 Rn. 181; *A. Nordemann*, in: Fromm/Nordemann, UrhR, § 2 Rn. 139; *Schulze*, FS GRUR 100 Jahre II, 1303 Rn. 74.

343 *BGH*, GRUR 2012, 58 Rn. 17 – Seilzirkus; *BGH*, GRUR 2014, 175 Rn. 16 – Geburtstagszug; *Loewenheim*, in: Schricker/Loewenheim, UrhR, § 2 Rn. 156, 165, 169, 181; *A. Nordemann*, in: Fromm/Nordemann, UrhR, § 2 Rn. 139; *Schulze*, FS GRUR 100 Jahre II, 1303 Rn. 74; einer anderen Ansicht zufolge ist an die Bestimmung zur gewerblichen Verwertung durch Industrie oder Handwerk zu knüpfen. Danach seien Gegenstände, selbst wenn sie einen Gebrauchszweck erfüllten, aber Unikate darstellten, der reinen Kunst zuzuordnen: *Heydt*, GRUR 1968, 530, 532–533; *Katzenberger*, Das Folgerecht im deutschen und ausländischen Urheberrecht, S. 87; *Katzenberger/Schierholz*, in: Schricker/Loewenheim, UrhR, § 26 Rn. 24.

344 *Meineke*, Nachahmungsschutz für Industriedesign, S. 35–36.

Beim Produktdesign handelt es sich um ästhetisch ansprechende, dreidimensionale Gestaltungen mit praktischem Gebrauchszweck.[345] Produktgestaltungen zählen mithin zu den in § 2 Abs. 1 Nr. 4 UrhG geschützten Werken der angewandten Kunst.

b) Diskrepanz zwischen Urheberrecht und Design- bzw. Kunstwissenschaft

aa) Der Begriff der angewandten Kunst

Wie unter **B.I.** gezeigt, wurde der Begriff „angewandte Kunst" für die Gestaltung von Gebrauchsgegenständen heutzutage weitestgehend von dem Begriff „Design" abgelöst, zumindest, was industriell angefertigte Gegenstände anbelangt.[346] Nachdem aber Gebrauchsgegenstände unabhängig von ihrer Herstellungsweise von dem Urheberrechtsgesetz erfasst werden können und nicht lediglich industriell hergestellte Gegenstände, könnte die Nutzung des Begriffs der angewandten Kunst verdeutlichen, dass sowohl kunsthandwerkliche als auch industrielle Formgestaltungen erfasst werden.[347] In diese Richtung tendiert offenbar auch das Verständnis von Kuratoren[348] und damit die Bezeichnungspraxis der Museen, wonach der Begriff der angewandten Kunst nicht mehr in seinem urspünglichen Sinne,[349] sondern als Oberbegriff von Design und Kunsthandwerk verwendet wird.[350]

---

345 Vgl. *Perez de Vega*, in: Erlhoff/Marshall, Wörterbuch Design, Produkt-Design, 323 f.

346 Ursprünglich bezeichnete Design nur das Industriedesign. Mittlerweile wird jedoch teilweise vertreten, es herrsche ein pluralistischer Designbegriff, so dass sich Design unabhängig von der Herstellungsweise definiere, vgl. etwa *Bischoff*, Telef. Gespräch v. 24.5.2016; *Funke*, Telef. Gespräch v. 10.5.2016; *Straßer*, Telef. Gespräch v. 7.6.2016; siehe ausführlich unter **B.III.2.a)**.

347 Vgl. dazu *Rudes*, Urheberrechte an Werken der angewandten Kunst, S. 6.

348 *Albus*, Telef. Gespräch v. 23.5.2016; *Bischoff*, Telef. Gespräch v. 24.5.2016; *Klemp*, Pers. Gespräch v. 4.5.2016; *Rebbelmund*, Pers. Gespräch v. 2.5.2016; *Straßer*, Telef. Gespräch v. 7.6.2016.

349 Der Wortsinn des Begriffs „angewandte Kunst" leitete sich von der Applikation von Elementen der bildenden Kunst auf Gebrauchsgegenstände ab, so *Pilgrim*, Der urheberrechtliche Schutz der angewandten Formgestaltung, S. 94; *Schönberger*, in: Honour/Fleming, Lexikon Kunsthandwerk und Design, 5, 5; *Zentek*, Acht Jahrzehnte verkanntes Design, S. 20; siehe ausführlich unter **B.I.1.a)**.

350 So werden im Museum für Angewandte Kunst in Köln und im Museum Angewandte Kunst in Frankfurt a.M. sowohl kunsthandwerkliche als auch designerische Leistungen ausgestellt.

bb) Angewandte Kunst als eigenständige Kategorie innerhalb des urheberrechtlichen Werkkatalogs

Mittlerweile löst sich die angewandte Kunst respektive das Design von der bildenden Kunst. Sie stellt eine eigenständige Kategorie und nicht mehr nur einen Teil der bildenden Kunst – wie noch zu Zeiten der Entstehung des Kunsturhebergesetzes im Jahr 1907 – dar. Deshalb führte *Pilgrim* bereits im Jahr 1971 aus, „zwischen angewandter und bildender Kunst [besteht] keine schöpferische Identität mehr".[351] Angewandte Kunst respektive Design ist urheberrechtlich ein Teil der bildenden Kunst, nach der Kunst- und Designwissenschaft hingegen eine eigenständige Kategorie.

2. Werkqualität im Urheberrecht gemäß § 2 Abs. 2 UrhG

Eine Produktgestaltung kann nur dann als Werk der angewandten Kunst urheberrechtlichen Schutz erfahren, wenn es sich um eine persönliche geistige Schöpfung gemäß § 2 Abs. 2 UrhG handelt. Das Erfordernis der persönlichen geistigen Schöpfung ist im Urheberrecht nicht legaldefiniert. Vielmehr handelt es sich um einen unbestimmten Rechtsbegriff.[352] Zur Konkretisierung dieses Rechtsbegriffs verlangen Rechtsprechung und ein Teil der Literatur die Erfüllung der vier nachfolgenden Elemente, namentlich die Erschaffung durch einen Menschen, eine wahrnehmbare Formgestaltung, geistigen Gehalt und Individualität.[353]

---

351 *Pilgrim*, Der urheberrechtliche Schutz der angewandten Formgestaltung, S. 96. Ferner ist *Pilgrim*, Der urheberrechtliche Schutz der angewandten Formgestaltung, S. 73, 96, der Auffassung, dass die Erzeugnisse der angewandten Formgestaltung als selbstständige Werkart geschützt werden müssen. Anzumerken ist, dass er den Gesetzeswortlaut des Urheberrechtsgesetzes so versteht, als stellte die angewandte Kunst eine selbständige Werkart dar.

352 *A. Nordemann/Heise*, ZUM 2001, 128, 132; *A. Nordemann*, in: Fromm/Nordemann, UrhR, § 2 Rn. 12.

353 So etwa *BGH*, GRUR 1967, 315, 316 – Skaicubana; *BGH*, GRUR 1972, 38, 39 – Vasenleuchter; *Dreyer*, in: Dreyer/Kotthoff/Meckel, UrhR, § 2 Rn. 17, 34, 42, 60; *Erdmann*, FS Loschelder, 61, 67; *Loewenheim*, in: Schricker/Loewenheim, UrhR, § 2 Rn. 32; *ders.*, in: Loewenheim, Handbuch UrhR, § 6 Rn. 5; *Obergfell*, in: Büscher/Dittmer/Schiwy, UrhG § 2 Rn. 1; *Rehbinder/Peukert*, UrhR, § 10 Rn. 210.

a) *Menschliche Schöpfung*

Das Werk muss gemäß § 2 Abs. 2 UrhG eine Schöpfung darstellen. Das heißt, dass das Objekt Ergebnis einer menschlich-gestalterischen Tätigkeit sein muss.[354] Durch dieses Merkmal sollen Erzeugnisse, die durch Tiere, Natur oder Maschinen erschaffen wurden, vom Schutz ausgenommen werden. Die Hinzuziehung von Maschinen als Hilfsmittel des Urhebers ist gleichwohl möglich, solange nur das Ergebnis den geplanten Anweisungen des Urhebers unterliegt.[355] Darüber hinaus kann auch die Präsentation von vorgefundenen Gegenständen ein Werk sein.[356]

Da Produktgestaltungen von Menschen erschaffen werden, liegt regelmäßig eine schöpferische Leistung vor.[357]

b) *Wahrnehmbare Formgestaltung*

Ferner muss sich die Schöpfung in einer konkreten Formgestaltung offenbaren.[358] Es darf sich folglich nicht lediglich um eine Idee handeln.[359] Sofern die Idee jedoch tatsächlich umgesetzt wurde, zumindest in Form eines Entwurfs, ist dieses Erfordernis erfüllt. Relevanz erfährt dieses Merkmal etwa bei Werken, die nicht fixiert oder unüblich sind,[360] nicht aber bei Werken der angewandten Kunst, die naturgemäß eine Formgestaltung darstellen.[361]

Mithin ist dieses Kriterium bei Produktgestaltungen erfüllt.[362]

---

354 *Dreyer*, in: Dreyer/Kotthoff/Meckel, UrhR, § 2 Rn. 18; *Loewenheim*, in: Schricker/Loewenheim, UrhR, § 2 Rn. 38; *Schack*, UrhR, § 9 Rn. 183.

355 *Loewenheim*, in: Schricker/Loewenheim, UrhR, § 2 Rn. 40; *Rehbinder/Peukert*, UrhR, § 10 Rn. 211.

356 *Schulze*, in: Dreier/Schulze, UrhG, § 2 Rn. 9.

357 Vgl. *A. Nordemann/Heise*, ZUM 2001, 128, 132, die ausführen, dass „Design […] nur dann Sinn [ergibt], wenn es von Menschen geschaffen und für andere wahrnehmbar ist".

358 *Dreyer*, in: Dreyer/Kotthoff/Meckel, UrhR, § 2 Rn. 34; *Schack*, UrhR, § 9 Rn. 187.

359 *Bullinger*, in: Wandtke/Bullinger, UrhR, § 2 Rn. 19; *Rehbinder/Peukert*, UrhR, § 10 Rn. 214; *Schulze*, in: Dreier/Schulze, UrhG, § 2 Rn. 37.

360 Vgl. *Bullinger*, in: Wandtke/Bullinger, UrhR, § 2 Rn. 20; *Rehbinder/Peukert*, UrhR, § 10 Rn. 215.

361 *Rudes*, Urheberrechte an Werken der angewandten Kunst, S. 12.

362 Vgl. *A. Nordemann/Heise*, ZUM 2001, 128, 132, die ausführen, dass „Design […] nur dann Sinn [ergibt], wenn es von Menschen geschaffen und für andere wahrnehmbar ist".

c) *Geistiger Gehalt*

Zudem verlangt § 2 Abs. 2 UrhG das Vorliegen eines geistigen Gehalts, wonach das Werk auf den Rezipienten geistig-anregend wirken muss.[363] Hierdurch sollen auch Zufallswerke vom Schutz ausgeschlossen werden.[364]

Bei Gebrauchsgegenständen handelt es sich aufgrund ihrer Formgestaltung, welche den Form- und Farbensinn anspricht, ihrer Natur nach um geistige Schöpfungen.[365]

d) *Persönliche Individualität*

Das Werk muss des Weiteren über Individualität verfügen, es muss persönlich sein. Dabei handelt es sich um das zentrale Urheberrechtschutzkriterium.[366]

Das Vorliegen von Individualität kann bei Produktgestaltungen nicht ohne Weiteres bejaht werden.

3. Individualität bei Werken der angewandten Kunst

a) *Allgemein*

aa) *Individualität*

Das Merkmal der Individualität, welches sich nicht ausdrücklich im Gesetzestext wiederfindet, wird durch das Erfordernis einer persönlichen geistigen Schöpfung angesprochen. Allein durch die persönliche schöpferische Note erhält ein Werk die individuelle Prägung durch den Urheber.[367] Das Werk muss sich danach auch von der Masse des Alltäglichen und allgemeinmenschlich Möglichen abgrenzen.[368] Eine bloß handwerkliche oder routinemäßige Leistung,[369]

---

363 *Schulze*, in: Dreier/Schulze, UrhG, § 2 Rn. 12.

364 *Ahlberg*, in: BeckOK UrhR, § 2 Rn. 54–55; *A. Nordemann*, in: Fromm/Nordemann, UrhR, § 2 Rn. 25.

365 *Schulze*, in: Dreier/Schulze, UrhG, § 2 Rn. 12, wonach „Werke der angewandten Kunst durch ihre besondere Formgebung den Form- und Farbensinn ansprechen".

366 *Bullinger*, in: Wandtke/Bullinger, UrhR, § 2 Rn. 21; *Fusbahn*, IPRB 2016, 69, 69; *Loewenheim*, in: Schricker/Loewenheim, UrhR, § 2 Rn. 50; *Schack*, UrhR, § 9 Rn. 181.

367 *Rudes*, Urheberrechte an Werke der angewandten Kunst, S. 12.

368 Vgl. *BGH*, GRUR 1987, 704, 707 – Warenzeichenlexika; *BGH*, GRUR 1993, 34, 36 – Bedienungsanleitung; *Loewenheim*, in: Schricker/Loewenheim, UrhR, § 2 Rn. 53; *Schulze*, in: Dreier/Schulze, UrhG, § 2 Rn. 18.

369 *BGH*, GRUR 1987, 704, 707 – Warenzeichenlexika; *BGH*, GRUR 1993, 34, 36 – Bedienungsanleitung; *Bullinger*, in: Wandtke/Bullinger, UrhR, § 2 Rn. 21; *Loewenheim*,

also „was jeder so machen würde",[370] ist nicht individuell. Eine unverwechselbare Prägung des Werkes durch die Persönlichkeit des Urhebers ist gleichwohl nicht erforderlich.[371] Zwingende Voraussetzung für das Vorliegen von Individualität ist das Bestehen eines Gestaltungsspielraums,[372] welcher durch den schöpferischen Geist des Urhebers ausgenutzt wird.[373] Nur dort, wo sich der schöpferische Geist entfalten kann, ist eine individuelle Gestaltung möglich.[374] Der Gestaltungsspielraum ist danach das entscheidende Kriterium zur Prüfung der Individualität.[375]

In der Rechtsprechung werden hierzu teilweise als synomyme Begriffe „schöpferische Eigentümlichkeit"[376], „eigenschöpferische Prägung"[377] sowie „schöpferische Eigenart"[378] gebraucht.[379] Um einer Gestaltung Urheberrechtsschutz zu kommen zu lassen, muss ein gewisses Maß an Individualität vorliegen.[380]

---

in: Schricker/Loewenheim, UrhR, § 2 Rn. 53; *Schulze*, in: Dreier/Schulze, UrhG, § 2 Rn. 18.

370 *Loewenheim*, in: Schricker/Loewenheim, UrhR, § 2 Rn. 53; *Rehbinder/Peukert*, UrhR, § 10 Rn. 221; vgl. *Peifer*, Individualität im Zivilrecht, S. 83.

371 *Loewenheim*, in: Schricker/Loewenheim, UrhR, § 2 Rn. 51; *Peifer*, Individualität im Zivilrecht, S. 82; *Rehbinder/Peukert*, UrhR, § 10 Rn. 210; *Ulmer*, UrhR, § 19 V 2; *Zentek*, Designschutz, S. 48.

372 *BGH*, GRUR 1986, 739, 741 – Anwaltsschriftsatz; *Loewenheim*, in: Schricker/Loewenheim, UrhR, § 2 Rn. 56; *A. Nordemann*, in: Fromm/Nordemann, UrhR, § 2 Rn. 40; *Schricker*, GRUR 1991, 563, 567; *Ulmer*, UrhR, § 21 IV 2.

373 *Loewenheim*, in: Schricker/Loewenheim, UrhR, § 2 Rn. 56; *A. Nordemann*, in: Fromm/Nordemann, UrhR, § 2 Rn. 40; *Ulmer*, UrhR, § 21 IV 2.

374 *Loewenheim*, in: Schricker/Loewenheim, UrhR, § 2 Rn. 56; *A. Nordemann*, in: Fromm/Nordemann, UrhR, § 2 Rn. 40; *ders.*, in: Loewenheim, Handbuch UrhR, § 6 Rn. 15; *A. Nordemann/Heise*, ZUM 2001, 128, 132; *Peifer*, Individualität im Zivilrecht, S. 82.

375 Vgl. *A. Nordemann*, in: Fromm/Nordemann, UrhR, § 2 Rn. 40, 41.

376 *BGH*, GRUR 1987, 704, 705 – Warenzeichenlexika; *BGH*, GRUR 1988, 533, 535 – Vorentwurf II; *BGH*, GRUR 1991, 449, 451 – Betriebssystem; *BGH*, GRUR 1994, 206, 208 – Alcolix; *BGH*, GRUR 2004, 855, 857 – Hundefigur; *BGH*, GRUR 2005, 854, 856 – Karten-Grundsubstanz.

377 *BGH*, GRUR 1981, 352, 353 – Staatsexamensarbeit; *BGH*, GRUR 1985, 1041, 1047 – Inkasso-Programm.

378 *BGH*, GRUR 1984, 659, 661 – Ausschreibungsunterlagen; *BGH*, GRUR 1992, 382, 385 – Leitsätze.

379 *Bullinger*, in: Wandtke/Bullinger, UrhR, § 2 Rn. 21; *Loewenheim*, in: Schricker/Loewenheim, UrhR, § 2 Rn. 50; *Müller*, FS Pfennig, 179, 180.

380 *Bullinger*, in: Wandtke/Bullinger, UrhR, § 2 Rn. 23; *A. Nordemann*, in: Fromm/Nordemann, UrhR, § 2 Rn. 30, 38; *Schulze*, in: Dreier/Schulze, UrhG, § 2 Rn. 20.

bb) Gestaltungshöhe

Der Begriff „Gestaltungshöhe" wurde im Jahr 1958 von *Ulmer* verwendet, um den Grad der Individualität einer Gestaltung zu benennen, der bei Werken angewandter Kunst in Abgrenzung zum Designschutz zur Urheberschutzfähigkeit nötig sein sollte.[381] Heutzutage wird der Begriff der Gestaltungshöhe, auch „Schöpfungshöhe",[382] „Leistungshöhe"[383] oder „Werkhöhe"[384] genannt, teilweise in seinem ursprünglichen Sinne als Beschreibung eines für Urheberrechtsschutz ausreichenden Maßes an Individualität – allerdings nicht mehr ausschließlich in Bezug auf Werke der angewandten Kunst, sondern hinsichtlich aller Werkarten – verwendet.[385] Teilweise wird er auch als Ausdruck der quantitativen Dimension der Individualität einer Gestaltung gebraucht.[386] In dieser Arbeit wird Gestaltungshöhe als Gradmesser der Individualität verstanden.[387]

cc) Die „kleine Münze"

Der Terminus „kleine Münze" ist auf *Elster* zurückzuführen, der ihn erstmalig 1921 im Zusammenhang mit dem Begriff des Schriftwerks aus § 1 Nr. 1 LUG verwendete.[388] Sieben Jahre später gebrauchte er ihn erstmals in Bezug auf die angewandte Kunst. Dabei nutzte er den Begriff als Bezeichnung für Gestaltungen, die

---

381 *Ulmer*, GRUR Ausl. 1959, 1, 2; vgl. *ders.*, UrhR, § 25 III 4.

382 *Loewenheim*, in: Schricker/Loewenheim, UrhR, § 2 Rn. 51; *Mezger*, Die Schutzschwelle für Werke der angewandten Kunst, S. 15, 21; *Schulze*, in: Dreier/Schulze, UrhG, § 2 Rn. 20.

383 *Loewenheim*, in: Schricker/Loewenheim, UrhR, § 2 Rn. 51.

384 *Schulze*, in: Dreier/Schulze, UrhG, § 2 Rn. 20.

385 *A. Nordemann*, FS Bornkamm, 895, 896; *Zentek*, WRP 2010, 73, 73.

386 *Bullinger*, in: Wandtke/Bullinger, UrhR, § 2 Rn. 23; *Loewenheim*, in: Schricker/Loewenheim, UrhR, § 2 Rn. 34, 51; *ders.*, GRUR 1987, 761, 766; *A. Nordemann*, in: Loewenheim, Handbuch UrhR, § 6 Rn. 16; *Mezger*, Die Schutzschwelle für Werke der angewandten Kunst, S. 21; *Rehbinder/Peukert*, UrhR, § 10 Rn. 223.

387 *A. Nordemann*, in: Fromm/Nordemann, UrhR, § 2 Rn. 30, zufolge hat sich dieses Begriffsverständnis des Kriteriums der Gestaltungshöhe im deutschen Urheberrecht allgemein durchgesetzt.

388 *Elster*, Gewerblicher Rechtsschutz, S. 40, führte aus, es sei bei Briefen bedeutender Männer gleichgültig, ob es sich im Ergebnis um große oder kleine Münze handele. Briefe bedeutender Männer würden nämlich nicht wegen der Bedeutung ihres Inhaltes eher zu Gegenständen des Urheberrechts als Briefe kleinerer Geister, sondern nur, weil sie eher zu verkehrsfähigen Gütern würden. Grundsätzlich werde zwar verlangt, dass geistige Tätigkeit aufgewendet wurde, in welchem Maße dies aber geschehen sei, sei nicht entscheidend.

ein geringes Maß an Individualität verkörperten.[389] Heutzutage herrscht zwar kein einheitliches Begriffsverständnis der kleinen Münze.[390] In der Literatur – und dementsprechend in dieser Arbeit – wird die „kleine Münze“ üblicherweise als Beschreibung für Schöpfungen gebraucht, die über ein Minimum an Individualität verfügen;[391] nämlich gerade über ein solches Maß, dass sie schutzfähig sind.[392] Hierunter lassen sich Gestaltungen fassen, die knapp über das jedermann Mögliche hinausgehen,[393] bzw. „im Bereich des Banalen, Handwerklichen, also nicht Besonderen“[394] liegen. Auch der BGH definiert die „kleine Münze“ regelmäßig als Bezeichnung, die einfache, aber gerade noch schutzfähige Schöpfungen umfasst.[395]

---

389 *Elster*, JR 1928, 276, 279.

390 *Mezger*, Die Schutzschwelle für Werke der angewandten Kunst, S. 29, zufolge wird der Begriff der kleinen Münze – grob gefasst – entweder in Abhängigkeit, also relativ, oder in Unabhängigkeit, und damit absolut, von der urheberrechtlichen Schutzuntergrenze verstanden.

391 *Ahlberg*, in: BeckOK UrhR, § 2 Rn. 70; *Bisges*, GRUR 2015, 540, 540; *ders.*, in: Handbuch UrhR, Kapitel 1, Rn. 168; *ders.*, Die Kleine Münze, S. 19; *Loewenheim*, GRUR 1987, 761, 761; *ders.*, in: Schricker/Loewenheim, UrhR, § 2 Rn. 51, 61; *A. Nordemann*, in: Fromm/Nordemann, UrhR, § 2 Rn. 30; *ders.*, FS Bornkamm, 895, 896; *Peifer*, Individualität im Zivilrecht, S. 373; *Schrader*, WRP 2017, 1421 Rn. 2, 4.

392 *Ahlberg*, in: BeckOK UrhR, § 2 Rn. 70; *Bisges*, GRUR 2015, 540, 540; *ders.*, Die Kleine Münze, S. 19; *ders.*, in: Bisges, Handbuch UrhR, Kapitel 1, Rn. 168; *A. Nordemann*, FS Bornkamm, 895, 896; *Loewenheim*, GRUR 1987, 761, 761; *ders.*, in: Schricker/Loewenheim, UrhR, § 2 Rn. 61; *Peifer*, Individualität im Zivilrecht, S. 81; a.A.: *Schulze*, in: Dreier/Schulze, UrhG, § 2 Rn. 4, wonach die kleine Münze „überall dort zu finden [ist], wo den Erzeugnissen die urheberrechtliche Schutzfähigkeit nicht sofort sichtbar auf die Stirn geschrieben steht und zweifelhaft ist, ob sie zu den gerade noch oder zu den schon nicht mehr geschützten Werken zu zählen sind. Mit kleiner Münze wird dieser Grenzbereich nur bildlich beschrieben, mehr nicht. Entscheidend ist nicht, was kleine Münze ist, sondern was die Schutzvoraussetzungen der persönlichen geistigen Schöpfung (§ 2 Abs. 2) erfüllt.“

393 *Bisges*, in: Bisges, Handbuch UrhR, Kap. 1, Rn. 185; a.A.: *W. Nordemann/A. Nordemann*, FS Fezer, 777, 782, wonach auch unterdurchschnittliche Leistungen individuell sein bzw. der kleinen Münze angehören könnten.

394 *Peifer*, FS Neuenfeld, 217, 219.

395 *BGH*, GRUR 1981, 267, 268 – Dirlada; *BGH*, GRUR 1995, 581, 582 – Silberdistel; *BGH*, GRUR 2012, 58 Rn. 34 – Seilzirkus; *BGH*, GRUR 2014, 175 Rn. 18 – Geburtstagszug.

b) Künstlerische Leistung bei Werken der angewandten Kunst

Welche Anforderungen ein Werk erfüllen muss, um urheberrechtlich geschützt zu werden, hängt maßgeblich von der Werkart ab. Dem BGH zufolge ist bei Werken der angewandten Kunst „eine Schöpfung individueller Prägung, deren ästhetischer Gehalt einen solchen Grad erreicht hat, dass nach Auffassung der für Kunst empfänglichen und mit Kunstanschauungen einigermaßen vertrauten Kreise von einer ‚künstlerischen‘ Leistung gesprochen werden kann“[396] zu verlangen. Produktgestaltungen müssen deshalb künstlerische Leistungen darstellen, also Kunstwerkeigenschaft aufweisen, damit sie Urheberrechtsschutz erfahren können.

II. Die rechtliche Relevanz des Erfordernisses der künstlerischen Leistung vor der „Geburtstagszug“-Entscheidung

Um beurteilen zu können, welche Bedeutung dem Erfordernis der künstlerischen Leistung innerhalb der Urheberrechtsprüfung von Produktgestaltungen vor der „Geburtstagszug“-Entscheidung zukam, findet sich im Folgenden ein Überblick über Entstehung und Entwicklung des Erfordernisses der künstlerischen Leistung im Rahmen des Urheberrechtsschutzes ebenso wie der besonderen Gestaltungshöhe für Werke der angewandten Kunst. Beide finden ihren Ursprung in der Rechtsprechung des Reichsgerichts zur Abgrenzung von Geschmacksmusterrecht und Urheberrecht. Daher ist es unerlässlich, vorab den Schutz von Gebrauchsgestaltungen durch die genannten Gesetze aufzuzeigen sowie die für beide grundlegende Entscheidung zu betrachten.

1. Schutz von Produktgestaltungen durch das Geschmacksmustergesetz a.F. und durch das Urheberrechtsgesetz

Formgestaltungen konnten – wie unter **C.I.1.** gezeigt – als Werke der angewandten Kunst durch das Kunsturhebergesetz von 1907, später durch das Urheberrechtsgesetz von 1965, und außerdem als Muster oder Modell durch das Geschmacksmusterrecht a.F. geschützt werden.

---

396 *BGH*, GRUR 2012, 58 Rn. 17 – Seilzirkus mit Verweis auf *BGH*, GRUR 1983, 377, 378 – Brombeer-Muster; *BGH*, GRUR 1987, 903, 904 – Le-Corbusier-Möbel; *BGH*, GRUR 2011, 803 Rn. 31 – Lernspiele.

a) Schutz durch das Urheberrechtsgesetz

aa) Voraussetzungen

Bis zum Inkrafttreten des Urheberrechtsgesetzes am 1. Januar 1966 war der Werkbegriff nicht gesetzlich definiert,[397] weshalb zur Konkretisierung der Schutzvoraussetzungen für Gebrauchsgestaltungen auf die Motive des Kunsturhebergesetzes zurückgegriffen wurde. Nach der Gesetzesbegründung wurde eine individuelle künstlerische Leistung unabhängig vom Gebrauchszwecke verlangt.[398] Mithin war für die urheberrechtliche Schutzfähigkeit die Individualität einer Gestaltung entscheidend und genügend.

bb) Umfang

Das Kunsturhebergesetz schützte ebenso wie später das Urheberrechtsgesetz sowohl persönliche als auch wirtschaftliche Interessen des Schöpfers.[399] Es gewährte ihm beispielsweise gemäß § 12 KUG ein Änderungsverbot und nach § 13 KUG ein Namensnennungsrecht. Die Schutzdauer nach dem Kunsturhebergesetz betrug zunächst 30 Jahre nach dem Tod des Entwerfers. 1934 wurde die Schutzdauer auf 50 Jahre (§ 25 KUG) und im Jahr 1965 auf 70 Jahre (§ 64 UrhG) post mortem auctoris heraufgesetzt.

b) Schutz durch das Geschmacksmusterrecht a.F.

aa) Voraussetzungen

Bis zur Umgestaltung des Geschmacksmusterrechts im Jahr 2004[400] erfuhren Gebrauchsgestaltungen Schutz, wenn sie ein gewerbliches Erzeugnis darstellten, neu und eigentümlich waren sowie aus formeller Sicht im Register angemeldet wurden.

---

397 *A. Nordemann*, in: Fromm/Nordemann, UrhR, § 2 Rn. 19.

398 §§ 1, 2 der Begründung des Entwurfes eines Gesetzes betreffend das Urheberrecht an Werken der bildenden Künste und der Photographie, GRUR 1906, 15, 17.

399 Siehe dazu ausführlich *Furler*, GeschmMG, Grundsätzlich zum GeschmMR, S. 31; *Schack*, UrhR, § 1 Rn. 2.

400 Durch das Gesetz zur Änderung des Geschmacksmustergesetzes vom 18.12.1986 wurde das Geschmacksmustergesetz von 1876 teilreformiert, insbesondere hinsichtlich des Anmeldeverfahrens, nicht aber bezüglich materieller Angelegenheiten. Dieses blieb trotz Reformbestrebungen bis zum Geschmacksmusterreformgesetz vom 12.3.2004 unverändert, welches primär die Geschmacksmuster-RL umsetzte, vgl. *Eichmann*, in: Eichmann/Falckenstein/Kühne, DesignG, Allg. zum DesignR, Rn. 4, 8.

(1) Gewerbliches Erzeugnis

Damit das Geschmacksmusterrecht Anwendung fand, musste es sich zunächst um ein gewerbliches Erzeugnis gemäß § 1 Abs. 1 GeschmMG a.F. handeln. Die Gegenstände mussten für den Vertrieb hergestellt worden sein, es genügte nicht, dass sie für den privaten Bereich angefertigt worden waren. Allerdings reichte bereits die Eignung zur gewerblichen Verwertbarkeit. Durch dieses Erfordernis grenzte sich das Geschmacksmusterrecht von dem Urheberrecht ab, welches nicht auf kommerzielle Verwertungen beschränkt ist.[401]

(2) Neuheit

Das Muster oder Modell im Sinne des § 1 Abs. 2 GeschmMG a.F. musste zudem neu sein. Da dem Geschmacksmustergesetz nicht ausdrücklich entnommen werden konnte, ob es sich um subjektive oder objektive Neuheit handeln muss,[402] waren die Anforderungen an die Neuheit bis zur „Rüschenhaube"-Entscheidung[403] des BGH umstritten. Die Ansichten reichten von einem objektiven Neuheitsbegriff, wonach die Gestaltung weder vorhanden noch bekannt sein durfte, einem relativen Neuheitsbegriff, für den es genügte, wenn die Gestaltung in dem maßgebenden Kulturkreis nicht bekannt war, bis zu einem subjektiven Neuheitsbegriff, wonach die Formgebung dem Urheber neu und unbekannt sein musste.[404] In dem „Rüschenhaube"-Urteil vertrat der BGH einen relativ-objektiven Neuheitsbegriff.[405] Danach war eine Gestaltung neu, wenn sie einerseits in ihrer wesentlichen Gesamterscheinung bis zur Anmeldung vorher noch nicht im Verkehr war (objektiv) und andererseits wenn sie den einschlägigen Fachkreisen nicht bekannt oder nicht ohne übermäßige Anstrengungen zugänglich gewesen wäre, also relativ neu war.[406] Bis auf die Ansicht des subjektiven Neuheitsbegriffs stellten die übrigen Interpretationen von Neuheit einen weiteren, rechtsfortbildenden Unterschied zum Urheberrecht dar, welches an den subjektiven Neuheitsbegriff anknüpft.[407]

---

401 *Rudes*, Urheberrechte an Werken der angewandten Kunst, S. 23–24.

402 *Gamm*, GeschmMG, § 1 Rn. 27.

403 *BGH*, GRUR 1969, 90 ff. – Rüschenhaube.

404 *Gamm*, GeschmMG, § 1 Rn. 26.

405 Seit *BGH*, GRUR 1969, 90, 92 ff. – Rüschenhaube ständige Rechtsprechung: vgl. *BGH*, GRUR 1978, 168, 168 – Haushaltsschneidemaschine; *OLG Hamm*, GRUR 1979, 240, 241 – Küchenschütte.

406 *BGH*, GRUR 1969, 90, 92 ff. – Rüschenhaube.

407 *A. Nordemann/Heise*, ZUM 2001, 128, 134; *Rudes*, Urheberrechte an Werken der angewandten Kunst, S. 21, 24.

(3) Eigentümlichkeit

Darüber hinaus musste die Gestaltung eigentümlich sein. Dieses Merkmal war nach der Rechtsprechung dann gegeben, wenn das Muster in den für die ästhetische Wirkung maßgebenden Merkmalen als das Ergebnis einer eigenpersönlichen, form- oder farbenschöpferischen Tätigkeit erschiene, die über das Durchschnittskönnen eines Mustergestalters hinausginge.[408] Hiernach entsprach das Erfordernis der geschmacksmusterrechtlichen Eigentümlichkeit tendenziell dem im Urheberrecht geforderten ästhetischen Gehalt bzw. der Individualität.[409] Sofern eine Gestaltung ausschließlich technisch bedingt war, entfiel daher ein Schutz durch das Geschmacksmusterrecht[410] wie auch durch das Urheberrecht.[411]

(4) Anmeldung

Außerdem bedurfte es für den Geschmacksmusterschutz im Gegensatz zum Urheberrecht, dessen Schutz mangels formeller Voraussetzungen bereits mit der Schöpfung des Werkes eintrat,[412] einer gebührenpflichtigen Anmeldung.

bb) Umfang

Das Geschmacksmusterrecht gewährte Schutz im Gegensatz zum Urheberrecht lediglich bezogen auf die materiellen Interessen des Schöpfers.[413] Genauso wie im Urheberrecht war aber nur die ästhetische Wirkung der Gestaltung vom Schutz erfasst,[414] auch der Schutzumfang variierte nach der Gestaltungshöhe respektive dem Grad der Eigentümlichkeit.[415] Der Schutzzeitraum konnte sich ursprünglich höchstens auf 15 Jahre bzw. ab 1988 auf 20 Jahre erstrecken.

---

408 *BGH*, GRUR 1960, 395, 396 – Dekorationsgitter; *BGH*, GRUR 1969, 90, 95 – Rüschenhaube; *BGH*, GRUR 1975, 81, 83 – Dreifachkombinationsschalter; *BGH*, GRUR 1978, 308, 309 – Speisekartenwerbung; *BGH*, GRUR 1980, 235, 236 – Play-Family.

409 *Meineke*, Nachahmungsschutz für Industriedesign, S. 48; *Rudes*, Urheberrechte an Werken der angewandten Kunst, S. 22.

410 *BGH*, GRUR 1966, 97, 99 – Zündaufsatz; *BGH*, GRUR 1981, 269, 271–272 – Haushaltsschneidemaschine II.

411 *BGH*, GRUR 1961, 635, 637 – Stahlrohrstuhl I.

412 *Allfeld*, KUG, § 2 S. 40; *Furler*, GeschmMG, Grundsätzlich zum GeschmMR, S. 30; *Pilgrim*, Der urheberrechtliche Schutz der angewandten Formgestaltung, S. 22.

413 *Gamm*, Die Problematik der Gestaltungshöhe, S. 118; *Nirk/Kurtze*, GeschmMG, Einf. Rn. 48.

414 *Furler*, GeschmMG, § 1 Rn. 13.

415 *BGH*, GRUR 1978, 168, 169 – Haushaltsschneidemaschine.

c) Abgrenzung

Mit der Einführung des Kunsturhebergesetzes im Jahre 1907 wurden ausweislich der gesetzlichen Intention angewandte und zweckfreie Kunst gleichbehandelt. Ein und derselbe Schutzgegenstand konnte unter beide Gesetze fallen, also Muster- und zugleich Urheberschutz erfahren.[416] Dabei schloss der Schutz durch das eine Gesetz nicht den Schutz durch das andere Gesetz aus. Vielmehr war eine Schutzkumulation möglich.[417] In Anbetracht dessen stellte sich die Frage, wie sich Geschmacksmuster- und Urheberrecht zueinander verhalten oder voneinander abgrenzen.

aa) Inkrafttreten des Kunsturhebergesetzes vom 9. Januar 1907

Unmittelbar nach Erlass des Gesetzes wurde im Schrifttum teilweise[418] und von Instanzgerichten vereinzelt die Auffassung vertreten, fast jedes Industrieerzeugnis falle nicht nur unter das Geschmacksmusterrecht, sondern zugleich unter das Urheberrecht.[419] Beide Gesetze stünden parallel nebeneinander. Zur Begründung wurde ausgeführt, bereits nach dem Geschmacksmustergesetz sei eine individuelle schöpferische Leistung verlangt worden, die im Unterschied zum Gebrauchsmuster ästhetische Empfindungen auslösen sollte. Ferner komme es beim Kunstschutz nicht auf den ästhetischen Wert an.[420]

bb) Die „Schulfraktur"-Entscheidung

(1) Darstellung

In der „Schulfraktur"-Entscheidung[421] vom 10. Juni 1911 setzte sich das Reichsgericht erstmalig mit der Urheberrechtsschutzfähigkeit einer Gebrauchsgestaltung, konkret einer Druckschrift, unter Geltung des Kunsturhebergesetzes auseinander. Hier betonte das RG, dass das beibehaltene Geschmacksmusterrecht seine Daseinsberechtigung verlöre, wenn jeder Gebrauchsgegenstand, der

---

416 *Eck*, Neue Wege zum Schutz der Formgebung, S. 22.

417 *Schulze*, Die kleine Münze, S. 34.

418 Nach *Zentek*, Acht Jahrzehnte verkanntes Design, S. 102, wurde diese Ansicht überwiegend vertreten.

419 *OLG Dresden*, GRUR 1908, 128, 129; *Allfeld*, KUG, § 2 S. 39; *Osterrieth*, Gewerblicher Rechtsschutz, S. 222–223; *Riezler*, Urheber- und Erfinderrecht, S. 459; a.A.: *RG*, RGZ 72, 162, 164–165 – Abziehbilder.

420 Vgl. dazu *RG*, RGZ 76, 339, 342 – Schulfraktur.

421 *RG*, RGZ 76, 339 ff. – Schulfraktur.

bisher entgeltlich und unter Einhaltung von Formvorschriften höchstens 15 Jahre lang als Geschmacksmuster geschützt werden konnte, nun zugleich den unentgeltlichen, von selbst eintretenden und wesentlich längeren Kunstschutz genösse.[422] Eine feste, durch begriffliche Merkmale ein für alle Mal gesicherte Grenze zwischen Kunst- und Musterschutz könne nicht gezogen werden. Der Unterschied zwischen Kunst- und Musterschutz sei ein gradueller, es entscheide der größere oder geringere ästhetische Gehalt. Nicht jeder kleine Zierrat, nicht jede geschmackvolle Anordnung erhebe ein Produkt der Industrie in die Sphäre der Kunst. Formschöpfungen an einem Gebrauchsgegenstand, bei denen die Zweckmäßigkeit erkennbar in den Vordergrund trete, und nur nebenher ein stimmungsvolles Motiv mitspiele, könnten in das Musterregister eingetragen werden. Ein Werk der angewandten Kunst respektive ein Erzeugnis des Kunstgewerbes und damit zugleich ein Werk der bildenden Künste liege hingegen nur dann vor, wenn der zu der Zweckmäßigkeit der Form hinzukommende ästhetische Überschuss, gleichgültig welches sein künstlerischer Wert sei, einen Grad erreiche, dass nach den im Leben herrschenden Anschauungen von Kunst gesprochen werden könne. Die gewöhnliche Bedeutung des Wortes „Kunstgewerbe“ sei nicht maßgeblich.[423]

(2) Kritik

α) Überwiegen des Gebrauchszwecks

In der „Schulfraktur“-Entscheidung knüpfte das RG erneut an die Prävalenztheorie an, indem es ausführte, dass es für urheberrechtlichen Schutz nicht ausreiche, wenn die Formschöpfung hinter dem Gebrauchszweck des Gegenstands zurückstehe.[424] Dem RG zufolge musste der ästhetische Zweck also gegenüber der materiellen Gebrauchsbestimmung überwiegen.[425] Den Motiven des Kunsturhebergesetzes war ein solcher Gedanke – im Gegensatz zum ersten Kunsturhebergesetz – jedoch nicht mehr zu entnehmen. Bildende Kunst und Kunstgewerbe sollten gleich behandelt werden. Es sollte einzig auf die Individualität der Gestaltung abgestellt werden.[426]

---

422 *RG*, RGZ 76, 339, 343 – Schulfraktur.

423 *RG*, RGZ 76, 339, 344 – Schulfraktur.

424 *RG*, RGZ 76, 339, 344 – Schulfraktur.

425 So auch *Schanze*, GRUR 1929, 60, 64; *Zentek*, Acht Jahrzehnte verkanntes Design, S. 106.

426 *Schanze*, GRUR 1929, 60, 64; *Zentek*, Acht Jahrzehnte verkanntes Design, S. 106, 297.

β) Grad des ästhetischen Gehalts

Darüber hinaus machte das RG die Abgrenzung der beiden Schutzrechte von dem in der Gestaltung verkörperten Grad des ästhetischen Gehalts abhängig, um ein Leerlaufen des Geschmacksmusterrechts zu verhindern. Bestand ein geringes Maß, kam ausschließlich Geschmacksmusterschutz in Betracht, lag indes ein größeres Maß ästhetischen Gehalts vor, konnte daneben das Kunsturhebergesetz Anwendung finden.[427] Der zur Zweckmäßigkeit der Form hinzutretende ästhetische Überschuss musste, damit das Urheberrecht einschlägig war, einen solchen Grad erreichen, dass von Kunst gesprochen werden konnte.[428] Es genügte folglich zur Begründung von Urheberrechtsschutz nicht mehr, dass das Kunstgewerbeerzeugnis den Formensinn anregte. Vielmehr musste der Gebrauchsgegenstand den Grad bildender Kunst erreichen.[429] Das Verlangen nach einem gewissen Maß an ästhetischem Gehalt einer Gestaltung stimmte grundsätzlich mit dem gesetzgeberischen Willen überein. Schließlich sollte für den Schutz durch das Kunsturhebergesetz „nicht jede beliebige bildnerische Ausgestaltung oder Verzierung [genügen, um] den Gegenstand in die Sphäre eines Werkes der bildenden Künste [zu erheben]".[430] Der notwendige Abstand zum Geschmacksmusterrecht und zugleich die Kunstwerkeigenschaft sollte aber – dem Gesetzgeber zufolge – bereits dann erreicht sein, wenn der Gebrauchsgegenstand „unabhängig von [seinem] Gebrauchszwecke [...], eine individuelle künstlerische Leistung"[431] darstellte. Dabei kam es nach den Motiven nicht auf einen Kunstwert an.[432] Daraus mochte zwar abgeleitet werden, dass für die Anwendbarkeit des Kunstschutzes das Bestehen einer Kunstwerkeigenschaft notwendig war. Dieses Erfordernis der Kunstwerkeigenschaft in einer Art und Weise auszugestalten, wie das RG, dürfte dem Willen des Gesetzgebers

427 *RG*, RGZ 76, 339, 344 – Schulfraktur. Diese Formulierung sollte sich später zum Erfordernis des deutlichen Überragens der Durchschnittsgestaltung entwickeln.

428 *RG*, RGZ 76, 339, 344 – Schulfraktur. Diese Formulierung bildet die Grundlage für das Erfordernis der künstlerischen Leistung.

429 *Zentek*, Acht Jahrzehnte verkanntes Design, S. 106.

430 §§ 1, 2 der Begründung des Entwurfes eines Gesetzes betreffend das Urheberrecht an Werken der bildenden Künste und der Photographie, GRUR 1906, 15, 17; vgl. *Zentek*, Acht Jahrzehnte verkanntes Design, S. 106.

431 §§ 1, 2 der Begründung des Entwurfes eines Gesetzes betreffend das Urheberrecht an Werken der bildenden Künste und der Photographie, GRUR 1906, 15, 17.

432 §§ 1, 2 der Begründung des Entwurfes eines Gesetzes betreffend das Urheberrecht an Werken der bildenden Künste und der Photographie, GRUR 1906, 15, 17; vgl. *Zentek*, Acht Jahrzehnte verkanntes Design, S. 254–255.

jedoch zuwidergelaufen sein. Denn Kunstgewerbeerzeugnisse sollten ausweislich der Begründung zum Gesetzesentwurf der zweckfreien Kunst gleichgestellt werden.[433] Außerdem kann dem Vergleich des Gesetzesentwurfes mit der endgültigen Gesetzesfassung entnommen werden, dass Kunstgewerbeerzeugnissen bereits Kunstwerkeigenschaft zuerkannt wurde.[434] Im Unterschied zu der Fassung des § 2 KUG-E Gesetzesentwurfes,[435] wo es in § 2 KUG-E heißt: „gewerbliche Erzeugnisse gehören […] zu den Werken der bildenden Künste", ergänzte der Gesetzgeber die endgültige Fassung des § 2 KUG nämlich um das Wort „Kunst". So lautete § 2 KUG: „Erzeugnisse des Kunstgewerbes gehören zu den Werken der bildenden Künste". Dieser Änderung kann entnommen werden, dass der Gesetzgeber Kunstgewerbeerzeugnisse bereits als künstlerisch betrachtete.[436] Das RG verlangte danach eine verschärfte respektive darüber hinausgehende Kunstwerkeigenschaft, namentlich das Erreichen eines Rangs bildender zweckfreier Kunst.[437]

γ) Zwischenergebnis

Hiernach wandte das RG das Kunsturhebergesetz in einer Art und Weise an, durch welche die vom Gesetzgeber bewirkte Gleichbehandlung von angewandter und zweckfreier Kunst wieder aufgehoben wurde.[438] Es wurde wieder Bezug auf die Prävalenztheorie genommen[439] und der ästhetische Gehalt einer Gebrauchsgestaltung sollte einen an die bildende Kunst heranreichenden Grad aufweisen.[440]

---

433 §§ 1, 2 der Begründung des Entwurfes eines Gesetzes betreffend das Urheberrecht an Werken der bildenden Künste und der Photographie, GRUR 1906, 15, 16–17.

434 *Zentek*, Acht Jahrzehnte verkanntes Design, S. 257.

435 Der Entwurf eines Gesetzes betreffend das Urheberrecht an Werken der bildenden Künste und der Photographie ist abgedruckt in: GRUR 1906, 11 ff.

436 Vgl. *Zentek*, Acht Jahrzehnte verkanntes Design, S. 257; a.A.: *BGH*, GRUR 1957, 391, 392 – Ledigenheim. Hier führte der BGH betreffend die Übertragbarkeit der Grundsätze zum Kunstgewerbe auf Bauwerke aus, dass die Änderung des Begriffes „gewerbliches Erzeugnis" zu „Erzeugnis des Kunstgewerbes" dem Umstand geschuldet sei, dadurch den – noch im Entwurf vorgesehenen – Zusatz „soweit sie künstlerische Zwecke verfolgen" entbehren zu können.

437 Vgl. *Zentek*, Acht Jahrzehnte verkanntes Design, S. 254.

438 *Zentek*, UFITA 2016-I, 35, 52.

439 Erst einige Jahre nach dieser Entscheidung löste sich das RG von der Prävalenztheorie, vgl. *Zentek*, ZUM 2012, 42, 44.

440 *Zentek*, UFITA 2016-I, 35, 52; *dies.*, Acht Jahrzehnte verkanntes Design, S. 105.

2. Das Erfordernis der künstlerischen Leistung vor der „Geburtstagszug"-Entscheidung

a) Entstehung und Entwicklung

aa) Herleitung in der „Schulfraktur"-Entscheidung

Das RG konkretisierte die Anforderungen an Werke angewandter Kunst in der „Schulfraktur"-Entscheidung – wie unter **C.II.1.c)bb)** aufgezeigt – dergestalt, dass ihnen Urheberrechtsschutz nur dann zukam, wenn sie einen solchen Grad an ästhetischen Gehalt aufwiesen, dass von Kunst gesprochen werden konnte.[441] Damit wurde in dieser Entscheidung der Grundstein für das spätere Erfordernis der künstlerischen Leistung gelegt.

bb) Weitere Entwicklung bis zur „Geburtstagszug"-Entscheidung

Im Folgenden wird die weitere Entwicklung des Merkmals der künstlerischen Leistung bis zur „Geburtstagszug"-Entscheidung dargestellt.

(1) Bestätigung der Rechtsprechungsformel durch den BGH

Der BGH knüpfte bereits in den Entscheidungen „Hummel-Figuren"[442] und „Mantelmodell"[443] an die Rechtsprechung des RG an. Allerdings bestätigte er erst in der „Europapost"-Entscheidung am 27. November 1956 ausdrücklich die vom RG entwickelten und „als feststehendes Ergebnis der Rechtsentwicklung"[444] zu betrachtenden Grundsätze, wonach eine Abgrenzung zwischen Geschmacksmuster- und Urheberschutz anhand des Grades des ästhetischen Gehalts zu

441 *RG*, RGZ 76, 339, 344 – Schulfraktur.

442 *BGH*, GRUR 1952, 516, 517 – Hummel-Figuren.

443 *BGH*, GRUR 1955, 445, 445 – Mantelmodell.

444 *Zentek*, Acht Jahrzehnte verkanntes Design, S. 254–255 (betreffend eine ähnliche Aussage des *BGH*, GRUR 1995, 581, 582 – Silberdistel, vgl. S. 277–278), zufolge handelt es hierbei um eine haltlose Behauptung. In den Anfangsjahren nach Inkrafttreten des KUG sei mit Ausnahme der „Schulfraktur"-Entscheidung ein großzügiger Schutz von Gebrauchsgegenständen gewährt worden. Erst im Nationalsozialismus habe sich eine Erhöhung in die bildende Kunst durchgesetzt. Als Beispiel für niedrige Anforderungen könne die Entscheidung *RG*, GRUR 1932, 892, 893 – Stahlrohrstuhl, angeführt werden. Hier sei weder ein bestimmter Grad ästhetischer Eigentümlichkeit verlangt worden, so dass von Kunst gesprochen werden konnte, noch sei das Überwiegen des Gebrauchszwecks von Bedeutung gewesen. Die Gestaltung habe lediglich individuell sein müssen, siehe ausführlich *Zentek*, Acht Jahrzehnte verkanntes Design, S. 136.

treffen und für letzteren das Erreichen eines solchen Maßes zu verlangen sei, dass nach der im Leben herrschenden Anschauung der mit Kunstanschauungen einigermaßen vertrauten und für künstlerische Dinge empfänglichen Kreise schon von Kunst gesprochen werden könne.[445] *Zentek* zufolge stellt die „Europapost"-Entscheidung eine Verschärfung der Schutzanforderungen an Werke der angewandten Kunst dar.[446] Der BGH verlange nämlich nunmehr zu prüfen, ob das jeweilige Erzeugnis des Kunstgewerbes unabhängig von seinem Gebrauchszweck ein Werk der bildenden Kunst im Sinne von § 1 KUG darstelle.[447] Allerdings postulierte die Entscheidung an sich – entgegen der Auffassung von *Zentek* – keine strengeren Anforderungen an Werke der angewandten Kunst, sondern stellte nur klar, dass mit Kunst die bildende Kunst gemeint war.

(2) Erstmalige Verwendung der Formulierung „künstlerische Leistung"

Zudem verwendete der BGH in der „Europapost"-Entscheidung erstmalig die Formulierung, der ästhetische Gehalt müsse einen solchen Grad erreichen, dass nicht nur von einer geschmacklichen, sondern von einer künstlerischen Leistung gesprochen werden könne.[448] Dadurch, dass der BGH in ein und derselben Entscheidung an einer Stelle auf die Formulierung „Kunst" und an anderer Stelle auf die Ausdrucksweise „künstlerische Leistung" rekurrierte, könnte die Austauschbarkeit der Begrifflichkeiten und damit deren Bedeutungsgleichheit unterstrichen worden sein. Eine Stütze fände diese Lesart darin, dass der BGH auf die Rechtsprechung des Reichsgerichts verwies, in der von „Kunst" die Rede war.[449]

(3) Übertragbarkeit der Kunstwerkeigenschaft auf Bauwerke

Im „Ledigenheim"-Urteil,[450] welches die Schutzfähigkeit eines Entwurfs eines Wohnhauses nach dem Kunsturhebergesetz zum Gegenstand hatte, übertrug der BGH den für kunstgewerbliche Gegenstände entwickelten Grundsatz auf Bauwerke. Auch diese sollten nur dann Kunstrechtsschutz erfahren, wenn ihr

---

445 *BGH*, GRUR 1957, 291, 292 – Europapost.

446 *Zentek*, Acht Jahrzehnte verkanntes Design, S. 254.

447 *Zentek*, Acht Jahrzehnte verkanntes Design, S. 254 mit Bezug auf *BGH*, GRUR 1957, 291, 292 – Europapost.

448 *BGH*, GRUR 1957, 291, 293 – Europapost.

449 Vgl. *BGH*, GRUR 1957, 291, 293 – Europapost mit Verweis auf *RG*, RGZ 155, 199, 205.

450 *BGH*, GRUR 1957, 391 ff. – Ledigenheim.

ästhetischer Gehalt einen solchen Grad erreicht, dass nach den im Leben herrschenden Anschauungen von Kunst gesprochen werden könne.[451]

(4) Uneinheitliche Verwendung der Formulierungen „Kunst" und „künstlerische Leistung"

Seit der Bestätigung der Rechtsprechung des Reichsgerichts durch den BGH in der „Europapost"-Entscheidung wurden die Formulierungen, der ästhetische Gehalt des Werkes müsse einen solchen Grad erreichen, dass von „Kunst" oder einer „künstlerischen Leistung" gesprochen werden könne, bis in jüngste Zeit uneinheitlich verwendet.[452] Es bestand – jedenfalls bis in die 1980er Jahre – keine durchweg einheitliche Begrifflichkeit innerhalb der Rechtsprechung, wohl weil die Begriffe – dem BGH zufolge – inhaltlich bedeutungsgleich sind. So nimmt der BGH innerhalb seiner Entscheidungen häufig auf vorangegangene Judikate Bezug, obwohl sich die verwendeten Formulierungen unterscheiden.[453] Seit 2011 hat sich die Formulierung, der ästhetische Gehalt des Werkes müsse einen solchen Grad erreichen, dass nach Auffassung der für Kunst empfänglichen und mit Kunstanschauungen einigermaßen vertrauten Kreise von einer künstlerischen Leistung gesprochen werden könne, gefestigt.[454]

(5) Allgemeine Kunstwerkeigenschaft

Das Erfordernis der künstlerischen Leistung wird mittlerweile allgemein für Werke der bildenden Kunst als urheberrechtliche Schutzvoraussetzung gefordert.[455]

---

451 *BGH*, GRUR 1957, 391, 393 – Ledigenheim.

452 *BGH*, GRUR 1959, 289, 290 – Rosenthal-Vase (künstlerische Leistung); *BGH*, GRUR 1961, 635, 638 – Stahlrohrstuhl I (Kunst); *BGH*, GRUR 1967, 315, 316 – skaicubana (künstlerische Leistung); *BGH*, GRUR 1972, 38, 39 – Vasenleuchter (künstlerische Leistung); *BGH*, GRUR 1973, 478, 479 – Modeneuheit (Kunst); *BGH*, GRUR 1974, 669, 671 – Tierfiguren (künstlerische Leistung); *BGH*, GRUR 1981, 517, 519 – Rollhocker (Kunst); *BGH*, GRUR 1983, 377, 378 – Brombeer-Muster (künstlerische Leistung); *BGH*, GRUR 1987, 903, 904 – Le Corbusier-Möbel (Kunst); *BGH*, GRUR 2011, 803 Rn. 31 – Lernspiele (künstlerische Leistung); *BGH*, GRUR 2012, 58 Rn. 17 – Seilzirkus (künstlerische Leistung).

453 Der BGH wies etwa in *BGH*, GRUR 2012, 58 Rn. 17 – Seilzirkus, in der eine „künstlerische Leistung" verlangt wird, auf die Entscheidung *BGH*, GRUR 1987, 903, 904 – Le Corbusier-Möbel, in der von „Kunst" die Rede ist, hin.

454 *BGH*, GRUR 2011, 803 Rn. 31 – Lernspiele; *BGH*, GRUR 2012, 58 Rn. 17 - Seilzirkus.

455 Vgl. *OLG Hamburg*, ZUM 2004, 386, 386 – Handy-Logos; *Donle/Held/Nordemann-Schiffel/Nordemann*, GRUR Int. 2012, 995, 1002; *Loewenheim*, in: Schricker/

cc) Zwischenergebnis

Bei dem Erfordernis der künstlerischen Leistung handelt es sich um ein Kriterium, das im Weg der Rechtsfortbildung entstanden ist und den urheberrechtlichen Werkbegriff näher konkretisiert. Zwar wurde das Erfordernis ursprünglich im Rahmen der Abgrenzung von Urheber- und Geschmacksmusterrecht entwickelt und später auf Bauwerke übertragen. Heutzutage hat es sich aber allgemein für Werke bildender Künste als urheberrechtliches Schutzkriterium durchgesetzt. Auch wenn der BGH die Formulierungen „Kunst" und „künstlerische Leistung" als austauschbar begreift,[456] kann mit den Begriffen jedoch ein unterschiedlicher Bedeutungsgehalt verknüpft sein. Schließlich war nach dem gesetzgeberischen Willen für die Anwendbarkeit des Kunstschutzes erforderlich, dass es sich bei dem gewerblichen Gegenstand um eine künstlerische Leistung handelte, eine solche nahm der Gesetzgeber bei Kunstgewerbeerzeugnisse jedoch an.[457] Dies könnte dafür sprechen, dass die Formulierung „künstlerische Leistung" als ein Weniger im Vergleich zu der Ausdrucksweise „Kunst" zu begreifen ist. Was letztlich erforderlich ist, bestimmt sich nach der Rechtsprechung des BGH indes nicht aus juristischer Sicht, sondern aus dem Blickwinkel der mit den Kunstanschauungen einigermaßen vertrauten Kreise.

b) Kritik an dem Schutzkriterium „Kunst"

An der Formel der Rechtsprechung wird das Abstellen auf einen ästhetischen Überschuss bzw. Gehalt sowie die Tautologie der Formel beanstandet.

aa) Ästhetischer Überschuss bzw. Gehalt

Wie unter **C.II.1.c)bb)** gezeigt, stellte das RG in der „Schulfraktur"-Entscheidung erstmalig auf das Vorliegen eines ästhetischen Überschusses ab.[458] Zu

---

Loewenheim, UrhR, § 2 Rn. 158; *A. Nordemann*, in: Fromm/Nordemann, UrhR, § 2 Rn. 137; *Rehbinder/Peukert*, UrhR, § 13 Rn. 278; *Schäder*, Die entpersönlichte Kunst, S. 25.

456 So wohl auch *A. Nordemann*, FS Bornkamm, 895, 904 mit Verweis auf *BGH*, GRUR 1983, 377, 378 – Brombeer-Muster, *BGH*, GRUR 1987, 903, 903 – Le Corbusier-Möbel, der meint, das Erfordernis der künstlerischen Leistung sei nicht neu. Bereits in den Entscheidungen „Brombeer-Muster" und „Le Corbusier" habe der BGH ausgeführt, „dass sich in einem Werk der angewandten Kunst eine Gestaltungshöhe offenbaren müsse, die es rechtfertige, das Erzeugnis unter die Werke der bildenden Künste einzuordnen".

457 Siehe unter **C.II.1.c)bb)(2)β)**.

458 *RG*, RGZ 76, 339, 344 – Schulfraktur.

berücksichtigen ist dabei, dass die Entscheidung zu einer Zeit erging, als es üblich war, Ornamente auf Gebrauchsgegenstände zu applizieren.[459] Bereits kurze Zeit später erfuhr das Abstellen auf einen ästhetischen Überschuss heftige Kritik:[460] Hintergrund war der vom Werkbund und insbesondere von der Bauhaus-Schule praktizierte Funktionalismus, nach dem die Einheit von Form und Funktion erstrebt wurde und damit ein gewandeltes Gestaltungsverständnis.[461] Zwar betonte der BGH, der ästhetische Überschuss definiere sich nicht losgelöst von den zweckbestimmten Elementen, wie etwa noch zu Zeiten des Jugendstils üblich.[462] Dies konnte aber die mit dem Begriff „ästhetischer Überschuss" einhergehende Ambiguität nicht ausräumen. Es konnte nämlich der Eindruck gewonnen werden, es bedürfe etwas Zusätzlichem. In der „Candida-Schrift"-Entscheidung änderte der BGH diesen Begriff schließlich in „ästhetischen Gehalt" ab.[463]

Aber auch die Forderung nach einem ästhetischen Gehalt wurde insbesondere aus folgenden Gründen kritisiert: Eine Abgrenzung anhand des ästhetischen Gehalts entspreche nicht dem heutigen Kunstverständnis.[464] Der ästhetische Gehalt stehe nicht in einem konstitutiven Zusammenhang zu der künstlerischen Leistung.[465] Nach *Schack* macht „nicht die ästhetische Form [...] einen Gegenstand zur Kunst, sondern der künstlerische Gestaltungswille des Schöpfers. Während der Designer mit dem Ziel der Verkaufsförderung den Geschmack der Menge treffen will, verleiht der Urheber seinen individuellen künstlerischen Vorstellungen Ausdruck".[466] Außerdem sei das Kriterium des ästhetischen Gehalts dem Urheberrecht fremd. Urheberrechtschutz komme allen Werkgattungen wertneutral zugute, sofern sie gemäß § 2 Abs. 2 UrhG die erforderlichen Voraussetzungen an den Werkbegriff erfüllten, also persönliche geistige Schöpfungen

---

459 Vgl. dazu §§ 1, 2 der Begründung des Entwurfes eines Gesetzes betreffend das Urheberrecht an Werken der bildenden Künste und der Photographie, GRUR 1906, 15, 17. Dort hieß es: „nicht jede beliebige bildnerische Ausgestaltung oder Verzierung [kann] den Gegenstand in die Sphäre eines Werkes der bildenden Künste [erheben]". Hier spiegelt sich die zu dieser Zeit herrschende Kunstvorstellung wieder, wonach Elemente der bildenden Kunst auf Gebrauchsgegenstände appliziert wurden, siehe dazu ausführlich *Lion*, GRUR 1930, 501, 501.

460 *Zentek*, Acht Jahrzehnte verkanntes Design, S. 130.

461 Vgl. *Lion*, GRUR 1930, 501, 501–502; siehe ausführlich unter **B.I.2.**

462 Vgl. *BGH*, GRUR 1957, 291, 292–293 – Europapost.

463 *BGH*, GRUR 1958, 562, 562–563 – Candida-Schrift.

464 *Gerstenberg*, Die Urheberrechte an Werken der Kunst, S. 49–50.

465 *Schack*, Kunst und Recht, Rn. 840; *ders.*, KUR 2008, 141, 147; *ders.*, UrhR, § 9 Rn. 233.

466 So *Schack*, UrhR, § 9 Rn. 233; vgl. *ders*, Kunst und Recht, Rn. 840–841; *ders*, JZ 2014, 207, 207; *ders.*, KUR 2008, 141, 147.

darstellten. Unerheblich sei, ob das Werk einen ästhetischen Gehalt aufweise.[467] Ferner stelle es – da die persönliche Auffassung des Richters entscheide – als subjektives Kriterium ein Einfallstor für Kunstrichtertum dar.[468] Nachdem der persönliche Geschmack nicht antizipierbar sei, folge daraus zugleich Rechtsunsicherheit.[469] Darüber hinaus laufe es den europäischen Empfehlungen zuwider, wonach „bei der Bestimmung der Werkeigenschaft [...] keine Beurteilung der Qualität oder des ästhetischen Wertes vorzunehmen" sei.[470] Das Merkmal berge des Weiteren das Risiko eines Verstoßes gegen Art. 21 GR-Charta.[471] Gegenstände, die nicht ästhetisch seien, würden nach der Formel der Rechtsprechung nicht als Werke der angewandten Kunst in den Schutz des Urheberrechts gelangen. Art. 21 GR-Charta verbiete indes jegliche Diskriminierung.[472] Sofern hiergegen eingewandt werden sollte, Ästhetik sei nicht – wie der BGH in der „Inkasso-Programm"-Entscheidung postulierte –[473] in einer den Schönheitssinn ansprechenden Bedeutung, sondern in Bezug auf die sinnliche Wahrnehmung zu verstehen, greife dieses Argument zu kurz, da Ästhetik vom Zeitgeist bedingt werde und damit beständig im Wandel begriffen sei. Mithin könne die Gefahr, dass Werke in Zukunft nicht vom Schutz erfasst respektive ausgeschlossen würden, nicht ausgeräumt werden.[474] Außerdem wird angemerkt, das Kriterium des ästhetischen Gehalts sei für den Rechtsanwender wenig praktikabel.[475]

bb) Tautologie-Vorwurf

Darüber hinaus wird der nämlichen Formel[476] Tautologie vorgeworfen.[477] Dem wird jedoch zu Recht entgegengehalten, die Undefinierbarkeit und damit die

467 *Czernik*, IPRB 2014, 234, 238; *Schack*, KUR 2008, 141, 147.

468 *Czernik*, IPRB 2014, 234, 238; *Schricker,* GRUR 1996, 815, 819.

469 *Czernik*, IPRB 2014, 234, 238.

470 *Ahlberg*, ZUM 2015, 538, 545.

471 Charta der Grundrechte der Europäischen Union vom 18.12.2000, ABl. Nr. C 364/1.

472 *Ahlberg*, ZUM 2015, 538, 545; ähnlich auch *Czernik*, IPRB 2014, 234, 238, der betont, dass diese Ungleichbehandlung nicht mit der Rechtsprechung des EuGH vereinbar sei.

473 *BGH*, GRUR 1985, 1041, 1047 – Inkasso-Programm.

474 *Ahlberg*, ZUM 2015, 538, 545.

475 *W. Nordemann*, UFITA 50/1967, 906, 909.

476 *RG*, RGZ 76, 339, 344 – Schulfraktur; *BGH*, GRUR 1961, 635, 638 – Stahlrohrstuhl I; *BGH*, GRUR 1972, 38, 39 – Vasenleuchter; *BGH*, GRUR 1981, 517, 519 – Rollhocker; *BGH*, GRUR 1987, 903, 904 – Le Corbusier-Möbel.

477 *OLG München*, GRUR 1974, 484, 485 – Betonstrukturplatten; *Ahlberg*, in: BeckOK UrhR, § 2 Rn. 110; *Mahr*, Designschutz, S. 96; *Rehbinder/Peukert*, UrhR, § 13 Rn. 279; *Schack*, UrhR, § 9 Rn. 225; *ders.*, KUR 2008, 141, 147; *ders.*, JZ 2014, 207, 207.

fehlende Objektivierbarkeit seien in der Natur der Sache begründet. Denn der Begriff der Kunst beschreibe eine zu große Anzahl an Erzeugnissen, um sie vereinheitlichen zu können. Hinzu komme, dass die Gestaltungen einem steten Wandel unterlägen und daher selbst eine Definition, die auf bestimmte Gestaltungsmittel abstellte, unzulänglich würde.[478]

3. Besondere Gestaltungshöhe für Werke der angewandten Kunst

a) Entstehung und Entwicklung der besonderen Gestaltungshöhe

aa) Herleitung in der „Schulfraktur"-Entscheidung

Mit Inkrafttreten des KUG konnten erstmals Werke der angewandten Kunst sowohl durch das Kunsturhebergesetz als auch durch das Geschmacksmustergesetz Schutz erfahren; trotz unterschiedlicher Voraussetzungen konnte ihnen ein Doppelschutz zukommen.[479] Um eine Kumulation der Schutzrechte und damit ein Leerlaufen des Geschmacksmusterrechts zu verhindern, unterschied das RG zwischen der urheberrechtlich schutzfähigen und einer musterschutzfähigen Gestaltung anhand des Grades ihres ästhetischen Gehalts respektive ihrer Individualität.[480]

bb) Weitere Entwicklung bis zur „Geburtstagszug"-Entscheidung

In den nachfolgenden Entscheidungen erfuhr diese Formel weitere Differenzierungen.

(1) Keine zu niedrige Grenze zwischen Geschmacksmuster- und Kunstschutz

In der „Möbelstoffe"-Entscheidung führte das RG aus, die Grenze zwischen Kunstwerken und bloß geschmacksmusterfähigen Erzeugnissen dürfe nicht zu niedrig angesetzt werden.[481] Mit der Lebensanschauung und angesichts der

---

478 Vgl. *Schäder*, Die entpersönlichte Kunst, S. 28; ähnlich auch *Ahlberg*, in: BeckOK UrhR, § 2 Rn. 110, der aber daraus folgert, Kunst sei zur Bestimmung einer persönlichen geistigen Schöpfung ungeeignet.

479 Vgl. §§ 1, 2 der Begründung des Entwurfes eines Gesetzes betreffend das Urheberrecht an Werken der bildenden Künste und der Photographie, GRUR 1906, 15, 17.

480 *RG*, RGZ 76, 339, 343–344 – Schulfraktur.

481 *RG*, RGZ 155, 199, 206 – Möbelstoffe; bestätigt in: *BGH*, GRUR 1957, 291, 293 – Europapost; *BGH*, GRUR 1972, 38, 39 – Vasenleuchter; *BGH*, GRUR 1995, 581, 582 – Silberdistel.

beiden nebeneinanderstehenden Schutzinstrumente, sei es nicht in Einklang zu bringen, würde bereits in wenig besonderen Gestaltungen eine künstlerische Leistung erblickt werden.[482]

(2) Bestätigung der Rechtsprechungsformel durch den BGH

Wie bereits unter **C.II.2.a)bb)(1)** dargestellt, bestätigte der BGH die vom RG aufgestellten Grundsätze in der „Europapost"-Entscheidung, wonach die Abgrenzung von Urheber- und Geschmacksmusterschutz über den Grad des in dem fraglichen Erzeugnis zum Ausdruck kommenden ästhetischen Gehalts zu erfolgen habe.[483] Die zwischen Kunstschutz und Geschmacksmusterschutz bestehende Grenze dürfe nicht zu niedrig angesetzt werden. Es müsse bei der Frage, ob eine geschmacklich eigentümliche Gestaltung ausreiche, einem kunstgewerblichen Gegenstand Kunstwerkeigenschaften zuzuerkennen, ein strenger Maßstab angelegt werden.[484]

(3) Deutliches Überragen des Durchschnitts

In der „Silberdistel"-Entscheidung führte der BGH betreffend Werke der angewandten Kunst als Schutzvoraussetzung das deutliche Überragen der Durchschnittsgestaltung ein.[485] Ausgehend von dem Verständnis, wonach ein gradueller Unterschied zwischen Geschmacksmuster- und Urheberrecht bestand, bildete sich zur Feststellung der für die Annahme des Urheberrechtsschutzes erforderlichen Gestaltungshöhe nachfolgende Formel (sog. Stufentheorie) heraus:[486] Danach lag die Durchschnittsgestaltung, das Alltägliche, rein Handswerksmäßige außerhalb der Schutzfähigkeit. Für die Anwendbarkeit des Designrechts war dagegen ein Abheben von der nicht geschützten Durchschnittsgestaltung – dem rein Handwerksmäßigen und Alltäglichen – und für die Anwendbarkeit

---

482 *RG*, RGZ 155, 199, 206 – Möbelstoffe. Hier handelte es sich um stark der Mode unterworfene, aus üblichen Blumen- und Blattformen bestehende Textilmuster, deren Änderung hauptsächlich der Umsetzung einer neuen Geschmacksrichtung geschuldet war.

483 *BGH*, GRUR 1957, 291, 292 – Europapost.

484 *BGH*, GRUR 1957, 291 Ls. 2c – Europapost.

485 *BGH*, GRUR 1995, 581, 582 – Silberdistel; so auch *A. Nordemann*, FS Bornkamm, 895, 904.

486 *Mahr*, Designschutz, S. 118; *W. Nordemann*, UFITA 50/1967, 906, 908.

des Urheberrechts ein deutliches Überragen der Durchschnittsgestaltung zu verlangen.[487] Dabei durfte die Grenze zwischen Urheberrechtsschutz und Designrechtsschutz nicht zu niedrig angesetzt werden.[488]

(4) Kein Abstellen auf deutliches Überragen der Gestaltungshöhe

In den Entscheidungen „Lernspiele" [489] und „Seilzirkus"[490] stellte der BGH die Voraussetzung des deutlichen Überragens der Durchschnittsgestaltung nicht mehr in den Vordergrund, hielt aber an dieser noch fest.[491] Er führte die allgemein übliche Formel an, eine persönliche geistige Schöpfung sei eine Schöpfung individueller Prägung, deren ästhetischer Gehalt einen solchen Grad erreicht habe, dass nach Auffassung der für Kunst empfänglichen und mit Kunstanschauungen einigermaßen vertrauten Kreise von einer „künstlerischen" Leistung gesprochen werden könne,[492] und prüfte sodann, ob eine künstlerische Leistung vorlag.[493]

cc) Zwischenergebnis

Die Abgrenzung zwischen Geschmacksmusterschutz und Kunstschutz respektive der graduelle Abstand zwischen beiden Schutzrechten erfuhr im Laufe der Zeit Präzisierungen. Mit der „Lernspiele"-Entscheidung wurde ein neuer Schwerpunkt erstmals angedeutet. Vordergründig war danach nicht mehr entscheidend, ob die Gestaltung das Durchschnittsschaffen deutlich überragte, sondern die Frage, ob es sich um eine künstlerische Leistung handelte. Der BGH hielt gleichwohl an dem Erfordernis des deutlichen Überragens fest.[494]

b) Kritik an der besonderen Gestaltungshöhe

Die Forderung nach einer besonderen Gestaltungshöhe für Werke der angewandten Kunst wurde in der Literatur vielfach kritisiert. Das BVerfG war

---

487 *BGH*, GRUR 1995, 581, 582 – Silberdistel; *BGH*, GRUR 2004, 941, 942 – Metallbett; *OLG Düsseldorf*, GRUR-RR 2001, 294, 296 – Spannring; *OLG Köln*, GRUR-RR 2010, 139, 139 – Weißbierglas mit Fußballkugel; *Erdmann*, FS Loschelder, 61, 69.

488 *BGH*, GRUR 1995, 581, 582 – Silberdistel; *OLG Köln*, GRUR-RR 2010, 139, 139 – Weißbierglas mit Fußballkugel.

489 *BGH*, GRUR 2011, 803 ff. – Lernspiele.

490 *BGH*, GRUR 2012, 58 ff. – Seilzirkus.

491 *A. Nordemann*, FS Bornkamm, 895, 904.

492 *BGH*, GRUR 2011, 803 Rn. 31 – Lernspiele; *BGH*, GRUR 2012, 58 Rn. 17 – Seilzirkus.

493 *BGH*, GRUR 2011, 803 Rn. 33 ff. – Lernspiele; *BGH*, GRUR 2012, 58 Rn. 19 ff. – Seilzirkus.

494 So auch *A. Nordemann*, FS Bornkamm, 895, 904.

dennoch der Ansicht, die Stufentheorie respektive die Konsequenzen, die sie mit sich bringe, seien verfassungsgemäß.[495]

aa) Einheitlichkeit des Werkbegriffs

Vereinzelt wurde gegen die Stufentheorie des BGH angeführt, die Einheitlichkeit des Werkbegriffs aus § 2 Abs. 2 UrhG verbiete das Verlangen nach einer größeren Gestaltungshöhe im Bereich der angewandten Kunst als in anderen Bereichen.[496] Nach der Gegenansicht differieren die Anforderungen an die Gestaltungshöhe aber ohnehin je nach Werkart,[497] weil der Gestaltungsspielraum sowie das Freihaltebedürfnis bezogen auf eine konkrete Werkkategorie auf die Schöpfungshöhe Einfluss hätten.[498] Durch die unterschiedlichen Anforderungen abhängig von der Werkgattung könnten adäquate Ergebnisse gefunden werden.[499]

bb) Widersprüche bei der Anwendung

Des Weiteren wurde beanstandet, die Rechtsprechung führe dazu, dass je nach Verwendungszweck – ob als reine oder angewandte Kunst – an dasselbe Objekt unterschiedliche Anforderungen gestellt würden.[500] Beispielsweise könne ein Teppich als Wandschmuck der reinen Kunst oder als Fußabtreter der angewandten Kunst zugerechnet werden.[501] Hiervon hänge im Ergebnis das Gewähren von Urheberrechtsschutz ab.[502]

---

495 *BVerfG*, GRUR 2005, 410, 410 – Laufendes Auge; zu beachten ist allerdings, dass die Entscheidung die Neugestaltung des Designrechts nicht berücksichtigte.

496 *Dreyer*, in: Dreyer/Kotthoff/Meckel, UrhR, § 2 Rn. 62; *Hasselblatt/George*, IPRB 2014, 163, 165; *A. Nordemann/Heise*, ZUM 2001, 128, 137; *A. Nordemann*, in Fromm/Nordemann, UrhR, § 2 Rn. 38; *W. Nordemann/A. Nordemann*, FS Fezer, 777, 778.

497 *Erdmann*, FS Loschelder, 61, 68, 70–71; *ders.*, FS Gamm, 389, 400–401; *Nicolini*, in: Möhring/Nicolini, UrhG, § 2 S. 72; vgl. *Loewenheim*, GRUR Int. 2004, 765, 766.

498 *Erdmann*, FS Loschelder, 61, 71–72; *ders*, FS Gamm, 389, 400–401.

499 *Nicolini*, in: Möhring/Nicolini, UrhG, § 2 S. 72.

500 *Loewenheim*, GRUR Int. 2004, 765, 766; *ders.*, in: Schricker/Loewenheim, UrhR, § 2 Rn. 185; *A. Nordemann*, in: Fromm/Nordemann, UrhR, § 2 Rn. 153; *Schulze*, in: Dreier/Schulze, UrhG, § 2 Rn. 153; *Schricker*, GRUR 1996, 815, 818.

501 Vgl. *Loewenheim*, GRUR Int. 2004, 765, 766; *Schricker*, GRUR 1996, 815, 818.

502 *Loewenheim*, GRUR Int. 2004, 765, 766; *Schulze*, in: Dreier/Schulze, UrhG, § 2 Rn. 153; vgl. *Schricker*, GRUR 1996, 815, 818–819.

cc) Geschmacksmusterreformgesetz

Hingewiesen wurde von Kritikern des bisherigen Werkverständnisses darauf, dass mit der Reform des Geschmacksmusterrechts am 1. Juni 2004 die dogmatische Grundlage der Stufentheorie entfallen sei, die Anforderungen an Werke der angewandten Kunst seien damit zu senken.[503] Durch die Umsetzung der Geschmacksmuster-Richtlinie sei das Geschmacksmusterrecht nämlich derart neugestaltet worden, dass nunmehr ein qualitativer Unterschied zwischen Urheber- und Geschmacksmusterrecht bestehe. Das Geschmacksmusterrecht sei dem Urheberrecht nicht mehr wesensähnlich.[504]

dd) Entwicklung eines europäischen Werkbegriffs

Für die Absenkung der Schutzschwelle, auch im Bereich der angewandten Kunst, wurde mit Fortschreiten der europäischen Urheberrechtsentwicklung als ein weiteres Argument die Entwicklung eines einheitlichen europäischen Werkbegriffs mit niedrigen Voraussetzungen angeführt. Es komme danach nur noch auf das Vorliegen einer eigenen geistigen Schöpfung an. Hiermit sei die besondere Gestaltungshöhe nicht vereinbar und die Anforderungen an die Werke der angewandten Kunst sollten gesenkt werden.[505]

---

503 *Hasselblatt/George*, IPRB 2014, 163, 165; *Koschtial*, GRUR 2004, 555, 556, 559; *Loewenheim*, in: Schricker/Loewenheim, UrhR, § 2 Rn. 185; *Kriesel*, Einheitlicher europäischer Werkbegriff, S. 64; *Müller*, FS Pfennig, 179, 182; *Rauer/Ettig*, WRP 2014, 135 Rn. 33–34; vgl. auch *Zentek*, WRP 2010, 73, 77–78, die bei der Absenkung zwischen Produkt- und Grafikdesign differenziert. Ersteres solle dem Maßstab der reinen Kunst und letzteres dem Maßstab der Eigentümlichkeit des Designrechts angeglichen werden, da Designrecht, Markenrecht sowie Lauterkeitsrecht keinen ausreichenden Schutz böten; offenlassend: *Kur*, in: Hilty/Geiger, Impulse für eine europäische Harmonisierung des Urheberrechts, 193, 197–198, die aber zur Aufgabe der besonderen Gestaltungshöhe tendiert unter der Prämisse, dass bei angewandter Kunst im Gegensatz zu anderen Werkarten Regelungsprinzipien getroffen würden, etwa eine unterschiedliche respektive andere Schrankenregelung.

504 *Zentek*, WRP 2010, 73, 77.

505 *Bisges*, ZUM 2015, 357, 361; *Handig*, GRUR Int. 2012, 973, 975; *Koschtial*, GRUR 2004, 555, 559–560; *Kriesel*, Einheitlicher europäischer Werkbegriff, S. 119–120, 166, 182; *Lachenmaier*, KSzW 2014, 35, 45; *Loewenheim*, in: Schricker/Loewenheim, UrhR, § 2 Rn. 185; *ders.*, GRUR Int. 2004, 765, 767; *A. Nordemann/Heise*, ZUM 2001, 128, 146; *Obergfell*, in: Büscher/Dittmer/Schiwy, UrhG § 2 Rn. 47; *Weischede*, BLJ 2013, 73, 78–79; vgl. *Leistner*, ZGE 2013, 4, 7, 34, 38–39; *ders.*, FS 50 Jahre UrhG, 251, 252–253; *ders.*, EuZW 2016, 166, 166–167; *ders.*, GRUR 2014, 1145, 1145; *ders.*, JZ 2014, 846, 848; *ders.*, FS Bornkamm, 859, 861; *W. Nordemann/A. Nordemann*, FS Fezer, 777, 778.

4. Verhältnis zwischen dem Erfordernis der künstlerischen Leistung und der besonderen Gestaltungshöhe

In Anbetracht der gemeinsamen Entstehungsgeschichte des Erfordernisses der künstlerischen Leistung und der besonderen Gestaltungshöhe stellt sich die Frage, in welchem Verhältnis beide Kriterien zueinanderstehen.

Zum Zeitpunkt ihrer Entstehung waren beide Merkmale eng miteinander verknüpft: Geschmacksmusterschutz und Kunstwerkschutz unterschieden sich anhand ihres Maßes an ästhetischem Gehalt. Das Erfordernis der künstlerischen Leistung stellte dabei das Erreichen des Grades an ästhetischem Gehalt dar, ab welchem in Abgrenzung zum Geschmacksmusterrecht das Urheberrecht Anwendung finden sollte. Es handelte sich mithin um zwei Aspekte in einer Formel.

Im Weiteren hielt die Rechtsprechung an dem Erfordernis der künstlerischen Leistung fest, gestaltete das graduelle Verhältnis zwischen Kunst- und Geschmacksmusterschutz aber weiter aus. So verlangte die Rechtsprechung erst, dass die Grenze zwischen beiden Schutzrechten nicht zu niedrig gezogen werden dürfe, und später, dass für die Kunstschutzfähigkeit ein deutliches Überragen der Durchschnittsgestaltung zu verlangen sei.

Folglich blieb das Erfordernis der künstlerischen Leistung bestehen und das graduelle Verhältnis wurde konkretisiert. Von dem Verständnis, wonach das Vorliegen des Erfordernisses der künstlerischen Leistung Ausdruck des höheren ästhetischen Gehalts und damit allein ausschlaggebend für die Beurteilung, ob Kunstschutz Anwendung fand, war, rückte die Rechtsprechung ab.

Der BGH forderte in den beiden kurz vor der „Geburtstagszug"-Entscheidung ergangenen Urteilen dagegen lediglich als Voraussetzung für Urheberrechtsschutz, dass eine persönliche geistige Schöpfung eine Schöpfung individueller Prägung sein müsse, deren ästhetischer Gehalt einen solchen Grad erreicht habe, dass nach Auffassung der für Kunst empfänglichen und mit Kunstanschauungen einigermaßen vertrauten Kreise von einer „künstlerischen" Leistung gesprochen werden könne. Bei der an diese Definition anschließenden Prüfung wurde nicht mehr auf ein deutliches Überragen der Durchschnittsgestaltung abgestellt, sondern vielmehr eingehend untersucht, ob eine künstlerische Leistung vorliegt. Hiermit hatte der BGH eine andere Schwerpunktsetzung, weg vom deutlichen Überragen des Durchschnitts und hin zu einer genauen Prüfung des Vorliegens einer künstlerischen Leistung, angedeutet.[506]

---

506 So auch *A. Nordemann*, FS Bornkamm, 895, 904.

5. Zwischenergebnis

Vor der „Geburtstagszug“-Entscheidung kam dem Erfordernis der künstlerischen Leistung bei Werken der angewandten Kunst keine übergeordnete Bedeutung zu, da nach damals ständiger Rechtsprechung nur solchen Produktformen Urheberrechtsschutz zu Teil wurde, welche eine besondere Gestaltungshöhe – seit der „Silberdistel“-Entscheidung in Form eines deutlichen Überragens der Durchschnittsgestaltungen – aufwiesen. In diesen Fällen war regelmäßig zugleich das Erfordernis der künstlerischen Leistung erfüllt.[507] Die Gebrauchsgegenstände, welche eine besondere Gestaltungshöhe nicht erreichten respektive die Durchschnittsleistung nicht deutlich überragten, mussten jedenfalls nicht auf das Vorliegen einer künstlerischen Leistung untersucht werden, da diese aufgrund der vorrangigen Anwendung des Designrechts per se aus dem Anwendungsbereich des Urheberrechtsgesetzes ausgeschlossen wurden und lediglich dem Designrecht zugänglich waren.[508] Folglich musste gerade in den Grenzfällen zwischen Schutzlosigkeit und Schutzfähigkeit, in denen die Gestaltung den Durchschnitt nur wenig überragte, nicht entschieden werden, ob das Merkmal der künstlerischen Leistung erfüllt war. In den letzten beiden Entscheidungen des BGH zeichnete sich allerdings eine Tendenz hin zu einer genauen Prüfung des Vorliegens einer künstlerischen Leistung ab; an dem Erfordernis des deutlichen Überragens der Durchschnittsgestaltung wurde aber festgehalten.[509]

III. Die rechtliche Relevanz des Erfordernisses der künstlerischen Leistung nach der „Geburtstagszug“-Entscheidung

Wie unter **C.II.2.** dargetan, reicht das Kriterium der künstlerischen Leistung zwar bis ins frühe 20. Jahrhundert zurück, es kam ihm indes – insbesondere in jüngster Zeit – keine erhebliche Relevanz mehr in der Prüfung der urheberrechtlichen Schutzfähigkeit zu. Deshalb ist zu ermitteln, welchen Stellenwert dieses Merkmal in der urheberrechtlichen Prüfung nach der Entscheidung einnimmt.

Zur näheren Einordnung folgt zunächst eine Darstellung der „Geburtstagszug“-Entscheidung des BGH, einschließlich einer Auseinandersetzung mit

---

507 Ähnlich auch *A. Nordemann*, in: Fromm/Nordemann, UrhR, § 2 Rn. 150b; vgl. etwa *OLG Celle*, GRUR-RR 2001, 125, 125; *OLG Köln*, GRUR-RR 2010, 89, 89–90 – Kaminofen.

508 *BGH*, GRUR 1995, 581, 582 – Silberdistel; *BGH*, GRUR 2004, 941, 942 – Metallbett.

509 So auch *A. Nordemann*, FS Bornkamm, 895, 904.

ihren wesentlichen Aussagen. Anschließend wird aufgezeigt, welche Bedeutung das Merkmal der künstlerischen Leistung in der urheberrechtlichen Prüfung nach der „Geburtstagszug"-Entscheidung erfährt.

1. Die „Geburtstagszug"-Entscheidung

a) Die „Seilzirkus"-Entscheidung als Vorstufe der „Geburtstagszug"-Entscheidung

Der „Geburtstagszug"-Entscheidung ging die „Seilzirkus"-Entscheidung[510] aus dem Jahr 2011 voraus, in welcher der BGH bereits andeutete, möglicherweise angesichts der europäischen Rechtsentwicklung eine Rechtsprechungsänderung vorzunehmen.[511]

Gegenstand der „Seilzirkus"-Entscheidung war im Wesentlichen die Urheberrechtsschutzfähigkeit eines Klettergerüstes als ein Werk der angewandten Kunst.[512] Hier ließ der BGH mit Blick auf das am 1. Juni 2004 in Kraft getretene Geschmacksmusterreformgesetz, welches die Geschmacksmuster-Richtlinie umsetzte,[513] sowie der europäischen Urheberrechtsentwicklung, offen, ob er an seiner bisherigen Rechtsprechung der Stufentheorie, insbesondere den höheren Anforderungen an Werke angewandter Kunst im Vergleich zu Werken zweckfreier Kunst, festhalten werde.[514] Im Ergebnis konnte dies dahinstehen, weil es sich bei den verfahrensgegenständlichen Gestaltungen nicht um Schöpfungen individueller Prägung handelte, da die ästhetische Wirkung der Gestaltung dem Gebrauchszweck geschuldet und rein technisch bedingt war.[515]

b) Darstellung des Sachverhalts und Instanzenzugs der „Geburtstagszug"-Entscheidung

aa) Schilderung des Sachverhalts

Eine Designerin entwarf für ein Unternehmen Spielzeug, unter anderem einen Geburtstagszug, eine Geburtstagskarawane sowie einzelne Ziffern, die auf Zug und Karawane gesteckt werden konnten (vgl. Abb. 2 und 3). Hierfür erhielt sie eine Einmalzahlung in Höhe von ca. 1.600,- DM. Die genannten Produkte

510 *BGH*, GRUR 2012, 58 ff. – Seilzirkus.

511 *BGH*, GRUR 2012, 58 Rn. 33–36 – Seilzirkus.

512 *BGH*, GRUR 2012, 58, 58–59 – Seilzirkus

513 Richtlinie 98/71/EG des Europäischen Parlaments und des Rates vom 13.10.1998 über den rechtlichen Schutz von Mustern und Modellen, Abl. Nr. L 289.

514 *BGH*, GRUR 2012, 58 Rn. 33–36 – Seilzirkus.

515 Vgl. *BGH*, GRUR 2012, 58 Rn. 33 – Seilzirkus.

erwiesen sich im Laufe der Zeit als Verkaufsschlager, weshalb sich die Designerin nicht mehr adäquat entlohnt fühlte und die Zahlung einer angemessenen (Nach-)Vergütung in Höhe von mindestens fünf Prozent des Nettoerlöses gemäß §§ 32, 32a bzw. § 36 a.F. UrhG begehrte. Voraussetzung dafür war allerdings, dass es sich bei dem Spielzeug um urheberrechtlich geschützte Werke handelte.[516]

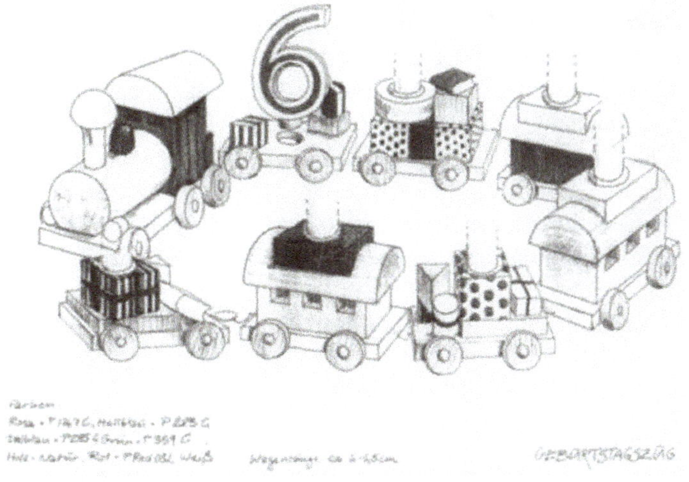

Abb. 2: Entwurf des Geburtstagszugs, Quelle: BGH, GRUR 2014, 175 – Geburtstagszug

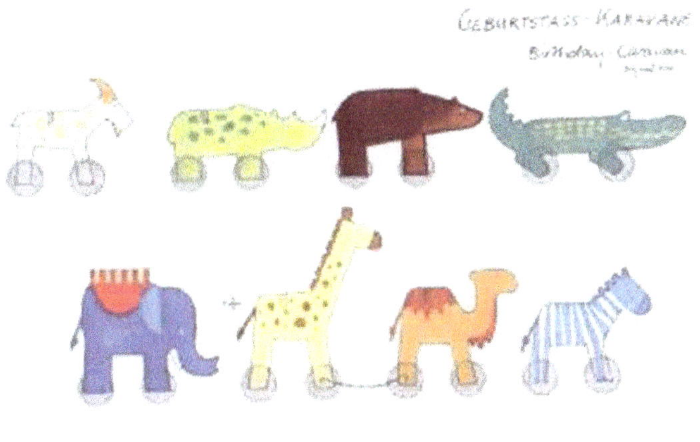

Abb. 3: Entwurf der Geburtstagskarawane, Quelle: BGH, GRUR 2016, 1291 – Geburtstagskarawane

516 *BGH*, GRUR 2014, 175, 175 – Geburtstagszug.

bb) Instanzenzug

Das Landgericht Lübeck und das Oberlandesgericht Schleswig wiesen die Klage der Designerin mit der Begründung ab, die entworfenen Gegenstände seien nicht vom Urheberrechtsschutz erfasst. Die Gerichte verneinten die Urheberrechtsschutzfähigkeit der Produktgestaltungen unter Berufung auf die Stufentheorie. Es handele sich nicht um überdurchschnittliche Gestaltungen, so dass das Urheberrecht nicht einschlägig sei.[517] Das OLG Schleswig führte ferner aus, es könne im Hinblick auf die erfolgte Geschmacksmusterreform offen bleiben, ob an der Rechtsprechung des BGH festgehalten werden könne, denn die Bestimmung der Schutzfähigkeit richte sich nach dem rechtlichen Maßstab zur Zeit der Anfertigung der Entwürfe, mithin den Jahren 1998 bis 2002.[518]

Die Klägerin legte hiergegen Revision ein; sie war der Ansicht, an der Stufentheorie könne aufgrund des Bestehens eines einheitlichen europäischen Werkbegriffs, jedenfalls eingedenk der Neugestaltung des Designrechts, nicht mehr festgehalten werden.[519] Der BGH hatte somit zu entscheiden, ob er an seiner bisherigen Rechtsprechung festhalten konnte.

c) Kernaussagen des Bundesgerichtshofs

aa) Überblick

In der „Geburtstagszug“-Entscheidung gab der BGH seine Rechtsauffassung auf, wonach für die Gewährung von Urheberrechtsschutz für Werke der angewandten Kunst eine besondere Gestaltungshöhe erforderlich war. Nunmehr verlangt er, an den Urheberrechtsschutz von Werken der angewandten Kunst keine anderen Anforderungen als an den Urheberrechtsschutz von Werken der zweckfreien Kunst oder des literarischen und musikalischen Schaffens zu stellen.[520] Der BGH begründete diese Rechtsprechungsänderung allein mit der erfolgten Neukonzeption des Designrechts und dem einhergehenden Wegfall der Stufentheorie.[521] Die Aufgabe der besonderen Schutzschwelle sei dagegen ausdrücklich nicht wegen des Bestehens eines einheitlichen europäischen Werkbegriffs geboten

517 *OLG Schleswig*, Urt. v. 22.6.2012, Az.: 6 U 74/10; *LG Lübeck*, Urt. v. 1.12.2010, Az.: 2 O 356/09.

518 *OLG Schleswig*, Urt. v. 22.6.2012, Az.: 6 U 74/10.

519 Vgl. *BGH*, GRUR 2014, 175 Rn. 17, 20 – Geburtstagszug.

520 *BGH*, GRUR 2014, 175 Rn. 26 – Geburtstagszug.

521 *BGH*, GRUR 2014, 175 Rn. 26, 33 – Geburtstagszug.

gewesen.[522] Ein Festhalten an der besonderen Schutzschwelle ergebe sich auch nicht aus dem neugestalteten Designrecht.[523] Das Erfordernis der künstlerischen Leistung behielt er gleichwohl bei.[524] Ferner betonte der BGH, in der angewandten Kunst werde die Nutzung eines weiten Bereichs freier Formen nicht übermäßig eingeschränkt werden. Die ästhetische Wirkung der Gestaltung könne nämlich nur Urheberrechtsschutz begründen, soweit sie nicht dem Gebrauchszweck geschuldet sei, sondern auf einer künstlerischen Leistung beruhe.[525] Daneben führe eine zwar Urheberrechtsschutz begründende, jedoch geringe Gestaltungshöhe zu einem entsprechend engen Schutzbereich des betreffenden Werkes.[526]

bb) Wesentliche Aussagen

(1) Aufgabe der besonderen Gestaltungshöhe bei Werken der angewandten Kunst

Soweit der BGH ausführte, „an den Urheberrechtsschutz von Werken der angewandten Kunst sind grundsätzlich keine anderen Anforderungen zu stellen als an den Urheberrechtsschutz von Werken der zweckfreien bildenden Kunst oder des literarischen und musikalischen Schaffens“,[527] nahm er von seiner ständigen Rechtsprechung Abstand, wonach der Urheberrechtsschutz für Werke der angewandten Kunst, die einem Geschmacksmusterschutz zugänglich waren, ein deutliches Überragen der Durchschnittsgestaltung voraussetzte.[528] Folglich stellt der BGH an Werke der angewandten Kunst keine besondere Schutzschwelle mehr.

(2) Wegfall der Stufentheorie als Begründung

Argumentativ stützte sich der BGH ausschließlich auf die Neugestaltung des Designrechts durch das Geschmacksmusterreformgesetz.[529] Früher habe das Designgesetz das im Verhältnis zum Urheberrechtsgesetz „kleinere Schutzrecht“ dargestellt, da sie sich beide graduell, nicht aber qualitativ unterschieden.

---

522 *BGH*, GRUR 2014, 175 Rn. 26, 27 – Geburtstagszug.
523 *BGH*, GRUR 2014, 175 Rn. 38 – Geburtstagszug
524 *BGH*, GRUR 2014, 175 Rn. 26 – Geburtstagszug.
525 *BGH*, GRUR 2014, 175 Rn. 41 – Geburtstagszug.
526 *BGH*, GRUR 2014, 175 Rn. 41 – Geburtstagszug.
527 *BGH*, GRUR 2014, 175 Rn. 26 – Geburtstagszug.
528 *BGH*, GRUR 2014, 175 Rn. 26 – Geburtstagszug.
529 *BGH*, GRUR 2014, 175 Rn. 26, 33 – Geburtstagszug.

Nach Neugestaltung des Designgesetzes im Jahr 2004 sei das Designgesetz gemäß der Begründung zum Regierungsentwurf des Geschmacksmusterreformgesetzes ein eigenständiges gewerbliches Schutzrecht geworden, so dass zwischen beiden Schutzrechten ein qualitativer Unterschied bestehe.[530] Infolge der Umsetzung der Richtlinie sei der enge Zusammenhang zwischen Urheberrechts- und Designgesetz beseitigt worden. Dies komme bereits in den jeweiligen Überschriften des früheren sowie des geltenden Geschmacksmustergesetzes, des „Gesetzes betreffend das Urheberrecht an Mustern und Modellen", einerseits sowie des „Gesetzes über den rechtlichen Schutz von Mustern und Modellen" andererseits zum Ausdruck. Hierfür sprächen ebenfalls die nunmehr voneinander abweichenden Schutzvoraussetzungen. Der Schutz als Geschmacksmuster knüpfe nach seiner Neugestaltung nicht mehr an die Eigentümlichkeit (§ 1 Abs. 2 GeschmMG a.F.) und damit an die Gestaltungshöhe, sondern an die Eigenart (§ 2 Abs. 1, 3 DesignG), mithin an die Unterschiedlichkeit des Musters an.[531] Die höheren Anforderungen an Werke der angewandten Kunst könnten nach Wegfall des Stufenverhältnisses nicht mehr durch dasselbe gerechtfertigt werden.[532]

(3) Keine designrechtlichen Auswirkungen auf das Merkmal der Gestaltungshöhe

Die Konkurrenzsituation zwischen Urheber- und Designrecht bot dem BGH kein Argument für die Beibehaltung der erhöhten Anforderungen an die Gestaltungshöhe bei Werken der angewandten Kunst. Mit dem Geschmacksmuster und mit dem nicht eingetragenen Gemeinschaftsgeschmacksmuster bestehe nämlich keine wesensadäquate Schutzform für Gestaltungen geringer Eigenart.[533] Gegen eine solche Betrachtungsweise spreche, dass sich Geschmacksmuster- und Urheberrechtsschutz gemäß Art. 17 GeschmM-RL nicht gegenseitig ausschlössen, sondern nebeneinander bestehen könnten. Nachdem sie sich sowohl in ihren Schutzrichtungen, Schutzvoraussetzungen und Rechtsfolgen unterschieden, rechtfertige der Umstand, dass eine Gestaltung dem Geschmacksmusterschutz zugänglich sei, nicht, ihr den Urheberrechtsschutz zu versagen oder ihn von besonderen Voraussetzungen abhängig zu machen. Durch die Gewährung von Urheberrechtsschutz werde der Geschmacksmusterschutz auch nicht

530 *BGH*, GRUR 2014, 175 Rn. 35 – Geburtstagszug.
531 *BGH*, GRUR 2014, 175 Rn. 35–37 – Geburtstagszug.
532 *BGH*, GRUR 2014, 175 Rn. 34 – Geburtstagszug.
533 *BGH*, GRUR 2014, 175 Rn. 38 – Geburtstagszug.

überflüssig. Vielmehr komme ihm ein eigenständiger Anwendungsbereich zu. Eine Gestaltung könne auf Grund ihrer Unterschiedlichkeit zum vorbekannten Formenschatz einem Geschmacksmusterschutz zugänglich sein, ohne die für einen Urheberrechtsschutz erforderliche Gestaltungshöhe aufzuweisen.[534] Folglich wirkt sich das Designrecht gemäß dem BGH nicht auf das Merkmal der Gestaltungshöhe aus.

(4) Festhalten am Erfordernis der künstlerischen Leistung

Indem der BGH entschied, „es genügt […], dass sie [Werke der angewandten Kunst] eine Gestaltungshöhe erreichen, die es nach Auffassung der für Kunst empfänglichen und mit Kunstanschauungen einigermaßen vertrauten Kreise rechtfertigt, von einer ‚künstlerischen‘ Leistung zu sprechen“,[535] hielt er ausdrücklich am Erfordernis der künstlerischen Leistung fest. Mithin gilt nun die allgemeine Schutzschwelle der reinen Kunst ebenfalls für die angewandte Kunst.

(5) Einschränkung des Gestaltungsspielraums durch dem Gebrauchszweck geschuldete Merkmale

Überdies hob der BGH hervor, die ästhetische Wirkung der Gestaltung könne nur dann Urheberrechtsschutz begründen, soweit sie nicht dem Gebrauchszweck geschuldet sei, sondern auf einer künstlerischen Leistung beruhe.[536] Bei Gebrauchsgegenständen, die durch den Gebrauchszweck bedingte Gestaltungsmerkmale aufweisen müssten, sei der Spielraum für eine künstlerische Gestaltung jedoch regelmäßig eingeschränkt. Deshalb stelle sich bei ihnen in besonderem Maß die Frage, ob sie über ihre von der Funktion vorgegebene Form hinaus künstlerisch gestaltet seien. In Anbetracht dessen sei nicht zu befürchten, dass in der angewandten Kunst die Nutzung eines weiten Bereichs freier Formen übermäßig eingeschränkt werde.[537]

cc) Weitere Aussagen

(1) Kein einheitlicher europäischer Werkbegriff

Dieser Wandel der Rechtsprechung resultiert für den BGH nicht aus der europäischen Urheberrechtsentwicklung. Es existiere nämlich überhaupt kein

---

534 *BGH*, GRUR 2014, 175 Rn. 39 – Geburtstagszug.
535 *BGH*, GRUR 2014, 175 Rn. 26 – Geburtstagszug
536 *BGH*, GRUR 2014, 175 Rn. 41 – Geburtstagszug.
537 *BGH*, GRUR 2014, 175 Rn. 41 – Geburtstagszug.

europäischer Werkbegriff, der das Erfordernis einer bestimmten Gestaltungshöhe verbiete.[538]

Den Richtlinien sei einerseits keine Definition eines allgemeinen Werkbegriffs zu entnehmen[539] und lediglich bei drei Richtlinien[540] sei ein abschließender einheitlicher Werkbegriff anzutreffen, nämlich für Computerprogramme, Datenbankwerke und Lichtbildwerke.[541] Für Werke der angewandten Kunst fehle es an einer ausdrücklichen Regelung.[542] Andererseits begründete der BGH seine Auffassung damit, dass angesichts der Rechtsprechung des Gerichtshofs, wonach die InfoSoc-Richtlinie[543] einen übergreifenden harmonisierten – auch die drei Richtlinien beinhaltenden – Rechtsrahmen des Urheberrechts vorgebe und dementsprechend der in dieser Richtlinie vorausgesetzte allgemeine Werkbegriff auf demselben Grundsatz wie derjenige der speziellen Richtlinien beruhen müsse, das Urheberrecht im Sinne der InfoSoc-Richtlinie nur in Bezug auf ein Schutzobjekt angewandt werden könne, bei dem es sich um eine eigene geistige Schöpfung seines Urhebers handele.[544]

---

538 *BGH*, GRUR 2014, 175 Rn. 27 – Geburtstagszug unter Bezugnahme auf *Erdmann*, FS Loschelder, 61, 63 ff.; *Schulze*, GRUR 2009, 1019; *Leistner*, GRUR 2011, 761, 763 (*ders.*, FS Bornkamm, 859, 870; *ders.*, in: Schricker/Loewenheim, UrhR, § 2 Rn. 12–13; *ders.*, JZ 2014, 846, 848; *ders.*, ZGE 2013, 4, 7, 38–39; *ders.*, FS 50 Jahre UrhG, 251, 253; *ders.*, EuZW 2016, 166, 166–167; *ders.*, GRUR 2014, 1145, 1147, änderte seine Auffassung dahingehend, dass eine besondere Gestaltungshöhe gefordert werden könne, die Aufgabe derselben aber zukunfstauglicher sei).

539 *BGH*, GRUR 2014, 175 Rn. 28 – Geburtstagszug.

540 Art. 1 Abs. 3 S. 1 Computerprogramm-RL (Richtlinie 2009/24/EG des Europäischen Parlaments und des Rates vom 23. April 2009 über den Rechtsschutz von Computerprogrammen, ABl. Nr. L 111/16); Art. 3 Abs. 1 Datenbank-RL (Richtlinie 96/9/EG des Europäischen Parlaments und des Rates vom 11. März 1996 über den rechtlichen Schutz von Datenbanken, ABl. Nr. L 77/20); Art. 6 S. 1 Schutzdauer-RL (Richtlinie 2006/116/EG des Europäischen Parlaments und Rates vom 12. Dezember 2006 über die Schutzdauer des Urheberrechts und bestimmter verwandter Schutzrechte, ABl. Nr. L. 372/12).

541 *BGH*, GRUR 2014, 175 Rn. 28, 30 – Geburtstagszug.

542 *BGH*, GRUR 2014, 175 Rn. 28 – Geburtstagszug.

543 Richtlinie 2001/29/EG des Europäischen Parlaments und des Rates vom 22. Mai 2001 zur Harmonisierung bestimmter Aspekte des Urheberrechts und der verwandten Schutzrechte in der Informationsgesellschaft, ABl. Nr. L 167/10.

544 *BGH*, GRUR 2014, 175 Rn. 29 – Geburtstagszug unter Bezugnahme auf *EuGH*, GRUR 2009, 1041 – Infopaq/DDF, *EuGH*, GRUR 2011, 220 – BSA/Kulturministerium, *EuGH*, GRUR 2012, 156 Rn. 97, 155 – Football Association Premier League / Murphy, *EuGH*,

Mindestvoraussetzung für die Werkqualität sei danach ein Original in dem Sinne, dass es eine eigene geistige Schöpfung des Urhebers darstelle.[545] Im Gegensatz zu den spezifischen Werkarten, bei denen zur Bestimmung der Schutzfähigkeit der Schutzobjekte neben einer eigenen geistigen Schöpfung keine weiteren Kriterien verlangt werden könnten,[546] gelte dies für Werke der angewandten Kunst allerdings nicht. Schließlich seien diese einem Geschmackmusterschutz zugänglich. Aus Art. 17 GeschmM-RL sowie dem 8. Erwägungsgrund gehe eindeutig hervor, dass die Mitgliedstaaten berechtigt seien, deren urheberrechtlichen Schutz von einer besonderen Gestaltungshöhe abhängig zu machen.[547]

(2) Abhängigkeit des Schutzumfangs von der Gestaltungshöhe

Darüber hinaus wiederholte der BGH den allgemein anerkannten Grundsatz, wonach eine zwar Urheberrechtsschutz begründende, gleichwohl geringe Gestaltungshöhe zu einem entsprechend engen Schutzbereich des betreffenden Werkes führe.[548] Insbesondere vor diesem Hintergrund sei nicht zu befürchten, dass in der angewandten Kunst die Nutzung eines weiten Bereichs freier Formen übermäßig eingeschränkt werde.[549]

d) Ausgang des Verfahrens vor dem Bundesgerichtshof

Der BGH gab dem OLG Schleswig – im Umfang der Aufhebung der Sache – auf, die Klage unter Beachtung seiner Rechtsauffassung neu zu verhandeln sowie zu prüfen, ob die Spielwaren den geringeren Anforderungen genügten, die nunmehr an die Gestaltungshöhe von Werken der angewandten Kunst zu stellen seien.[550]

2. Bewertung der dogmatischen Begründung der Entscheidung

Zu untersuchen ist, ob die dogmatische Begründung der Entscheidung als tragfähig zu bewerten ist.

GRUR 2012, 166 Rn. 87 – Painer/Standard, *EuGH*, GRUR 2012, 386 Rn. 37 – Football Dataco/Yahoo, *EuGH*, GRUR 2012, 814 Rn. 65 – SAS Institute/World Programming.

545 Vgl. *BGH*, GRUR 2014,175 Rn. 29 – Geburtstagszug.

546 *BGH*, GRUR 2014, 175 Rn. 30 – Geburtstagszug.

547 *BGH*, GRUR 2014, 175 Rn. 31–32 – Geburtstagszug.

548 Vgl. etwa BGH, GRUR 1987, 360, 361 – Werbepläne; *BGH*, GRUR 2011, 803 Rn. 63 – Lernspiele.

549 *BGH*, GRUR 2014, 175 Rn. 41 – Geburtstagszug.

550 *BGH*, GRUR 2014, 175 Rn. 45 – Geburtstagszug.

a) Lösung von der Stufentheorie in Anbetracht der Umsetzung des europäischen Geschmacksmusterrechts

Voraussetzung ist, dass die Lösung von der Stufentheorie tatsächlich durch die Neugestaltung des Designrechts geboten war. Die Stufentheorie beruhte auf der Vorstellung von der Wesensgleichheit von Geschmacksmuster- und Urheberrecht. Dabei bildete das Geschmacksmusterrecht den Unterbau des wesensgleichen Urheberrechts.[551] Entscheidend ist also, was mit der Neugestaltung des Designrechts einherging. Um eine Bewertung zu ermöglichen, werden im Nachfolgenden zuerst die Änderungen durch die Neugestaltung des Designrechts im Vergleich zum bisherigen Geschmacksmusterrecht und unter Berücksichtigung des Verhältnisses zum Urheberrecht aufgezeigt. Anschließend werden die Auswirkungen auf das Verhältnis zum Urheberrecht dargestellt.

aa) Darstellung der Änderungen des Designrechts durch die Umsetzung des europäischen Geschmacksmusterrechts unter Berücksichtigung des Verhältnisses zum Urheberrecht

Mit der Umsetzung der Geschmacksmuster-Richtlinie durch das Geschmacksmusterreformgesetz vom 1. Juni 2004 sollte nach dem Willen des Gesetzgebers „ein eigenständiges gewerbliches Schutzrecht [geschaffen werden], das nicht nur eine Ableitung eines bestehenden Schutzrechts darstellt. Insofern [sollte] durch die Umsetzung der Richtlinie der enge Bezug des Geschmacksmusterrechts zum Urheberecht beseitigt [werden]“.[552]

Die Intention des Gesetzgebers schlägt sich sowohl in den veränderten Schutzvoraussetzungen, Schutzrichtungen und der Überschrift des Designgesetzes nieder,[553] welche im Gegensatz zum Geschmacksmusterrecht a.F. dem Urheberrecht nicht ähnlich sind.

Die Schutzvoraussetzungen wurden verändert. Bis zur Novellierung musste ein Muster gemäß § 1 Abs. 2 GeschmMG a.F. eigentümlich sein. „Eigentümlich“ war ein Muster dann, wenn das Muster eine Gestaltungshöhe respektive

551 Vgl. *Koschtial*, GRUR 2004, 555, 556; *Kur*, GRUR Int. 1998, 353, 358; *dies.*, in: Hilty/ Geiger, Impulse für eine Harmonisierung des Urheberrechts, 193, 194–195.

552 Begründung zum Entwurf des Geschmacksmusterreformgesetzes, BT-Drucks. 15/1075, S. 29.

553 Begründung zum Entwurf des Geschmacksmusterreformgesetzes, BT-Drucks. 15/1075, S. 29; *Kur*, GRUR Int. 1998, 353, 358.

schöpferische Eigenart, erkennen ließ.[554] Damit erinnerte das Merkmal an die im Urheberrecht erforderliche Gestaltungshöhe.[555] Anstelle von Eigentümlichkeit wird nunmehr Eigenart des Musters nach § 2 DesignG verlangt. „Eigenart" meint die Unterschiedlichkeit des Musters zum vorbekannten Formenschatz.[556] Damit ist der Grad der Unterschiedlichkeit und nicht der der Gestaltungshöhe entscheidend.[557] Die Eigenart weist keinen Bezug zu den urheberrechtlichen Schutzvoraussetzungen auf.[558] Mithin ist Schutzgegenstand nicht mehr „die kreative Leistung [...], sondern das in dem zu schützenden Gegenstand verkörperte Marketingpotential."[559]

Gleiches gilt für die Schutzrichtungen: Nach altem Recht stellte das Geschmacksmusterrecht „ein gewerbliches Schutzrecht auf urheberrechtlicher Grundlage" dar,[560] weil es dem Urheber die ausschließliche gewerbliche Verwertung als Lohn für seine Leistung einräumen wollte.[561] Nun dient das Designrecht der Förderung von Innovationen und Investitionen[562] und stellt ein Schutzrecht eigener Art dar.[563] Das harmonisierte Designrecht verfolgt nicht mehr den copyright approach, indem es „das Ergebnis seines Schaffens als Ausdruck seiner schöpferischen Persönlichkeit"[564] schützte, sondern einen eigenständigen design approach.[565]

Abgesehen von dem Regelungsgehalt löste sich das Designgesetz auch betreffend seiner Entstehungsgeschichte vom Urheberrechtsgesetz. Das

---

554 *Nirk/Kurtze*, GeschmMG, § 1 Rn. 169.

555 *Ludwig*, K&R 2014, 111, 112; *Wandtke/Ohst*, GRUR Int. 2005, 91, 96.

556 *Wandtke/Ohst*, GRUR Int. 2005, 91, 95.

557 *Bullinger*, in: Wandtke/Bullinger, UrhR, § 2 Rn. 98; *Ludwig*, K&R 2014, 111, 112.

558 *Wandtke/Ohst*, GRUR Int. 2005, 91, 95; *Derclaye/Leistner*, Intellectual property overlaps, S. 235, führen einschränkend aus, die Änderung von Eigentümlichkeit zur Eigenart stelle lediglich eine geringe Änderung dar.

559 *Kur*, in: Hilty/Geiger, Impulse für eine europäische Harmonisierung des Urheberrechts, 193, 196.

560 So *Gamm*, GeschmMG, Einf. Rn. 12, § 1 Rn. 2; *Zentek*, Designschutz, S. 106; *dies.*, WRP 2010, 73, 75; vgl. *Eichmann*, in: Eichmann/Falckenstein/Kühne, DesignG, Allg. zum DesignR, Rn. 12; *Schack*, Kunst und Recht, Rn. 838.

561 *OLG Frankfurt*, GRUR 1957, 619, 622 – Schuhschnalle.

562 *Eichmann*, in: Eichmann/Falckenstein/Kühne, DesignG, Allg. zum DesignR, Rn. 10; *Zentek*, WRP 2010, 73, 75.

563 *Zentek*, WRP 2010, 73, 75; vgl. *Kriesel*, Einheitlicher europäischer Werkbegriff, S. 61–62.

564 *Flechsig*, in: *Loewenheim*, Handbuch UrhR, § 3 Rn. 17.

565 *Geier*, Schutzkumulationen, S. 208.

Geschmacksmustergesetz a.F. entstand aus dem Urheberrecht,[566] das neue Designrecht basiert hingegen auf der Umsetzung der europäischen Richtlinie und ist unabhängig vom Urheberrecht.[567]

Auch die Änderung der Gesetzesüberschriften von „Gesetz betreffend das Urheberrecht an Mustern und Modellen“ zu „Gesetz über den rechtlichen Schutz von Design“ zeigt die fehlende Verwandtschaft bzw. die intendierte Abgrenzung zum Urheberrecht an.[568]

bb) Auswirkungen auf das Verhältnis zum Urheberrechtsgesetz

Nach Neugestaltung des Designrechts weisen Designrecht und Urheberrecht nicht mehr nur unterschiedliche Schutzvoraussetzungen und Rechtsfolgen auf, sondern verfolgen verschiedene Schutzrichtungen.[569] Demgemäß unterscheiden sich Design- und Urheberrecht nicht mehr graduell, sondern qualitativ. Das Designrecht stellt ein eigenständiges gewerbliches Schutzrecht, design approach, dar und ist nicht mehr auf das Urheberrecht zurückzuführen.[570] Mithin kann das Designrecht – jedenfalls theoretisch – nicht mehr als wesensgleich zum Urheberrecht begriffen werden.[571] Demnach ist die Aufgabe der Stufentheorie

---

566 Begründung zum Entwurf des Geschmacksmusterreformgesetzes, BT-Drucks. 15/1075, S. 29; *Wandtke/Ohst*, GRUR Int. 2005, 91, 91–92.

567 Vgl. *Eichmann*, in: Eichmann/Falckenstein/Kühne, DesignG, Allg. zum DesignR, Rn. 34.

568 Begründung zum Entwurf des Geschmacksmusterreformgesetzes, BT-Drucks. 15/1075, S. 29.

569 *Koschtial*, GRUR 2004, 555, 556.

570 Begründung zum Entwurf des Geschmacksmusterreformgesetzes, BT-Drucks. 15/1075, 29; *Ahlberg*, in: BeckOK UrhR, § 2 Rn. 107; *Gamm*, Die Problematik der Gestaltungshöhe, S. 92–93, 129, 212; *Erdmann*, FS Loschelder, 61, 69–70; *Koschtial*, GRUR 2004, 555, 556; *Loewenheim*, in: Schricker/Loewenheim, UrhR, § 2 Rn. 182; *Ludwig*, K&R 2014, 111, 112; *Schack*, Kunst und Recht, Rn. 838.

571 *Ahlberg*, in: BeckOK UrhR, § 2 Rn. 107; *Bullinger*, in: Wandtke/Bullinger, UrhR, § 2 Rn. 98; *Dietz*, FS Beier, 355, 356; *Eck*, Neue Wege zum Schutz der Formgebung, S. 141; *Eichmann*, in: Eichmann/Falckenstein, Allg. zum DesignR, Rn. 34; *Erdmann*, FS Loschelder, 61, 69–70, 72; *Gamm*, Die Problematik der Gestaltungshöhe, S. 92–93, 129, 212; *Hoeren*, MMR 2014, 337, 337; *Koschtial*, GRUR 2004, 555, 556, 559; *Kriesel*, Einheitlicher europäischer Werkbegriff, S. 60 ff.; *Kur*, FS Schricker, 503, 512; *dies.*, in: Hilty/Geiger, Impulse für eine Harmonisierung des Urheberrechts, 193, 196; *Loewenheim*, in: Schricker/Loewenheim, UrhR, § 2 Rn. 182; *Ludwig*, K&R 2014, 111, 112; *Mahr*, Designschutz, S. 91, 130; *Ohly*, in: Schricker/Loewenheim, UrhR, Einl. Rn. 55;

nach Neugestaltung des Designrechts durch die Umsetzung des europäischen Geschmacksmusterrechts erforderlich gewesen, weil ihr die Grundlage entzogen wurde.[572]

Geier und *Schulze* vertreten dagegen, dass trotz der Geschmacksmusterreform weiterhin faktisch[573] ein gradueller und kein Wesensunterschied zwischen Urheber- und Designrecht bestehe. Letztlich bleibe es dabei, dass Formgestaltungen immer noch Schutz durch das Urheberrechtsgesetz und durch das Designrecht erfahren könnten.[574] Nach *Geier* ist die Neugestaltung des Designrechts kein Argument für die Aufgabe der Stufentheorie.[575]

cc) Zwischenergebnis

Bei konsequenter Verfechtung der Stufentheorie ist es dogmatisch folgerichtig, diese aufgrund der Neugestaltung des Designrechts im Zuge der Umsetzung des europäischen Geschmacksmusterrechts aufzugeben: Selbst wenn faktisch ein gradueller Unterschied bliebe, so ist doch aus dogmatischer Sicht eine

---

ders., GRUR 2007, 731, 733; *Schack*, Kunst und Recht, Rn. 838; *Schrader*, WRP 2017, 1421 Rn. 7; *Wandtke/Ohst*, GRUR Int. 2005, 91, 92, 95; *Zech*, Der Schutz von Werken der angewandten Kunst, S. 232; *Zentek*, WRP 2010, 73, 75.

572 *Ahlberg*, in: BeckOK UrhR, § 2 Rn. 107; *Barudi*, KUR 2014, 11, 15; *Bullinger*, in: Wandtke/Bullinger, UrhR, § 2 Rn. 98; *Dreyer*, in: Dreyer/Kotthoff/Meckel, UrhR, § 2 Rn. 66; *Eck*, Neue Wege zum Schutz der Formgebung, S. 141; *Erdmann*, FS Loschelder, 61, 69–70; *Koschtial*, GRUR 2004, 555, 559; *Kur*, FS Schricker, 503, 512; *Kriesel*, Einheitlicher europäischer Werkbegriff, S. 60 ff.; *Gamm*, Die Problematik der Gestaltungshöhe, S. 92–93, 129, 212; *Hoeren*, MMR 2014, 337, 337; *Lachenmaier*, KSzW 2014, 35, 44; *Leistner*, ZGE 2013, 4, 36; *Loewenheim*, in: Schricker/Loewenheim, UrhR, § 2 Rn. 182, 185; *Müller*, FS Pfennig, 179, 182; *Mahr*, Designschutz, S. 91, 130; *Rauer/Ettig*, WRP 2014, 135 Rn. 33; *Schack*, Kunst und Recht, Rn. 838; *ders.*, JZ 2014, 207, 207–208; *Schrader*, WRP 2017, 1421 Rn. 7; *Zech*, Der Schutz von Werken der angewandten Kunst, S. 232; *Zentek*, Designschutz, S. 93; *dies.*, WRP 2010, 73, 77.

573 *Geier*, Schutzkumulationen, S. 62, erkennt zwar an, dass die Wesensgleichheit von Designrecht und Urheberrecht nicht mehr als Rechtfertigung für höhere Anforderungen an Werke der angewandten Kunst herangezogen werden können. Durch die Umsetzung des europäischen Geschmacksmusterrechts wurde nämlich der enge Bezug des Designrechts zum Urheberrecht beseitigt. *Geier*, Schutzkumulationen, S. 209, geht aber daneben von einem weiteren Bestehen eines faktischen Stufenverhältnisses aus.

574 *Geier*, Schutzkumulationen, S. 209; *Schulze*, in: Dreier/Schulze, UrhG, § 2 Rn. 174; *ders.*, in: *Loewenheim*, Handbuch UrhR, § 9 Rn. 98; *ders.*, NJW 2014, 475, 475.

575 *Geier*, Schutzkumulationen, S. 209; *Schulze*, NJW 2014, 475, 475, meint dagegen, im Ergebnis sei die Entscheidung richtig.

Wesensänderung des Designrechts erfolgt. Damit kann die Wesensgleichheit nicht mehr die Grundlage der Stufentheorie darstellen. Die Aufgabe der Stufentheorie ist danach systemgerecht.[576]

b) Aufgabe der besonderen Gestaltungshöhe

Zudem müsste mit der Aufgabe der Stufentheorie die Absenkung der Anforderungen an die Werke der angewandten Kunst einhergegangen sein. Wie unter **C.III.2.a)** dargestellt, besteht seit Novellierung des Designrechts keine Wesensgleichheit mehr zwischen Design- und Urheberrecht. Aus dem Wegfall des Stufenverhältnisses wird teilweise geschlossen, dass zugleich die Legitimation für erhöhte Schutzanforderungen an Werke angewandter Kunst im Vergleich zu den anderen Werkkategorien entfallen sei.[577] Diese Betrachtungsweise ist indes keinesfalls zwingend.[578]

Als Rechtfertigung für die Beibehaltung der besonderen Gestaltungshöhe wird auf das systematische Verhältnis des Urheberrechts zum Designrecht verwiesen.[579] Sowohl das durch die Geschmacksmuster-Richtlinie harmonisierte nationale Designrecht als auch das nicht eingetragene Design, das durch die

576 So auch *Mezger*, Die Schutzschwelle für Werke der angewandten Kunst, S. 136.

577 *Hasselblatt/George*, IPRB 2014, 163, 165; *Koschtial*, GRUR 2004, 555, 556, 559; *Kriesel*, Einheitlicher europäischer Werkbegriff, S. 64; *Loewenheim*, in: Schricker/Loewenheim, UrhR, § 2 Rn. 185; *Rauer/Ettig*, WRP 2014, 135 Rn. 33–34; *Zentek*, WRP 2010, 73, 77–78 differenziert bei der Absenkung zwischen Produkt- und Grafikdesign. Ersteres solle dem Maßstab der reinen Kunst und letzteres dem Maßstab der Eigentümlichkeit des Designrechts angeglichen werden, da Designrecht, Markenrecht sowie Lauterkeitsrecht keinen ausreichenden Schutz böten; offenlassend: *Kur*, in: Hilty/Geiger, Impulse für eine europäische Harmonisierung des Urheberrechts, 193, 197–198, die aber zur Aufgabe der besonderen Gestaltungshöhe tendiert unter der Prämisse, dass bei angewandter Kunst im Gegensatz zu anderen Werkarten Regelungsprinzipien getroffen werden, etwa eine unterschiedliche respektive andere Schrankenregelung.

578 So auch *Lerach*, jurisPR-WettbR 3/2014, Anm. 1, C; *Schrader*, WRP 2017, 1421 Rn. 10.

579 *Derclaye/Leistner*, Intellectual property overlaps, S. 235; *Geier*, Schutzkumulationen, S. 209; *Klawitter*, GRUR-Prax 2014, 30, 31; *Leistner*, ZGE 2013, 4, 36 (*Leistner* spricht sich aber im Ergebnis aufgrund eines europarechtstauglicheren Ergebnisses gegen eine besondere Gestaltungshöhe aus); *Mahr*, Designschutz, S. 150; *Ohly*, GRUR 2007, 731, 733; *ders.*, in: Pahlow/Eisfeld, Grundlagen und Grundfragen des Geistigen Eigentums, 203, 216; *Schack*, UrhR, § 9 Rn. 232; *ders.*, Kunst und Recht, Rn. 838–839; *ders.*, JZ 2014, 207, 208; vgl. *Dietz*, FS Beier, 355, 356; *Erdmann*, FS Loschelder, 61, 72; *Lerach*, jurisPR-WettbR 3/2014, Anm. 1, C.

Gemeinschaftsgeschmacksmuster-Verordnung[580] ermöglicht wurde, böten einen hinreichenden, sogar auf diesen zugeschnittenen[581] Schutz für eingetragene und nicht eingetragene Design-Leistungen geringer Eigenart. Diese Schutzinstrumente stellten eine wesensadäquate Schutzform dar.[582] Folglich bestehe keine Schutzlücke für Werke angewandter Kunst von lediglich geringer Eigenart und damit kein Bedürfnis für eine Schutzgewähr durch das Urheberrecht.[583] Der Anwendungsbereich des Urheberrechtsgesetzes könne sich vielmehr auf Gestaltungen, die die erhöhten Schutzvoraussetzungen erfüllten, beschränken.[584]

Nachdem sich die Schutzrechte in ihrem Anwendungsbereich überschnitten, komme es bei einer Absenkung der Gestaltungshöhe zu einer Schutzkumulation. Der europäische Gesetzgeber habe den Schutz nach der Gemeinschaftsgeschmacksmuster-Verordnung bewusst auf drei Jahre beschränkt und so vom längeren Schutz des eingetragenen Designs separiert. Wäre der Rückgriff auf einen parallelen formlosen Schutz durch das Urheberrecht, welcher gemäß § 64 UrhG 70 Jahre nach dem Tod des Urhebers andauert, möglich, würde diese Begrenzung umgangen.[585] Zudem gingen mit einer Schutzkumulation Weiterungen einher, die auf den nicht aufeinander abgestimmten Schrankensystemen und auf der Nicht-Übertragbarkeit des Urheberrechts gemäß § 29 Abs. 1 UrhG beruhten.[586] *Mahr* spricht sogar von „nahezu unlösbaren Folgeproblemen“.[587]

580 Verordnung Nr. 6/2002 des Rates vom 12. Dezember 2001 über das Gemeinschaftsgeschmacksmuster, ABl. Nr. L 3/1 (GGV).

581 *Derclaye/Leistner*, Intellectual property overlaps, S. 235; *Mahr*, Designschutz, S. 148 (betreffend das Designrecht).

582 *Dietz*, FS Beier, 355, 356; *Klawitter*, GRUR-Prax 2014, 30, 31; *Geier*, Schutzkumulationen, S. 209; *Ohly*, in: Pahlow/Eisfeld, Grundlagen und Grundfragen des Geistigen Eigentums, 203, 216 (nur betreffend die GGV: *Ohly*, GRUR 2007, 731, 733); *Schack*, JZ 2014, 207, 208; *ders.*, Kunst und Recht, Rn. 838–839; *ders.*, UrhR, § 9 Rn. 232; in diese Richtung auch *Leistner*, ZGE 2013, 4, 36.

583 *Dietz*, FS Beier, 355, 356; *Erdmann*, FS Loschelder, 61, 72; *Geier*, Schutzkumulationen, S. 209; *Klawitter*, GRUR-Prax 2014, 30, 31; *Schack*, JZ 2014, 207, 208.

584 Vgl. *Leistner*, ZGE 2013, 4, 36; *Schack*, UrhR, § 9 Rn. 232.

585 *Geier*, Schutzkumulationen, S. 209; *Ohly*, in: Pahlow/Eisfeld, Grundlagen und Grundfragen des Geistigen Eigentums, 203, 216; betreffend die GGV: *Ohly*, GRUR 2007, 731, 733; *Schack*, Kunst und Recht, Rn. 839; ähnlich auch *Derclaye/Leistner*, Intellectual property overlaps, S. 235 (auch betreffend die GGV) und *Mahr*, Designschutz, S. 148, 150, gehen bei einer Kumulation von Urheber- und Designrecht grundsätzlich von einer Aushöhlung des Designrechts aus.

586 *Mahr*, Designschutz, S. 148; *Schack*, JZ 2014, 207, 208.

587 *Mahr*, Designschutz, S. 148.

Darüber hinaus wird vorgebracht, durch eine Schutzkumulation werde das Ziel der Geschmacksmusterreform konterkariert. Schließlich sei mit dieser die Trennung der Design-Leistungen vom Urheberrecht erstrebt worden. Insbesondere industrielle Formgebungen, deren Entwicklung zunächst erhebliche Investitionen voraussetzten, erforderten Rechtssicherheit, die vor allem durch die Eintragung gewerblicher Schutzrechte in öffentlichen Registern erlangt werde.[588]

Daneben wird angeführt, dass für den Bereich angewandter Kunst im Interesse eines freien Wettbewerbs ein besonderes Freihaltebedürfnis bestünde, welches eine besondere Gestaltungshöhe rechtfertige.[589]

Zwar schützen auch nach Novellierung des Designrechts Urheber- und Designrecht ästhetische Formgestaltungen, so dass ein und derselbe Gegenstand theoretisch unter beide Gesetze fallen kann und damit eine Schutzkumulation besteht, jedoch ist eine Überschneidung der Schutzrechte nicht für jeden Fall zwingend. Schließlich verfügen beide Schutzrechte nach Neukonzeption des Designrechts über unterschiedliche Schutzvoraussetzungen. Ein Design, welches neu und eigenartig ist, muss nicht unbedingt genügend Gestaltungshöhe aufweisen. Erst recht muss es keine künstlerische Leistung darstellen. Im Ergebnis verbleibt dem Designrecht sehr wohl ein eigenständiger Anwendungsbereich.[590] Soweit hiergegen vorgebracht wird, es werde außer Acht gelassen, dass „in Wirklichkeit […] die designrechtliche Eigenart als auch die urheberrechtliche Individualität umso eher zu bejahen [seien], je weiter sich die Gestaltung von bereits bestehenden Formen absetzt",[591] mag dies zwar stimmen, aber das Bestehen eines eigenständigen Anwendungsbereichs des Musterschutzes nicht entkräftigen. Außerdem darf nicht unberücksichtigt bleiben, dass sich die Schutzrechte nicht nur hinsichtlich ihrer Schutzvoraussetzungen, sondern auch bezüglich ihres Schutzumfangs unterscheiden. Immerhin sind der Schutz des Urhebers sowie die urheberpersönlichkeitsrechtlichen Aspekte dem Designschutz unbekannt.[592] Damit stehen beide Schutzrechte nebeneinander und das Designrecht ist dem Urheberrecht nicht wesensverwandt.

Soweit daneben als Rechtfertigung für das Verlangen nach einer besonderen Gestaltungshöhe auf ein Freihaltebedürfnis abgestellt wird,[593] ist dem zu

588 *Klawitter*, GRUR-Prax 2014, 30, 31 unter Bezugnahme auf Erwägungsgrund 7 und 16 der GGV.
589 *Erdmann*, FS Loschelder, 61, 71–72; *Leistner*, ZGE 2013, 4, 36.
590 Vgl. *Rauer/Ettig*, WRP 2014, 135 Rn. 34.
591 *Geier*, Schutzkumulationen, S. 209.
592 So auch *Rauer/Ettig*, WRP 2014, 135 Rn. 35.
593 *Erdmann*, FS Loschelder, 61, 71–72; *Leistner*, ZGE 2013, 4, 36.

entgegnen, dass durch den vom BGH praktizierten Schutzausschluss technisch bedingter Gestaltungselemente ein solches Freihaltebedürfnis bereits hinreichend gewahrt wird.

Die gewichtigeren Gründe sprechen für eine Absenkung der Anforderungen an Werke der angewandten Kunst. Es bestehen also keine designrechtlichen Auswirkungen auf das Merkmal der Gestaltungshöhe im Urheberrecht. Der Wegfall der besonderen Gestaltungshöhe ist hiernach systemgerecht.

c) Beibehaltung des Merkmals der künstlerischen Leistung

Zudem müsste die Beibehaltung des Erfordernisses der künstlerischen Leistung systemgerecht sein.

Zu dieser Frage wird in der Literatur kaum Position bezogen. Nach *Ahlberg* ist die Beibehaltung des zur Abgrenzung von Design- und Urheberrecht entwickelten Merkmals bedenklich.[594] *Czernik* bedauert das Festhalten an diesem Erfordernis.[595] *Peifer* zufolge überrascht es, dass der BGH die Anforderungen an Werke der angewandten Kunst senke und gleichwohl eine künstlerische Leistung verlange.[596] *Schulze* betont, zur Vermeidung von Missverständnissen sollte das Erfordernis der künstlerischen Leistung durch „gestalterische Leistung" ausgetauscht werden, da es dem BGH wohl nicht darum gegangen sei, „die Messlatte gewissermaßen durch die Hintertür wieder hochzulegen".[597] *A. Nordemann* merkt an, eine Beibehaltung des Merkmals sei vor dem Hintergrund vertretbar, dass das Werk der angewandten Kunst einen Unterfall der bildenden Kunst nach dem Wortlaut des Urheberrechtsgesetzes darstelle.[598] All diesen Aussagen liegt die Annahme zugrunde, dass es überhaupt möglich gewesen wäre, das Erfordernis der künstlerischen Leistung aufzugeben.

Als Argument für ein Festhalten am Erfordernis der künstlerischen Leistung streitet indes die Stellung des Werkes der angewandten Kunst als einen Unterfall der bildenden Kunst nach der Systematik des Urheberrechtsgesetzes.[599] Ebenso

---

594 *Ahlberg*, ZUM 2015, 538, 545.

595 *Czernik*, IPRB 2014, 234, 238.

596 *Peifer*, AfP 2015, 6, 8.

597 *Schulze*, NJW 2014, 475, 475.

598 *A. Nordemann*, in: Fromm/Nordemann, UrhR, § 2 Rn. 150b; *ders.*, FS Bornkamm, 895, 904.

599 So *A. Nordemann*, in: Fromm/Nordemann, UrhR, § 2 Rn. 150b; *ders.*, FS Bornkamm, 895, 904; *Donle/Held/Nordemann-Schiffel/Nordemann*, GRUR Int. 2012, 995, 1002, sprachen sich bereits vor der „Geburtstagszug"-Entscheidung für eine Aufgabe der Stufentheorie, aber Beibehaltung des Erfordernisses der künstlerischen Leistung aus.

der Umstand, dass das Erfordernis der künstlerischen Leistung heutzutage als allgemeine Voraussetzung für Werke der bildenden Kunst verlangt wird.

Eine überzeugendere Lösung wäre vielmehr die Preisgabe des Erfordernisses der künstlerischen Leistung im Zusammenhang mit der Lösung von der Stufentheorie in Anbetracht seiner Entstehungsgeschichte gewesen. Das Erfordernis der künstlerischen Leistung für Werke der angewandten Kunst findet – wie unter **C.II.2a)aa)** gezeigt – seinen Ursprung in der „Schulfraktur"-Entscheidung. Hier wurden Geschmacksmuster- und Urheberrecht anhand ihres Maßes an ästhetischem Gehalt voneinander abgegrenzt. Dem lag die Wertung zugrunde, dass beide Schutzrechte wesensgleich waren. Ursprünglich gab das Erfordernis der künstlerischen Leistung dabei den für das Urheberrecht zu verlangenden höheren Grad an ästhetischem Gehalt an. Später wurde der Grad bzw. Abstand zwischen den beiden Schutzrechten dahingehend präzisiert, dass ein deutliches Überragen der Durchschnittsgestaltung für Urheberrechtsschutz gefordert wurde. Nachdem mit Neugestaltung des Designgesetzes durch die Geschmacksmusterreform das Designrecht auf eine neue Basis gestellt wurde, entfiel das Stufenverhältnis zwischen Design- und Urheberrecht nach Ansicht des BGH. Daher wäre es jedoch folgerichtig gewesen, ebenfalls das Erfordernis der künstlerischen Leistung aufzugeben. Schließlich spaltete der BGH so seine Rechtsprechungsformel künstlich in zwei Aspekte auf, obwohl die gesamte Rechtfertigung dieser Formel bereits durch die Neugestaltung des Designrechts entfallen war.

3. Zwischenergebnis

Mit Wegfall der besonderen Gestaltungshöhe im Bereich der angewandten Kunst und mit Festhalten am Merkmal der künstlerischen Leistung ist nach dem „Geburtstagszug"-Urteil ausschlaggebend, ob die Produktgestaltung, auch eine den Durchschnitt nicht deutlich überragende Gestaltung, eine künstlerische Leistung darstellt. Mithin stellt sich nun die Frage, ob Gestaltungen, die die Durchschnittsgestaltung gerade so überragen, künstlerische Leistungen darstellen. Das Erfordernis der künstlerischen Leistung hat an Bedeutung gewonnen.

IV. Bestandsaufnahme nach der „Geburtstagszug"-Entscheidung: Das Erfordernis der künstlerischen Leistung als neues Abgrenzungskriterium von Design- und Urheberrecht

Im Weiteren erfolgt eine kurze Bestandsaufnahme der rechtlichen Situation nach der „Geburtstagszug"-Entscheidung. Im Einzelnen werden der erklärte

Wille des BGH sowie die neuen Anforderungen an Werke der angewandten Kunst aufgezeigt.

1. Intention des Bundesgerichtshofs

a) Einheitlicher Werkbegriff

In der „Geburtstagszug"-Entscheidung heißt es: „An den Urheberrechtsschutz von Werken der angewandten Kunst sind grundsätzlich keine anderen Anforderungen zu stellen als an den Urheberrechtsschutz von Werken der zweckfreien bildenden Kunst oder des literarischen und musikalischen Schaffens. [...] Es ist [...] nicht erforderlich, dass sie die Durchschnittsgestaltung deutlich überragen."[600] Dieser Aussage des BGH ist zu entnehmen, dass zukünftig die gleichen Anforderungen an die Werke der reinen und angewandten Kunst sowie des musikalischen und literarischen Schaffens zu stellen sind. Insoweit strebt der BGH – zumindest prima facie – einen einheitlichen Werkbegriff an.[601] Gleichzeitig fordert der BGH aber, dass Werke der angewandten Kunst eine Gestaltungshöhe erreichten, die es nach Auffassung der für Kunst empfänglichen und mit Kunstanschauungen einigermaßen vertrauten Kreise rechtfertige, von einer künstlerischen Leistung zu sprechen.[602] An anderer Stelle führte er aus: „An den Urheberrechtsschutz von Werken der angewandten Kunst [sind keine] höhere[n] Anforderungen zu stellen als an den Urheberrechtsschutz von Werken der zweckfreien Kunst."[603] Mithin gilt die allgemeine Schutzschwelle der reinen Kunst nun ebenfalls für die angewandte Kunst.

b) Erweiterung des Anwendungsbereichs des Urheberrechts: Schutz der kleinen Münze

Nach der „Geburtstagszug"-Entscheidung gelten für Werke der angewandten Kunst die gleichen Anforderungen wie für Werke der zweckfreien bildenden Kunst sowie des musikalischen und literarischen Schaffens. Hier erkennt der BGH den Schutz der kleinen Münze an.[604] Hierin lässt sich die Intention des

---

600 *BGH*, GRUR 2014, 175 Ls. 1 – Geburtstagszug unter ausdrücklicher Aufgabe von *BGH*, GRUR 1995, 581 ff. – Silberdistel.

601 So auch *Peifer*, AfP 2015, 6, 7; *ders.*, FS Neuenfeld, 217, 220; vgl. *Barudi*, UFITA-I 2014, 49, 66; a.A. *Fusbahn*, IPRB 2016, 69, 71; *Schack*, JZ 2014, 207, 207; *Schack*, UrhR, § 9 Rn. 232.

602 *BGH*, GRUR 2014, 175 Rn. 26 – Geburtstagszug.

603 *BGH*, GRUR 2014, 175 Rn. 40 – Geburtstagszug.

604 Ausdrücklich in *BGH*, GRUR 2014, 175 Rn. 18 – Geburtstagszug; vgl. auch zum musikalischen Schaffen: *BGH*, GRUR 1968, 321, 324 – Haselnuß; *BGH*, GRUR 1988,

BGH erkennen, dass mit Aufgabe der alten Rechtsprechung auch im Bereich der angewandten Kunst die „kleine Münze“ vom Anwendungsbereich des Urheberrechtsgesetzes erfasst und damit der Schutz von Werken der angewandten Kunst auf einfache Gestaltungen erweitert werden soll.

In dieses Verständnis reihen sich die Aussagen des BGH zu einer möglichen Tatbestands- und Rechtsfolgenbeschränkung ein, die zur Ausräumung der Besorgnis einer zu starken Einschränkung weiter Bereiche freier Nutzung genannt werden. Zum einen dürfe die für die urheberrechtliche Schutzfähigkeit erforderliche ästhetische Wirkung der Gestaltung nicht dem Gebrauchszweck geschuldet sein. Zum anderen bestehe eine Wechselwirkung zwischen Gestaltungshöhe und Schutzumfang, dergestalt, dass eine geringe Gestaltungshöhe zu einem entsprechend engen Schutzbereich führe.[605] Diese Einschränkungen wären obsolet, ginge der BGH nicht von einer Erweiterung des Anwendungsbereichs des Urheberrechts aus.

Offensichtlich nimmt der BGH an, das Erfordernis der künstlerischen Leistung spreche nicht per se gegen eine Schutzerweiterung und selbst die „kleine Münze“ angewandter Kunst könne eine künstlerische Leistung darstellen. Hierfür spricht prima facie, dass auch im Bereich der reinen Kunst trotz des Erfordernisses der künstlerischen Leistung die „kleine Münze“ durch das Urheberrecht geschützt wird.[606]

2. Neue Anforderungen an Werke der angewandten Kunst

Der BGH stellt in der „Geburtstagszug“-Entscheidung eine neue Schutzschwelle für Werke der angewandten Kunst auf. Zwar wurde die Voraussetzung einer besonderen Gestaltungshöhe aufgegeben, an dem Erfordernis der künstlerischen Leistung indes festgehalten.[607] Das Vorliegen einer künstlerischen Leistung ist daher das neue Abgrenzungskriterium zwischen Urheberrechts- und Designschutz. Entscheidend für die urheberrechtliche Schutzfähigkeit ist, ob ein

810, 811 – Fantasy; *BGH*, GRUR 1995, 581, 582 – Silberdistel; *BGH*, GRUR 2012, 58 Rn. 34 – Seilzirkus; zum literarischen Schaffen: *BGH*, GRUR 1995, 581, 582 – Silberdistel; *BGH*, GRUR 2000, 144, 145 – Comic-Übersetzungen II; *BGH*, GRUR 2012, 58 Rn. 34 – Seilzirkus; zur zweckfreien Kunst: *BGH*, GRUR 1995, 581, 582 – Silberdistel; *BGH*, GRUR 2012, 58 Rn. 34 – Seilzirkus.

605 *BGH*, GRUR 2014, 175 Rn. 41 – Geburtstagszug.

606 Vgl. *BGH*, GRUR 1995, 581, 582 – Silberdistel; *BGH*, GRUR 2012, 58 Rn. 34 – Seilzirkus.

607 So auch *W. Nordemann/A. Nordemann*, FS Fezer, 777, 787–788.

Gestaltungsspielraum für eine künstlerische Leistung besteht und dieser Spielraum künstlerisch genutzt wird.[608]

Mit der „Geburtstagszug"-Entscheidung kommt es also nicht mehr zwingend auf den Abstand zur Durchschnittsgestaltung an, sondern vielmehr auf das Vorliegen einer künstlerischen Leistung, und zwar selbst dann, wenn eine Wechselwirkung zwischen künstlerischer Leistung und einem Abstand zur Durchschnittsgestaltung anzunehmen ist. Je größer der Abstand zur Durchschnittsgestaltung ist, desto eher wird eine künstlerische Leistung vorliegen.[609]

V. Das Bestehen eines Gestaltungsspielraums als Voraussetzung für eine künstlerische Leistung

Eine künstlerische Leistung setzt das Bestehen eines Gestaltungsspielraums voraus. Im Folgenden wird aufgezeigt, wodurch dieser Gestaltungsspielraum bei Produktgestaltungen regelmäßig eingeschränkt wird sowie welche Bedeutung dieser Einengung für die Urheberrechtsschutzfähigkeit – insbesondere im Vergleich zur Schutzfähigkeit von Werken zweckfreier Kunst – zukommt.

1. Der Gestaltungsspielraum

Der Gestaltungsspielraum ist von maßgeblicher Bedeutung bei der Prüfung der urheberrechtlichen Schutzfähigkeit.[610] Sofern dem Designer nämlich kein Spielraum zur Gestaltung verbleibt, erübrigt sich die Prüfung, ob die Gestaltung individuell respektive künstlerisch ist.[611] Das Urheberrecht schützt die persönliche Individualität.[612] Mithin kann eine Produktgestaltung nur künstlerisch sein,

608 Nachdem sich der Gestaltungsspielraum für eine künstlerische Leistung in der „Seilzirkus"-Entscheidung verengt hat, wäre es sogar denkbar, dass Gestaltungen, die bis dato als den Durchschnitt deutlich überragend klassifiziert wurden, nach neuem Verständnis überhaupt nicht künstlerisch sind, vgl. *W. Nordemann/A. Nordemann*, FS Fezer, 777, 784–785. Die als ein Beispiel den Tripp Trapp Stuhl anführen.

609 Vgl. *A. Nordemann*, in: Fromm/Nordemann, UrhR, § 2 Rn. 150b, wonach der durchschnittlichen Designleistung auch nach der Rechtsprechungsänderung regelmäßig mangels einer künstlerischen Leistung die urheberrechtliche Schutzfähigkeit zu versagen sein werde.

610 *Peifer*, Individualität im Zivilrecht, S. 83; *ders.*, FS Neuenfeld, 217, 222; *Schulze*, in: Schulze/Dreier, UrhG, § 2 Rn. 33.

611 *Hackenberg*, FS Nordemann, 25, 27; *Peifer*, FS Neuenfeld, 217, 222; vgl. *A. Nordemann*, in: Fromm/Nordemann, UrhR, § 2 Rn. 41.

612 *Peifer*, FS Neuenfeld, 217, 221.

wenn sie auf eigenen Entscheidungen beruht,[613] nicht wenn Merkmale durch die Gestaltung vorgegeben sind.[614]

2. Beschränkungen des Gestaltungsspielraums durch den Gebrauchszweck

a) Die dem Gebrauchszweck geschuldeten Elemente als Negativkriterium des Gestaltungsspielraums

Der BGH betonte in der „Geburtstagszug"-Entscheidung, bei Werken der angewandten Kunst werde der Gestaltungsspielraum durch dem Gebrauchszweck geschuldete Gestaltungsmerkmale regelmäßig eingeschränkt.[615]

Bereits in der „Seilzirkus"-Entscheidung hatte der BGH klargestellt, dass die technisch bedingten und dem Gebrauchszweck geschuldeten Merkmale den Gestaltungsspielraum einschränken.[616] Bis zu diesem Zeitpunkt war die dogmatische Einordnung des Ausschlusses dieser Elemente nicht eindeutig. Sie wurde häufig als Korrektiv innerhalb der Gestaltungshöhe, quasi als eine Art Rechtfertigung für das Verlangen nach einem deutlichen Überragen der Durchschnittsgestaltung, verortet.[617] Durch die Positionierung innerhalb der Individualitätsprüfung konnte der BGH den Streit über eine mögliche Absenkung der Anforderungen im Bereich der angewandten Kunst offenlassen[618] und musste sich so erst in der „Geburtstagszug"-Entscheidung zu einer möglichen Absenkung der Anforderungen an Werke der angewandten Kunst positionieren.

---

613 Vgl. *Peifer*, FS Neuenfeld, 217, 220–221.

614 *BGH*, GRUR 1987, 704, 706 – Warenzeichenlexika; *Loewenheim*, in: Schricker/Loewenheim, UrhR, § 2 Rn. 187; *A. Nordemann*, in: Fromm/Nordemann, UrhR, § 2 Rn. 41; *Schulze*, in: Schulze/Dreier, UrhG, § 2 Rn. 33; *Schricker*, GRUR 1991, 563, 567.

615 *BGH*, GRUR 2014, 175 Rn. 41 – Geburtstagszug.

616 *BGH*, GRUR 2012, 58 Rn. 25 – Seilzirkus; diese Rechtsprechung bestätigt der BGH in: *BGH*, GRUR 2014, 175 Rn. 41 – Geburtstagszug mit Bezug auf die dem Gebrauchszweck geschuldeten Elemente.

617 Stimmen in der Literatur verstanden das Freihaltebedürfnis für bestimmte Formen als einen Grund für das Verlangen nach einer besonderen Gestaltungshöhe für Gebrauchskunst, vgl. *Mroß*, Technische Funktionalität, Rn. 378; so wohl *Erdmann*, FS Loschelder, 61, 72; a.A.: *Leistner*, ZGE 2013, 4, 39–42, ist dagegen der Auffassung, zu diesem Zweck solle nicht das Kriterium der Gestaltungshöhe bemüht werden, sondern auf den Ausschluss „technisch, funktional oder insgesamt regelbezogen praktischer Lösungen" aus dem urheberrechtlichen Schutzbereich abgestellt werden.

618 *Mroß*, Technische Funktionalität, Rn. 398.

b) Die dem Gebrauchszweck geschuldeten Elemente

aa) Überblick

Welche Elemente konkret zu den „dem Gebrauchszweck geschuldeten Merkmalen" zählen, lässt der BGH offen.[619] Er führte lediglich mit Verweis auf die „Seilzirkus"-Entscheidung aus, „[...] die ästhetische Wirkung der Gestaltung [kann] einen Urheberrechtsschutz nur begründen [...], soweit sie nicht dem Gebrauchszweck geschuldet ist. [...] Bei Gebrauchsgegenständen, die durch den Gebrauchszweck bedingte Gestaltungsmerkmale aufweisen müssen, ist der Spielraum für eine künstlerische Gestaltung regelmäßig eingeschränkt."[620]

Auffallend ist, dass der BGH in der „Geburtstagszug"-Entscheidung, im Gegensatz zur „Seilzirkus"-Entscheidung, nicht die enger gefassten Formulierungen „dem Gebrauchszweck geschuldet und technisch bedingt" und „durch den Gebrauchszweck technisch bedingt", sondern „dem Gebrauchszweck geschuldet" und „durch den Gebrauchszweck bedingt" verwendet.[621] Aus der Verweisung auf die „Seilzirkus"-Entscheidung, welche in ihrer Formulierung abweicht, könnte daher der Schluss gezogen werden, der BGH habe sich nicht nur auf die in der „Seilzirkus"-Entscheidung aufgezeigten „dem Gebrauchszweck geschuldeten und technisch bedingten Elemente" beziehen wollen, sondern allgemein auf die dem Gebrauchszweck geschuldeten Elemente, einschließlich der technisch bedingten.[622]

Hätte der BGH in der „Geburtstagszug"-Entscheidung den Ausschluss ebenfalls auf die dem Gebrauchszweck geschuldeten und technisch bedingten Elemente begrenzen wollen, hätte es nahegelegen, in beiden Entscheidungen dieselbe Formulierung zu wählen.

Hierfür spricht ebenfalls, dass der BGH die Einschränkung des Spielraums für eine künstlerische Gestaltung bei Gebrauchsgegenständen durch die dem Gebrauchszweck geschuldeten Merkmale im Zusammenhang mit der Ausräumung der Besorgnis, die Nutzung eines weiten Bereichs freier Formen werde übermäßig eingeschränkt, nennt,[623] und nicht – wie in der

619 So auch *Szalai*, ZUM 2014, 231, 233.

620 *BGH*, GRUR 2014, 175 Rn. 41 – Geburtstagszug mit Verweis auf *BGH*, GRUR 2012, 58 Rn. 25, 36 - Seilzirkus.

621 *BGH*, GRUR 2012, 58 Rn. 36 – Seilzirkus und *BGH*, GRUR 2014, 175 Rn. 41 – Geburtstagszug sowie *BGH*, GRUR 2012, 58 Rn. 25 – Seilzirkus und *BGH*, GRUR 2014, 175 Rn. 41 – Geburtstagszug.

622 Vgl. *Dietrich/Szalai*, DZWIR 2014, 158, 170; *Hasselblatt/George*, IPRB 2014, 163, 166; *Szalai*, ZUM 2014, 231, 233.

623 *BGH*, GRUR 2014, 175 Rn. 41 – Geburtstagszug.

„Seilzirkus"-Entscheidung – den Ausschluss der technisch bedingten Elemente insbesondere mit der Verhinderung einer Monopolisierung des freien Standes der Technik gerechtfertigt hat.[624] Letztere Begründung ist eng gefasst und lediglich zur Schutzversagung von technischen Merkmalen geeignet; dagegen kann die Argumentation in der „Geburtstagszug"-Entscheidung für den Ausschluss auch nicht technischer Elemente herangezogen werden.

Vor diesem Hintergrund lässt sich der Schluss ziehen, dass die Formulierung „dem Gebrauchszweck geschuldete Elemente" als Oberbegriff zu begreifen ist, der neben den Elementen, die technisch bedingt sind, noch weitere Elemente erfasst.[625] Folglich ist die „Geburtstagszug"-Entscheidung umfassender als die „Seilzirkus"-Entscheidung.

bb) Technisch bedingte Elemente

(1) Bedeutungsgehalt

α) Bis zur „Seilzirkus"-Entscheidung

Wie unter **C.I.1.a)aa)** dargestellt, wurden bis zur Einführung des Kunsturhebergesetzes im Jahre 1907 Gegenstände mit Gebrauchszweck im Gegensatz zu zweckfreien Gestaltungen nicht vom Urheberrechtsschutz erfasst.[626] Mit Inkrafttreten des Kunsturhebergesetzes wurden die Werke der angewandten Kunst denen der reinen bildenden Kunst – jedenfalls nach dem Gesetzeswortlaut – gleichgestellt.[627] Zwar wurde ein Ausschlussgrund betreffend technisch zwingende Gestaltungen im Urheberrecht nicht ausdrücklich kodifiziert, wie später beispielsweise im Design- und Markenrecht,[628] mit Aufnahme der

---

624 *BGH*, GRUR 2012, 58 Rn. 21 – Seilzirkus.

625 So im Ergebnis auch *Dietrich/Szalai*, DZWIR 2014, 158, 170; *Hasselblatt/George*, IPRB 2014, 163, 166; *Szalai*, ZUM 2014, 231, 233; *OLG Schleswig*, GRUR-RR 2015, 1 Rn. 22 – Geburtstagszug II.

626 Vgl. das Preußische Urheberrechtsgesetz vom 11.6.1837 sowie das Urheberrechtsgesetz in der Fassung vom 9.1.1876, die lediglich einen Schutz von Werken der reinen bildenden Kunst ermöglichten.

627 In § 2 wurden als Schutzgegenstand der bildenden Kunst auch die Erzeugnisse des Kunstgewerbes erfasst. Mithin postulierte das KUG erstmals die Gleichstellung von zweckfreier und angewandter Kunst, vgl. dazu §§ 1, 2 der Begründung des Entwurfes eines Gesetzes betreffend das Urheberrecht an Werken der bildenden Künste und der Photographie, GRUR 1906, 15, 16–17.

628 Im Markenrecht sind sowohl technisch zwingende als auch technisch bedingte (vgl. § 3 Abs. 2 Nr. 2 MarkenG) und im Designrecht ausschließlich technisch zwingende Elemente (vgl. § 3 Abs. 1 Nr. 1 DesignG) vom Schutz ausgeschlossen.

Gebrauchsgestaltungen in den Schutzbereich des Urheberrechts wurde in der folgenden Rechtsprechung des RG und später des BGH aber das Kriterium der technischen Bedingtheit als Korrektiv in der Schutzfähigkeitsprüfung von Gebrauchsgegenständen etabliert.[629] Dabei erfasste dieses Kriterium – sowohl mit dem RG als auch dem BGH – ausschließlich technisch zwingende Elemente, mithin solche, die überhaupt keine Variante zuließen.[630] Ein Ausschluss von technisch bedingten Elementen wurde dagegen mit der Begründung verneint, die technisch bedingten Elemente stünden der künstlerischen Eigenart nicht entgegen.[631] In der „Stahlrohrstuhl I"-Entscheidung führte der BGH explizit aus, Urheberrechtsschutz von Gebrauchskunst sei nur dann ausgeschlossen, „wenn die Aufgabe [...] nur durch die fragliche Formgebung zu lösen wäre",[632] es folglich keinerlei Gestaltungsalternativen gebe. Die Verfahrensweise des BGH stand überwiegend in Einklang mit der instanzgerichtlichen Rechtsprechung[633] und der Ansicht der Literatur.[634] Der Urheberrechtsschutz einer Gebrauchsgestaltung

629 *RG*, GRUR 1932, 892, 893 – Stahlrohrstuhl; *BGH*, GRUR 1961, 635, 637 – Stahlrohrstuhl I; *BGH*, GRUR 1982, 305, 307 – Büromöbelprogramm; *BGH*, GRUR 2004, 941, 942 – Metallbett; *Mroß*, Technische Funktionalität, Rn. 351, 359. In der Entscheidung *RG*, RGZ, 139, 214, 217 – Gropius-Türdrücker urteilte das RG allerdings entgegen der ein halbes Jahr zuvor ergangenen „Stahlrohrstuhl"-Entscheidung und führte aus, dass die Unterscheidung zwischen Zweckmäßigkeit der Form und ästhetischem Gehalt auch in den modernen Kunstanschauungen gewährt werden müsse. Ästhetik und Kunst beginne erst dort, wo über die dem Zweck geschuldeten Elemente hinaus die Form auszugestalten sei. *Zentek* zufolge entstand die Entscheidung vor nationalsozialistischem und antisemitischem Hintergrund. Der Gropius-Türdrücker wurde von einer jüdischen Firma produziert und das Bauhaus wurde später als entartete Kunst dargestellt, siehe ausführlich zu „Gropius-Türdrücker" *Zentek*, Acht Jahrzehnte verkanntes Design, S. 137–139, 142–143.

630 *Mroß*, Technische Funktionalität, Rn. 351; *Weischede*, BLJ 2013, 73, 76; *Zentek*, ZUM 2012, 42, 42.

631 *RG*, GRUR 1932, 892, 893 – Stahlrohrstuhl.

632 *BGH*, GRUR 1961, 635, 637 – Stahlrohrstuhl I.

633 *OLG Düsseldorf*, GRUR 1971, 415, 416 – Studio 2000; *OLG Hamburg*, GRUR 2002, 419, 422 – Move; *OLG Hamburg*, ZUM-RD 2002, 181, 188, 192 – Kinderhochstuhl; nicht aber *OLG Köln*, GRUR 1986, 889, 890 – ARD 1, wonach ein Schutzausschluss bereits dann vorliege, wenn die Gestaltung im Wesentlichen auf technischen Gegebenheiten beruhe und *OLG München*, GRUR 1957, 145, 146 – Gießkanne, was technisch bedingte Gestaltungsalternativen allein für die Schutzfähigkeit nicht genügen ließ.

634 *A Nordemann*, in: Fromm/Nordemann, UrhR 10. Aufl., § 2 Rn. 40; *ders.*, in: Loewenheim, Handbuch UrhR, § 6 Rn. 15.

entfiel demgemäß nur, wenn die gegenständliche Gestaltung die einzig mögliche Lösung darstellte. Sofern Gestaltungsalternativen existierten, stand die technische Funktion einer Gebrauchsgestaltung ihrer Schutzfähigkeit nicht entgegen.[635]

β) Die „Seilzirkus"-Entscheidung

In der „Seilzirkus"-Entscheidung verhielt sich der BGH ausführlich zum Kriterium der technischen Bedingtheit. Hierunter fasste er – abweichend von seiner vorherigen Rechtsprechung –[636] alle funktionalen Elemente und damit sowohl „Merkmale, die bei gleichartigen Erzeugnissen aus technischen Gründen zwingend verwendet werden müssen, als auch Merkmale, die zwar aus technischen Gründen verwendet werden, aber frei wählbar oder austauschbar sind".[637]

Damit bedeutete der BGH erstmals,[638] dass nicht nur die Nutzung von technisch zwingenden Merkmalen keinen Urheberrechtsschutz begründen könne, sondern Urheberrechtsschutz ausscheide, wenn eine Gestaltung ausschließlich aus zwar frei wählbaren oder austauschbaren, aber technisch bedingten Merkmalen bestehe.[639] „Allein durch die Ausnutzung eines handwerklichkonstruktiven Gestaltungsspielraums oder durch den Austausch eines technischen Merkmals durch ein anderes entstehe noch kein eigenschöpferisches Kunstwerk."[640] Mithin könnten bei einem Gebrauchsgegenstand nur solche Merkmale Urheberrechtsschutz als Werk der angewandten Kunst im Sinne des § 2 Abs. 1 Nr. 4 UrhG begründen, die nicht bloß technisch bedingt, sondern darüber hinaus künstlerisch gestaltet seien.[641]

Zur Begründung dieses Ausschlusses von technischen Merkmalen führte der BGH zwei Argumente ins Feld: Zum einen sei eine persönliche geistige Schöpfung und damit die erforderliche urheberrechtliche Werkqualität ausgeschlossen, wenn für eine künstlerische Leistung kein Raum bestehe, weil die Gestaltung durch technische Erfordernisse vorgegeben sei.[642] Zum anderen verhindere der Ausschluss die Monopolisierung des freien Stands der Technik

---

635 *Mroß*, Technische Funktionalität, Rn. 377; *Zentek*, ZUM 2012, 42, 42.

636 In vorherigen Entscheidungen benutzte der BGH zwar ebenfalls die Bezeichnung „technisch bedingte" Elemente, fasste darunter aber lediglich technisch zwingende Merkmale, vgl. etwa *BGH*, GRUR 1961, 635, 637 – Stahlrohrstuhl I.

637 *BGH*, GRUR 2012, 58 Rn. 20 – Seilzirkus.

638 *Mroß*, Technische Funktionalität, Rn. 377; *Zentek*, ZUM 2012, 42, 42; *dies.*, WRP 2014, 1289 Rn. 60.

639 *BGH*, GRUR 2012, 58 Rn. 30 – Seilzirkus.

640 *BGH*, GRUR 2012, 58 Rn. 30 – Seilzirkus.

641 *BGH*, GRUR 2012, 58 Rn. 19 – Seilzirkus.

642 *BGH*, GRUR 2012, 58 Rn. 20 – Seilzirkus.

durch das Urheberrecht und stehe dadurch mit dem System der Rechte des geistigen Eigentums in Einklang. Angesichts des öffentlichen Interesses an einer ungehinderten technischen Entwicklung würden technische Elemente nämlich nur durch das Patent- und Gebrauchsmusterrecht als technische Erfindung für eine begrenzte Zeit geschützt werden. Um eine Umgehung dieser Wertung sowie eine Monopolisierung von technischen Lösungen zu verhindern, enthielten das Marken- und Designrecht Regelungen, wonach technische Elemente vom Schutz ausgeschlossen werden.[643]

(2) Kritik am Ausschluss der technisch bedingten Elemente

Der Ausschluss der technisch bedingten Elemente wurde in der Literatur heftig kritisiert.[644] Teilweise richteten sich die Anwürfe gegen die dogmatische Begründung des Schutzausschlusses (vgl. **α)** und **β)**) und teilweise gegen die damit einhergehenden Konsequenzen (vgl. **γ)**, **δ)** und **ε)**).

α) Keine Vermeidung eines Wertungswiderspruchs im System des Geistigen Eigentums

Soweit der BGH den Ausschluss der technisch bedingten Elemente aus dem Urheberrechtsschutz auf ein besonderes Freihaltebedürfnis im technischen Bereich und damit einhergehend auf die Vermeidung eines Wertungswiderspruchs im System des Geistigen Eigentums stützt,[645] hält *Zentek* dem richtigerweise entgegen, der Vergleich mit den Regelungen aus Design- und Markenrecht greife zu kurz.[646] Im Designrecht würden nämlich lediglich technisch zwingende und nicht darüber hinaus technisch bedingte Elemente aus dem Schutzbereich ausgeschlossen. Gestaltungsalternativen könnten hier also sehr wohl Schutz begründen.[647] Mit Bezug auf das Markenrecht trifft es zwar zu, dass gemäß § 3 Abs. 2 Nr. 2 MarkenG Gestaltungen vom Markenrecht ausgeschlossen sind, deren Elemente technisch zwingend oder technisch bedingt sind. Doch ermöglicht

643 *BGH*, GRUR 2012, 58 Rn. 21 – Seilzirkus.

644 *Zentek*, ZUM 2012, 42 ff.; *dies.*, WRP 2014, 1289 Rn. 60 ff.; vgl. *Mezger*, Der Schutz für Werke der angewandten Kunst, S. 141, 143–144; zustimmend aber: *Bullinger*, GRUR-Prax 2011, 536, 536; *Donle/Held/Nordemann-Schiffel/Nordemann*, GRUR Int. 2012, 995, 1002; im Ergebnis auch *Geier*, Schutzkumulationen, S. 33; *Mroß*, Technische Funktionalität, Rn. 476.

645 *BGH*, GRUR 2012, 58 Rn. 21 – Seilzirkus.

646 *Zentek*, ZUM 2012, 42, 45; vgl. *dies.*, WRP 2014, 1289 Rn. 62.

647 *Zentek*, ZUM 2012, 42, 45; *dies.*, WRP 2014, 1289 Rn. 62.

das Markengesetz den Schutz von 3D-Marken. Ein solcher Schutz bringe – wie *Zentek* ebenfalls beizupflichten ist – indes einen nach Belieben verlängerbaren Schutz gegen Nachahmungen mit sich.[648] Wenn folglich eine 3D-Marke in ihrer Formgestaltung zugleich technisch funktionelle Elemente beinhaltet, wird die Marke insgesamt geschützt.

Dem BGH ist zwar zuzugestehen, dass sich das Kriterium der technischen Bedingtheit eignet,– wie auch im Schrifttum betont wird – eine urheberrechtliche Monopolisierung des freien Stands der Technik[649] respektive eine Beschränkung von „technischen Designtätigkeiten" zu verhindern.[650] Die Begründung anhand eines Wertungswiderspruchs im System des geistigen Eigentums ist gleichwohl nicht stichhaltig.

β) Kein Ausschluss des Gestaltungsspielraums für eine künstlerische Leistung durch technisch bedingte Elemente

Gegen die Auffassung des BGH, technisch bedingte Elemente ließen keinen Gestaltungsspielraum für eine künstlerische Leistung zu,[651] wendet *Zentek* ein, das Bestehen von Gestaltungsalternativen schließe den Gestaltungsspielraum nicht aus.[652] Es müsse vielmehr geprüft werden, ob in der Wahl zwischen Gestaltungsalternativen Individualität zum Ausdruck komme.[653] *Mezger* schließt sich *Zentek* insoweit an, als er betont, nur ausschließlich technisch bedingte Merkmale ließen keinen Gestaltungsspielraum zu.[654] Auch *Geier* meint, in Anbetracht eines großen Spielraums bei frei wählbaren, jedoch technisch bedingten Elementen könne eine Argumentation, wonach lediglich technisch zwingende Elemente den Gestaltungsspielraum ausschlössen, anschlussfähig sein.[655] Dem ist in Begründung und Ergebnis zuzustimmen. Darüber hinaus spricht auch die Ansicht der Angehörigen der Fachkreise – wie unter **B.III.2.f)aa)** ausgeführt – gegen einen Ausschluss des künstlerischen Gestaltungsspielraums durch technisch bedingte

648 *Zentek*, ZUM 2012, 42, 45.
649 *Mroß*, Technische Funktionalität, Rn. 476.
650 *Bullinger*, GRUR-Prax 2011, 536, 536.
651 *BGH*, GRUR 2012, 58 Rn. 20 – Seilzirkus.
652 *Zentek*, WRP 2014, 1289 Rn. 60; vgl. *dies.*, ZUM 2012, 42, 45.
653 *Zentek*, WRP 2014, 1289 Rn. 62.
654 *Mezger*, Der Schutz für Werke der angewandten Kunst, S. 144 mit Verweis auf *Zentek*, ZUM 2012, 42, 45.
655 *Geier*, Schutzkumulationen, S. 33.

Elemente.[656] Teilweise wurde sogar explizit ausgeführt, Designalternativen seien zu berücksichtigen.[657] Die Aussage des BGH, eine künstlerische Leistung sei hier ausgeschlossen, stimmt also nicht mit der Auffassung der Fachkreise überein.

γ) Widerspruch zur Gestaltungspraxis von Gebrauchsgegenständen

Seit dem deutschen Werkbund – spätestens jedoch der Bauhaus-Schule – werden Gebrauchsobjekte, auf die nachträglich zweckfreie, rein ornamentale Elemente angebracht wurden, nicht mehr als gutes Design angesehen.[658] Vielmehr wird als Ausdruck größtmöglicher Ästhetik die Einheit von Form und Funktion verstanden,[659] wobei bei der Formgebung auch psychologischen und emotionalen Werten eine Rolle zukommt.[660] Die Nichtberücksichtigung technisch bedingter Elemente bei der ästhetischen Bewertung der Gestaltung verkennt daher den Wert von Design.[661] Sonst wäre gerade funktionalistisches Design, wie etwa der Stahlrohrstuhl von Mart Stam, nicht urheberschutzfähig,[662] obwohl es sich hierbei nach Ansicht der Fachkreise um eine künstlerische Leistung,[663] bzw. eine originär gestalterische Leistung,[664] „gestalterische, kreative Leistung",[665] Leistung „von hoher gestalterischer Qualität",[666] „gestalterisch herausragende Leistung"[667] handelt.

---

656 *Bischoff*, Telef. Gespräch v. 24.5.2016; *Godau*, Telef. Gespräch v. 10.5.2016; *Hermsen*, Telef. Gespräch v. 9.3.2016; *Klemp*, Pers. Gespräch v. 4.5.2016; *Straßer*, Telef. Gespräch v. 7.6.2016; ähnlich auch *Funke*, Telef. Gespräch v. 10.5.2016, wonach die Merkmale eines Produktes, die unmittelbar von operationalen Zwecken bedingt seien, den Gestaltungsspielraum für eine künstlerische Leistung einschränkten; a.A.: *Jonas*, Telef. Gespräch v. 11.4.2016.

657 *Bischoff*, Telef. Gespräch v. 24.5.2016; *Straßer*, Telef. Gespräch v. 7.6.2016; vgl. *Busse*, Pers. Gespräch v. 15.7.2016.

658 Vgl. *Hackenberg*, FS Nordemann, 25, 28.

659 *Hackenberg*, FS Nordemann, 25, 26, 28; *Zentek*, Designschutz, S. 56; nach *Mezger*, Die Schutzschwelle für Werke der angewandten Kunst, S. 141, werden diese Gestaltungen regelmäßig als künstlerisch bewertet.

660 *Honour/Fleming*, Lexikon Kunsthandwerk und Design, Industrial Design, S. 286.

661 Vgl. auch *Zentek*, ZUM 2012, 42, 43.

662 Vgl. auch *Mezger*, Die Schutzschwelle für Werke der angewandten Kunst, S. 141.

663 *Jonas*, Telef. Gespräch v. 11.4.2016; *Hermsen*, Telef. Gespräch v. 9.3.2016.

664 *Godau*, Telef. Gespräch v. 10.5.2016.

665 *Bergner*, Telef. Gespräch v. 8.6.2016; *Plüm*, Telef. Gespräch v. 30.6.2016.

666 *Straßer*, Telef. Gespräch v. 7.6.2016.

667 *Bischoff*, Telef. Gespräch v. 24.5.2016.

δ) Unmöglichkeit der Differenzierung zwischen funktionalen und ästhetischen Elementen einer Gestaltung

Der Ausschluss von technisch bedingten Elementen aus dem Urheberrechtsschutz geht denknotwendig mit der Differenzierung zwischen funktionalen und nicht funktionalen Elementen einher. Teile der Literatur vertreten die Ansicht, eine derartige Abgrenzung könne bei zeitgenössischem Design wegen der Natur der Gebrauchsgegenstände als Einheit aus Form und Funktion zu Schwierigkeiten führen – wenn nicht sogar unmöglich machen.[668]

Bereits in der „Gropius-Türdrücker"-Entscheidung äußerte die künstlerische Sachverständigenkammer die Ansicht, im Kunstgewerbe könne die Zweckmäßigkeit der Form und der ästhetische Wert nicht voneinander getrennt werden.[669] Allerdings ergab die hiesige Befragung, dass lediglich einer der interviewten Personen angesichts des Ineinandergreifens von Form und Funktion die Ansicht der künstlerischen Sachverständigenkammer teilte.[670] Die anderen Befragten erachteten eine Unterscheidung zwischen ästhetischen und funktionalen Elementen hingegen für möglich.[671] Diese Auffassung findet sich auch in der Literatur wieder.[672]

Mithin kann nicht abschließend beurteilt werden, ob die mit dem Ausschluss der technischen Merkmale einhergehende Differenzierung von funktionalen und ästhetischen Elementen tatsächlich umsetzbar ist.

ε) Schwierigkeiten bei der Anwendung

Mezger hebt zutreffenderweise hervor, dass sich das Kriterium nicht für alle Werke der Gebrauchskunst, insbesondere im Bereich des Grafikdesigns, eigne. Stellte man hier auf den Gebrauchszweck, namentlich auf die Wiedererkennbarkeit als „einzig praktische Vorgabe", ab, hätte dies zur Folge, dass die gesamte Gestaltung technisch bedingt und damit schutzlos sei. Das gleiche Problem stelle sich bei Dekorationsartikeln, da deren Gebrauchszweck ihr gefälliges äußeres Erscheinungsbild sei.[673]

---

668 *Levin*, GRUR Int. 1985, 713, 713–714; *Mezger*, Die Schutzschwelle für Werke der angewandten Kunst, S. 141; vgl. *Schrader*, WRP 2017, 1421 Rn. 21.

669 Trotzdem hielt das *RG*, RGZ 139, 214, 217 – Gropius-Türdrücker, daran fest, dass das Gebiet der Ästhetik und Kunst erst da beginne, wo über die dem Zwecke gewidmeten Gegebenheiten hinaus die nähere Form auszugestalten sei.

670 So *Straßer*, Telef. Gespräch v. 7.6.2016.

671 Siehe ausführlich unter **B.III.2.f)bb)**.

672 *W. Nordemann/A. Nordemann*, FS Fezer, 777, 784.

673 *Mezger*, Die Schutzschwelle für Werke der angewandten Kunst, S. 143.

cc) Weitere dem Gebrauchszweck geschuldete Elemente

Neben den technischen Funktionsvorgaben erfassen die dem Gebrauchszweck geschuldeten Elemente nach Ansicht einiger Stimmen in der Literatur auch thematische Gestaltungsvorgaben.[674] Hierunter fallen diejenigen Elemente, die sich aus dem mit der Gestaltung verfolgten Thema ergeben. Als Beispiel kann – bezogen auf das Spielzeug „Geburtstagszug", welches sich zum Schmücken eines Geburtstagstisches eignen sollte – die Verwendung von Kerzenhaltern, Zahlen oder Ähnliches angeführt werden.[675] Thematische Gestaltungsvorgaben, die eine bestimmte Gestaltung vorgeben oder naheliegend sind, lassen den Gestaltungsspielraum entfallen.[676] Teilweise wird zur Begründung ausgeführt, dass „die der ‚gestalterischen Idee' geschuldeten Merkmale gemeinfrei bleiben"[677] müssen und kein künstlerischer, sondern lediglich ein handwerklich-konstruktiver Gestaltungsspielraum ausgenutzt werde.[678]

Andere Stimmen in der Literatur nehmen keine nähere Bestimmung des Gebrauchszwecks im engeren Sinne, also ausgenommen der technischen Funktionsvorgaben, vor, sondern führen lediglich aus, dass durch den Gebrauchs- bzw. Nutzungszweck bedingte Gestaltungselemente vom Urheberrechtschutz ausscheiden.[679]

---

674 *Dietrich/Szalai*, DZWIR 2014, 158, 170; *Hasselblatt/George*, IPRB 2014, 163, 166; *Szalai*, ZUM 2014, 231, 233.

675 Vgl. *OLG Schleswig*, GRUR-RR 2015, 1 Rn. 22 – Geburtstagszug II.

676 *Hasselblatt/George*, IPRB 2014, 163, 166–167; vgl. *Dietrich/Szalai*, DZWIR 2014, 158, 170; a.A.: *Szalai*, ZUM 2014, 231, 233, wonach es bei Formgebungen, die einem bestimmen Nutzungszweck geschuldet sind „regelmäßig an der notwendigen Gestaltungshöhe im Rahmen des konkret gegebenen Gestaltungsspielraums [fehlt]".

677 *Hasselblatt/George*, IPRB 2014, 163, 167; ähnlich auch *Dietrich/Szalai*, DZWIR 2014, 158, 170.

678 *Hasselblatt/George*, IPRB 2014, 163, 167.

679 *OLG Schleswig*, GRUR-RR 2015, 1 Rn. 22 – Geburtstagszug II; *Hahn/Glückstein*, ZUM 2014, 380, 381; *Loewenheim*, in: Schricker/Loewenheim, UrhR, § 2 Rn. 187; *Schulze*, in: Dreier/Schulze, UrhG, § 2 Rn. 33.

3. Weitere den Gestaltungsspielraum beschränkende Merkmale im Bereich der Produktgestaltungen

Neben dem Gebrauchszweck im engeren Sinne[680] sowie den technischen Erfordernissen[681] wird der Gestaltungsspielraum von Gebrauchsobjekten regelmäßig durch Marktbedürfnisse und Markttrends,[682] Vorgaben des Auftraggebers[683] und Erfordernisse industrieller Herstellbarkeit[684] eingeengt. Zu berücksichtigen ist allerdings, dass diese Vorgaben allzu häufig nur einen groben Rahmen abstecken. Ein Auftraggeber wird regelmäßig nur Anhaltspunkte nennen, was er als Gestaltung wünscht, nicht jedoch detaillierte Vorgaben machen, „wie zu gestalten ist".[685]

Gleichwohl ist anzumerken, dass auch wenn der Gestaltungsspielraum eingeschränkt oder ausgeschlossen sein sollte, Urheberrechtsschutz durch die individuelle Kombination von bekannten Gestaltungsmitteln oder vorgegebenen Materials untereinander oder mit neuen Elementen begründet werden kann.[686]

---

680 Vgl. *BGH*, GRUR 2014, 175 Rn. 41 – Geburtstagszug; *Hahn/Glückstein*, ZUM 2014, 380, 381; *Hartmann*, WRP 2016, 1327 Rn. 39; *W. Nordemann/A. Nordemann*, FS Fezer, 777, 785; *Schulze*, in: Schulze/Dreier, UrhG, § 2 Rn. 33.

681 Vgl. *BGH*, GRUR 1982, 305, 307 – Büromöbelprogramm; *BGH*, GRUR 2012, 58 Rn. 36 – Seilzirkus; *Dreyer*, in: Dreyer/Kotthoff/Meckel, UrhR, § 2 Rn. 89; *Hackenberg*, FS Nordemann, 25, 27; *Hartmann*, WRP 2016, 1327 Rn. 39; *Loewenheim*, in: Schricker/Loewenheim, UrhR, § 2 Rn. 56; *W. Nordemann/A. Nordemann*, FS Fezer, 777, 784–785; *A. Nordemann*, in: Fromm/Nordemann, UrhR, § 2 Rn. 45a; *Peifer*, Individualität im Zivilrecht, S. 82; *Schulze*, in: Dreier/Schulze, UrhG, § 2 Rn. 33.

682 *Hahn/Glückstein*, ZUM 2014, 380, 381; *Peifer*, Individualität im Zivilrecht, S. 374, 377; *ders.*, FS Neuenfeld, 217, 221.

683 *Osterrieth*, GRUR 1904, 189, 197; *Peifer*, FS Neuenfeld, 217, 221; einschränkend: *Hackenberg*, FS Nordemann, 25, 27, 29.

684 *W. Nordemann/A. Nordemann*, FS Fezer, 777, 785; *Peifer*, Individualität im Zivilrecht, S. 375.

685 *Hackenberg*, FS Nordemann, 25, 29.

686 *Loewenheim*, in: Schricker/Loewenheim, UrhR, § 2 Rn. 188; vgl. *Schulze*, in: Dreier/Schulze, UrhG, § 2 Rn. 51.

4. Bedeutung der Einschränkung des Gestaltungsspielraums für die Urheberrechtsschutzfähigkeit von angewandter Kunst

Bei Gebrauchsgestaltungen wird der Gestaltungsspielraum naturgemäß durch Angaben des Auftraggebers,[687] Markttrends,[688] Gegebenheiten der Herstellbarkeit[689] sowie dem Gebrauchszweck[690] eingeschränkt.

Dass diese Vorgaben, insbesondere bei kostengünstig in hoher Auflage zu produzierenden – und daher dem Massengeschmack entsprechenden – Alltagsgegenständen, eine Gestaltung nahelegen oder vorgeben, ist offensichtlich. Grundsätzlich ist es aber eine Frage des Einzelfalls, ob der Gestaltungsspielraum so stark eingeschränkt wird, dass keinerlei Raum für eine persönliche Entfaltung verbleibt. Bei Design-Leistungen muss insbesondere dem Ausschluss des Gestaltungsspielraums durch die dem Gebrauchszweck geschuldeten Merkmale ein sehr großes Gewicht beigemessen werden, dies vor allem in Anbetracht des gegenwärtig vertretenen Gestaltungsverständnisses, wonach Form und Funktion korrelieren.[691] Ebenfalls zu berücksichtigen ist, dass – abhängig vom Produktbereich – die jeweiligen Anteile von Form und Funktion sehr verschieden sein können. Immerhin ist der Grad der Designerfreiheit abhängig von der Art des Produktes. Bei der Gestaltung von Schmuck dürfte von einem größeren Spielraum als bei der Ausformung eines Werkzeuges auszugehen sein: Je mehr eine Formgebung einem Gebrauchszweck entspricht, desto weniger Raum verbleibt für künstlerisches Schaffen.[692]

Hauptunterscheidungskriterium der zweckfreien und angewandten Kunst ist das Fehlen funktionaler Elemente.[693] Zwar wird auch der Gestaltungsspielraum der reinen Kunst gelegentlich durch Vorgaben des Auftraggebers bedingt,

---

687 *Peifer*, FS Neuenfeld, 217, 221; einschränkend: *Hackenberg*, FS Nordemann, 25, 27, 29.

688 *Hahn/Glückstein*, ZUM 2014, 380, 381; *Peifer*, Individualität im Zivilrecht, S. 374, 377; *ders.*, FS Neuenfeld, 217, 221.

689 *W. Nordemann/A. Nordemann*, FS Fezer, 777, 785; *Peifer*, Individualität im Zivilrecht, S. 375.

690 *BGH*, GRUR 2012, 58 Rn. 36 – Seilzirkus; *BGH*, GRUR 2014, 175 Rn. 41 – Geburtstagszug.

691 *Hackenberg*, FS Nordemann, 25, 26, 28; *Zentek*, Designschutz, S. 56; siehe ausführlich unter B.I.2.

692 *Henssler*, Urheberschutz in der angewandten Kunst und Architektur, S. 51; *Peifer*, FS Neuenfeld, 217, 225.

693 Vgl. *A. Nordemann*, in: Fromm/Nordemann, UrhR, § 2 Rn. 142.

man denke etwa an mäzenatisches Schaffen[694] oder an Porträtmalerei,[695] dies allein wird den Spielraum jedoch nicht ausschließen. Gleiches gilt für Markttrend und Herstellbarkeit. Der Gestaltungsspielraum zweckfreier Kunst ist also im Vergleich zu Werken der angewandten Kunst von Natur aus viel größer.[696] Deshalb kommt bei zweckfreier Kunst eher die Vermutung des Ausdrucks von Individualität zum Tragen.[697] So prognostizierte der BGH bereits in der „Seilzirkus"-Entscheidung: Nachdem die ästhetische Wirkung der Gestaltung einen Urheberrechtsschutz nur begründen könne, soweit sie nicht dem Gebrauchszweck geschuldet und technisch bedingt sei, könne dies dazu führen, dass ein Werk der angewandten Kunst, das eine ebenso große ästhetische Wirkung ausübe wie ein Werk der zweckfreien Kunst, anders als dieses keinen Urheberrechtsschutz genieße.[698]

Selbst wenn Werke zweckfreier und angewandter Kunst nach der Rechtsprechungsänderung in der „Geburtstagszug"-Entscheidung den Werken der reinen bildenden Kunst nunmehr gleichbehandelt werden, stellt das Erfordernis des Gestaltungsspielraums für Werke angewandter Kunst eine deutliche Hürde für die urheberrechtliche Schutzfähigkeit dar.[699] Der Schutz von Design-Leistungen als Werke der angewandten Kunst wurde insbesondere durch den Ausschluss der technischen Bedingtheit nennenswert erschwert.[700]

Zwar ist die in der „Geburtstagszug"-Entscheidung aufgezeigte Tatbestandsbeschränkung nicht neu, eingedenk der Absenkung der Anforderungen an Werke der angewandten Kunst kommt ihr gleichwohl eine erhöhte Bedeutung zu. Denn gerade bei einfachen Gestaltungen, die Durchschnittslösungen nicht deutlich überragen, muss nun bestimmt werden, ob ein Gestaltungsspielraum bestand und ausgenutzt wurde.

---

694 Nach *Loewenheim*, in: Schricker/Loewenheim, UrhR, § 2 Rn. 164 mit Bezug auf *OLG Saarbrücken*, GRUR 1986, 310, 311 – Bergmannsfigur, steht dies nicht der Individualität des Werkes entgegen.

695 Vgl. *Hackenberg*, FS Nordemann, 25, 29.

696 Vgl. zu den einzelnen Kriterien, welche die Design-Leistungen beeinflussen *Peifer*, FS Neuenfeld, 217, 221.

697 *A. Nordemann*, in: Fromm/Nordemann, UrhR, § 2 Rn. 142.

698 *BGH*, GRUR 2012, 58 Rn. 36 – Seilzirkus.

699 So auch *W. Nordemann/A. Nordemann*, FS Fezer, 777, 787–788.

700 So auch *Mezger*, Die Schutzschwelle für Werke der angewandten Kunst, S. 141; vgl. *Zentek*, ZUM 2012, 42, 43.

VI. Das Erfordernis der künstlerischen Leistung nach Auffassung der maßgeblichen Verkehrskreise

1. Überblick

Selbst wenn bei einer Gebrauchsgestaltung ein konkreter künstlerischer Gestaltungsspielraum ausgenutzt sein sollte, führt das nicht zwingend zum Urheberrechtsschutz.[701] Es mag lediglich zu einem Schutz nach dem Designgesetz führen.[702] Entscheidend für den Urheberrechtsschutz ist nach wie vor, dass die Gestaltung eine persönliche geistige Schöpfung ist.[703] Bei Werken der angewandten Kunst ist dies der Fall, wenn von einer künstlerischen Leistung gesprochen werden kann.[704] Ob eine künstlerische Leistung vorliegt, bestimmt sich nach Auffassung der für Kunst empfänglichen und mit Kunstanschauungen einigermaßen vertrauten Kreise.[705]

Der Beantwortung der Frage, wann eine Produktgestaltung eine künstlerische Leistung ist, ist erhebliche Relevanz beizumessen. Dabei ist aber fraglich, ob durch die Beibehaltung dieses aus dem Jahr 1911 stammenden Erfordernisses die Anforderungen an Werke der angewandten Kunst tatsächlich gesenkt worden sind.

2. Künstlerische Leistung als Rechtsbegriff

Der Werkbegriff gemäß § 2 Abs. 2 UrhG ist ein Rechtsbegriff.[706] Folglich muss das Erreichen der erforderlichen Schöpfungshöhe durch das Gericht als Wertungsfrage entschieden werden.[707]

---

701 *A. Nordemann*, in: Fromm/Nordemann, UrhR, § 2 Rn. 150b, wonach zu bewerten sei, ob die über die Funktion hinausgehenden Merkmale künstlerisch seien, bzw. *W. Nordemann/A. Nordemann*, FS Fezer, 777, 783, die anführen durch Ausschluss der dem Gebrauchszweck geschuldeten Elemente könne ermittelt werden, welche Gestaltungsmerkmale „einen künstlerischen Ausdruck besitzen".

702 Vgl. *BGH*, GRUR 2014, 175 Rn. 39 – Geburtstagszug.

703 *BGH*, GRUR 2014, 175 Rn. 15 – Geburtstagszug.

704 *BGH*, GRUR 2014, 175 Rn. 26, 41 – Geburtstagszug.

705 *BGH*, GRUR 1961, 635, 638 – Stahlrohrstuhl I; *BGH*, GRUR 1972, 38, 39 – Vasenleuchter; *BGH*, GRUR 1981, 517, 519 – Rollhocker; *BGH*, GRUR 1987, 903, 904 – Le Corbusier Möbel; *BGH*, GRUR 2004, 941, 942 – Metallbett; *BGH*, GRUR 2014, 175 Rn. 26 – Geburtstagszug.

706 *BGH*, GRUR 2002, 958, 959 – Technische Lieferbedingungen; *BGH*, GRUR 2004, 941, 942 – Metallbett; *Bullinger*, in: Wandtke/Bullinger, UrhR, § 2 Rn. 5; *A. Nordemann*, in: Fromm/Nordemann, UrhR, § 2 Rn. 12, 235.

707 *BGH*, GRUR 1973, 478, 479 – Modeneuheit; *BGH*, GRUR 1995, 581, 582 – Silberdistel; *BGH*, GRUR 2014, 175 Rn. 45 – Geburtstagszug; *BGH*, GRUR 2016, 487

Die Zuschreibung, ein Gegenstand sei ein Kunstwerk, erfolgt derzeit normativ und nicht nach Maßstäben der Kunst- und Designwissenschaft.[708] Dies bedingt, dass einerseits nicht alles was Kunst ist, urheberrechtlich als Kunst behandelt und damit geschützt wird,[709] und andererseits durch den Werkbegriff kein Einfluss auf die An- oder Aberkennung der Kunstqualität außerhalb des Urheberrechts genommen wird.[710] Es wird durch die Zuordnung lediglich bewertet, ob ein Gegenstand das Ergebnis eines individuellen schöpferischen Schaffens ist.[711] In Anbetracht der Unbestimmtheit des Kunstbegriffs sowie des dem Lauf der Zeit immanenten Wandels der Anschauungen wäre die Verwendung einer Definition von Kunst auch verfehlt.[712]

Die Einordnung der künstlerischen Leistung als Rechtsbegriff schließt nicht aus, dass es zunächst tatsächlicher Feststellungen bedarf.[713] Die Frage, ob eine künstlerische Leistung vorliegt, beinhaltet nämlich einen Tatsachenkern, der unter Umständen eine fachkundige Würdigung erfordert.[714] Die Feststellung der der Beurteilung zugrunde liegenden tatsächlichen Voraussetzungen treffen die Tatgerichte gemäß den allgemeinen Regeln des § 286 ZPO.[715] Das Erfordernis der künstlerischen Leistung ist als Rechtsbegriff im Revisionsverfahren überprüfbar.[716]

Rn. 21 – Wagenfeldleuchte II; *BGH*, GRUR 2016, 490 Rn. 27 – Marcel-Breuer-Möbel II; *Bullinger*, in: Wandtke/Bullinger, UrhR, § 2 Rn. 5.

708 *Bullinger*, in: Wandtke/Bullinger, UrhR, § 2 Rn. 5; *Loewenheim*, in: Loewenheim, Handbuch UrhR, § 5 Rn. 5; *Wandtke*, GRUR 1995, 385, 388.

709 *Loewenheim*, in: Loewenheim, Handbuch UrhR, § 5 Rn. 4, 5; *Schulze*, FS GRUR 100 Jahre II, 1303 Rn. 34; *Wandtke*, GRUR 1995, 385, 388.

710 *Loewenheim*, in: Loewenheim, Handbuch UrhR, § 5 Rn. 5.

711 *Loewenheim*, in: Loewenheim, Handbuch UrhR, § 5 Rn. 4, 5.

712 *Erdmann*, FS Gamm, 389, 390 ff.; *Loewenheim*, in: Loewenheim, Handbuch UrhR, § 5 Rn. 5; so führte bereits das *BVerfG*, NJW 1985, 261, 262 – Anachronistischer Zug, aus, eine Definition des Kunstbegriffs sei unmöglich.

713 *BGH*, GRUR 2004, 941, 942 – Metallbett; *A. Nordemann*, in: Fromm/Nordemann, UrhR, § 2 Rn. 235.

714 Vgl. *Fallert*, GRUR 2014, 719, 719; *A. Nordemann*, in: Fromm/Nordemann, UrhR, § 2 Rn. 235.

715 *BGH*, GRUR 1981, 267, 268 – Dirlada; *BGH*, GRUR 2015, 1189 Rn. 62 – Goldrapper; vgl. *A. Nordemann*, in: Fromm/Nordemann, UrhR, § 2 Rn. 235.

716 *BGH*, GRUR 1961, 635, 637 – Stahlrohrstuhl I; vgl. *BGH*, GRUR 2015, 1189 Rn. 47 – Goldrapper.

3. Beurteilungsmaßstab

a) Sinn und Zweck eines Beurteilungsmaßstabs

Bei der Beurteilung, ob eine künstlerische Leistung vorliegt, soll eine rein subjektive Einschätzung des erkennenden Gerichts vermieden und stattdessen ein objektives Kunstverständnis zu Grunde gelegt werden.[717] Es sollen Extrempositionen von Angehörigen der Fachkreise ausgeschieden werden.[718] Eine mangelnde Aufgeschlossenheit für Kunstanschauungen soll nicht zur Versagung von Urheberrechtsschutz führen können.[719]

b) Maßgeblicher Verkehrskreis

Vor diesem Hintergrund stellt der BGH bei der Beurteilung der Frage, ob eine Gebrauchsgestaltung eine künstlerische Leistung darstellt, auf die für Kunst empfänglichen und mit Kunstanschauungen einigermaßen vertrauten Verkehrskreise ab.[720] Danach ist weder die Meinung des „an Kunst desinteressierten Laien“[721] noch die Expertenmeinung,[722] sondern die Auffassung eines Durchschnittsbetrachters maßgebend.[723] Der Forderung einiger Stimmen im Schrifttum, es sei auf die Ansicht eines Fachmanns mit entsprechenden und notwendigen Kenntnissen oder eine Sachverständigenkammer abzustellen, da diese die urheberrechtliche Schutzfähigkeit eines Werkes besser einzuschätzen

---

717 *Ahlberg*, in: BeckOK UrhR, § 2 Rn. 165; *Bullinger*, in: Wandtke/Bullinger, UrhR, § 2 Rn. 5; *Fallert*, GRUR 2014, 719, 720; *dies.*, GRUR 2016, 248, 248–249; *Gerstenberg*, GRUR 1963, 245, 246; *A. Nordemann*, in: Fromm/Nordemann, UrhR, § 2 Rn. 16, 17; nach *Schulze*, GRUR 1984, 400, 404; *ders.*, in: Loewenheim, Handbuch UrhR, § 9 Rn. 97, lässt sich jedoch letztlich ein subjektives Urteil nicht vermeiden.

718 *Bullinger*, in: Wandtke/Bullinger, UrhR, § 2 Rn. 8; *Fallert*, GRUR 2014, 719, 721; *dies.*, GRUR 2016, 248, 248–249.

719 *Fallert*, GRUR 2014, 719, 721; *dies.*, GRUR 2016, 248, 248–249.

720 *BGH*, GRUR 1961, 635, 638 – Stahlrohrstuhl I; *BGH*, GRUR 1972, 38, 39 – Vasenleuchter; *BGH*, GRUR 1981, 517, 519 – Rollhocker; *BGH*, GRUR 2004, 941, 942 – Metallbett; *BGH*, GRUR 2014, 175 Rn. 26 – Geburtstagszug.

721 *Fallert*, GRUR 2014, 719, 721; vgl. *Gamm*, BauR 1982, 97, 102.

722 *BGH*, GRUR 1957, 391, 394 – Ledigenheim; *BGH*, GRUR 1958, 562, 563 – Candida-Schrift; *Bullinger*, in: Wandtke/Bullinger, UrhR, § 2 Rn. 8; *Dreyer*, in: Dreyer/Kotthoff/Meckel, UrhR, § 2 Rn. 124; *Fallert*, GRUR 2014, 719, 721; *Gamm*, BauR 1982, 97, 102; *Loewenheim*, in: Schricker/Loewenheim, UrhR, § 2 Rn. 162.

723 *BGH*, GRUR 1957, 391, 394 – Ledigenheim; *BGH*, GRUR 1958, 562, 563 – Candida-Schrift; *BGH*, GRUR 2004, 941, 942 – Metallbett; *Bullinger*, in: Wandtke/Bullinger,

vermögen,[724] hat sich die Rechtsprechung bislang nicht angeschlossen. Als ein gewichtiges Argument dagegen wird angeführt, dass jede Zuordnung angesichts der Unbestimmtheit des Begriffs der künstlerischen Leistung sowie der Vielfalt der in der Kunst- und Designwissenschaft vertretenen Auffassungen letztlich nur eine subjektive Auffassung darstelle.[725]

Da es nicht auf die ästhetischen Feinheiten des jeweiligen Fachkenners ankommt, sondern auf das Durchschnittsurteil des kunstverständigen Menschen, besteht allerdings die Gefahr, dass sich der Richter zumeist[726] dem maßgeblichen Verkehrskreis zuordnet.[727]

Ahlberg hält diese (Selbst-)Zuordnung für verfehlt, da – jedenfalls theoretisch – die einschlägigen Verkehrskreise in jedem einzelnen Fall anhand einer Meinungsumfrage bestimmt werden müssten. Allerdings gesteht er zu, dass die Ermittlung der aufgeschlossenen bzw. einigermaßen vertrauten Verkehrskreise praktisch unmöglich und daher, soweit ersichtlich,[728] zu Recht noch nie erfolgt sei.[729]

In dem „Goldrapper"-Urteil entschied der BGH indes für den Bereich des musikalischen Schaffens, es bedürfe, für den Fall, dass sich das erkennende Gericht nicht zum maßgeblichen Verkehrskreis zähle, zur Ermittlung des Verkehrsverständnisses eines durch eine Meinungsumfrage untermauerten

---

UrhR, § 2 Rn. 8; *Dreyer*, in: Dreyer/Kotthoff/Meckel, UrhR, § 2 Rn. 124; *Loewenheim*, in: Schricker/Loewenheim, UrhR, § 2 Rn. 162; *Schulze*, in: Loewenheim, Handbuch UrhR, § 9 Rn. 97.

724 *Gerstenberg*, Die Urheberrechte an Werken der Kunst, S. 50; *ders.*, GRUR 1963, 245, 249, 251; *Schäder*, Die entpersönlichte Kunst, S. 25–26; dazu kritisch *Oettinger*, JZ 1974, 285, 286.

725 Vgl. dazu *A. Nordemann*, in: Fromm/Nordemann, UrhR, § 2 Rn. 16–17.

726 So *Zentek*, Designschutz, S. 74; *Bullinger*, in: Wandtke/Bullinger, UrhR, § 2 Rn. 7, geht noch weiter und meint, der Richter zähle sich stets zum maßgeblichen Verkehrskreis; eine ständige Zuordnung des Gerichts zu den maßgeblichen Verkehrskreisen könnte mit *Fallert*, GRUR 2016, 248, 249, bereits aus dem Umstand folgen, dass nach *Ahlberg*, in: BeckOK UrhR, § 2 Rn. 166 und *A. Nordemann*, in: Fromm/Nordemann, UrhR, § 2 Rn. 35, soweit ersichtlich noch nie eine Meinungsumfrage erfolgt ist.

727 So etwa in *BGH*, GRUR 1957, 291, 294 – Europapost; *BGH*, GRUR 1979, 332, 336 – Brombeerleuchte; so auch *Schack*, KUR 2008, 141, 147; ähnlich auch *Kur*, FS Schricker, 503, 509.

728 So auch *A. Nordemann*, in: Fromm/Nordemann, UrhR, § 2 Rn. 35.

729 *Ahlberg*, in: BeckOK UrhR, § 2 Rn. 166; ähnlich auch *W. Nordemann*, UFITA 50/1967, 906, 910.

Sachverständigengutachtens.[730] Doch zweifelte der BGH bereits vor 50 Jahren die Untauglichkeit einer öffentlichen Meinungsbefragung durch ein Meinungsinstitut an. Der BGH begründete dies mit den enormen Unsicherheiten, welche die Ermittlung der Kunstwerkseigenschaft durch eine öffentliche Meinungsbefragung mit sich brächten: Es könne nur schwerlich geklärt werden, ob die Befragten ausreichende Kenntnisse über die für die Beurteilung der Schöpfungshöhe erforderlichen Anknüpfungstatsachen, insbesondere den vorbekannten Formenschatz, verfügten.[731] Im Gegensatz zu *Ahlberg* stellte der BGH in seiner Begründung also nicht auf die praktische Unmöglichkeit der Ermittlung der maßgeblichen Verkehrskreise ab.

c) Kritik: Keine Objektivität des Beurteilungsmaßstabs

An diesem Beurteilungsmaßstab der Rechtsprechung wird insbesondere kritisiert, er bringe gerade keine Objektivität mit sich und laufe letztlich auf eine subjektive Wertung des Richters hinaus.[732] Weder die herrschende Anschauung noch der maßgebliche Verkehrskreis seien objektiv, also wertungsfrei, bestimmbar oder empirisch abgrenzbar.[733] Der herrschenden Anschauung liege nämlich ein fiktiver Durchschnittsbegriff zugrunde, „dessen Anschauung normativ durch das Gericht zu bestimmen" sei.[734] Gleiches gelte für die Bestimmung des maßgeblichen Verkehrskreises. Folglich könne sich der Richter trotz der Formel zum alleinigen Definitionskompetenzträger erheben.[735] Außerdem wird angeführt, dass schon nicht bestimmt werden könne, was Kunst sei, wie könne dann bestimmt werden, wer dem Kreis angehöre, der Kunst definieren solle.[736] Die Formel der Rechtsprechung verfehle ihren Zweck, der gerichtlichen Entscheidung

730 *BGH*, GRUR 2015, 1189 Rn. 63 – Goldrapper, vgl. zum Lauterkeitsrecht: *BGH*, GRUR 2012, 215 Rn. 14 – Zertifizierter Testamentsvollstrecker; *BGH*, GRUR 2013, 401 Rn. 32 – Biomineralwasser.

731 *BGH*, GRUR 1959, 289, 291 – Rosenthal-Vase.

732 Vgl. *Fallert*, GRUR 2014, 719, 721; *Mahr*, Designschutz, S. 150; *W. Nordemann*, UFITA 50/1967, 906, 909; *Schrader*, WRP 2017, 1421 Rn. 26, 29.

733 *Fallert*, GRUR 2014, 719, 721; *dies.*, GRUR 2016, 248, 250; ähnlich auch *Ahlberg*, in: BeckOK UrhR, § 2 Rn. 166; *W. Nordemann/A. Nordemann*, FS Fezer, 777, 783; *Pilgrim*, Der urheberrechtliche Schutz der angewandten Formgestaltung, S. 52–54; *Schricker*, GRUR 1996, 815, 819.

734 *Fallert*, GRUR 2014, 719, 721.

735 *Fallert*, GRUR 2014, 719, 721; vgl. *Oettinger*, JZ 1974, 285, 286.

736 *Ahlberg*, in: Beck OK UrhR § 2 Rn. 110; *Schrader*, WRP 2017, 1421 Rn. 25.

ein objektives Kunstverständnis zugrunde zu legen und es herrsche immer noch Willkür.[737]

4. Beurteilungsgrundlage und Rolle von Sachverständigen

a) Beurteilungsgrundlage

Um den Grad der im Gebrauchsgegenstand verkörperten Individualität, und damit das Erreichen der erforderlichen Schöpfungshöhe beurteilen zu können, bedarf es neben der Kenntnis der streitgegenständlichen Gestaltung mit ihren vorgegebenen Gestaltungselementen,[738] des vorbekannten Formenschatzes respektive der Gesamtheit der vorbestehenden Gestaltungen,[739] insbesondere des in diesem Bereich existierenden Allgemeinguts,[740] sowie der Einschätzung der Fähigkeiten eines Durchschnittsgestalters.[741] Nur mit diesem Wissen können die eigenschöpferischen Züge einer Gestaltung erkannt und vom rein handwerklichen Schaffen hinreichend abgegrenzt werden.

Der entscheidende Zeitpunkt für die Beurteilung der urheberrechtlichen Schutzfähigkeit ist der Zeitpunkt der Schöpfung des Werkes.[742]

b) Die Notwendigkeit der Hinzuziehung eines Sachverständigen

aa) Geschichtlicher Überblick zur prozessualen Rolle der Sachverständigen

(1) Die Hinzuziehung von Sachverständigen unter Geltung des Kunsturhebergesetzes bis zum Nationalsozialismus

Die Rechtsprechungsformel, wonach ein Werk der angewandten Kunst einen solchen Grad an ästhetischem Gehalt aufweisen muss, „dass nach Auffassung der für Kunst empfänglichen und mit Kunstanschauungen einigermaßen

---

737 Vgl. *Fallert*, GRUR 2014, 719, 721.

738 Vgl. *BGH*, GRUR 2004, 941, 942 – Metallbett; *Schulze*, in: Dreier/Schulze, UrhG, § 2 Rn. 59.

739 *BGH*, GRUR 1959, 289, 290 – Rosenthal-Vase; *BGH*, GRUR 1972, 38, 39 – Vasenleuchter; *BGH*, GRUR 2004, 941, 942 – Metallbett; *OLG Düsseldorf*, GRUR-RR 2001, 294, 295 – Spannring; *Bullinger*, in: Wandtke/Bullinger, UrhR, § 2 Rn. 9–10; *A. Nordemann*, in: Fromm/Nordemann, UrhR, § 2 Rn. 235; vgl. *Schulze*, in: Dreier/Schulze, UrhG, § 2 Rn. 59.

740 Vgl. *BGH*, GRUR 2015, 1189 Rn. 53 – Goldrapper.

741 *A. Nordemann*, in: Fromm/Nordemann, UrhR, § 2 Rn. 235.

742 *BGH*, GRUR 1961, 635, 638 – Stahlrohrstuhl I; *Ahlberg*, in: BeckOK UrhR, § 2 Rn. 167; *Bullinger*, in: Wandtke/Bullinger, UrhR, § 2 Rn. 12; *Schulze*, in: Dreier/Schulze, UrhG, § 2 Rn. 35.

vertrauten Kreise von einer ‚künstlerischen' Leistung gesprochen werden kann",[743] ist – wie unter **C.II.1.c)bb)** dargestellt – auf die „Schulfraktur"-Entscheidung des Reichsgerichts aus dem Jahr 1911 zurückzuführen.[744] Zu dieser Zeit gab es eine gesetzliche Regelung im Kunsturhebergesetz, die Sachverständigenkammern vorsah.[745] In § 46 Abs. 1 KUG hieß es: „Für sämtliche Bundesstaaten sollen Sachverständigenkammern bestehen, die verpflichtet sind, auf Erfordern der Gerichte und der Staatsanwaltschaften Gutachten über die an sie gerichteten Fragen abzugeben." Im Folgenden wurden fünf Sachverständigenkammern, namentlich für literarisches, künstlerisches, musikalisches, photographisches und gewerbliches Urheberrecht eingerichtet, deren Ansicht in jedem einschlägigen Rechtsstreit hinzugezogen wurde.[746] Die Auswertung einiger Gutachten der künstlerischen Sachverständigenkammer erlaubt den Schluss, dass sich in den von den Gerichten hinzugezogenen Gutachten die künstlerische Sachverständigenkammer nicht nur zu den Anknüpfungstatsachen, die für eine rechtliche Einschätzung der Schöpfungshöhe (künstlerische Leistung) erforderlich waren, äußerten. Vielmehr bezogen sie zu der Frage gutachterlich Stellung, ob es sich bei der betreffenden Gestaltung um eine individuelle künstlerische Leistung und damit um ein Erzeugnis des Kunstgewerbes nach §§ 1, 2 KUG handelte.[747] Hervorzuheben ist, dass die damals erkennenden Gerichte ausdrücklich

743 *BGH*, GRUR 2011, 803 Rn. 31 – Lernspiele; *BGH*, GRUR 2012, 58 Rn. 17 – Seilzirkus; vgl. *BGH*, GRUR 1967, 315, 316 – skaicubana; *BGH*, GRUR 1972, 38, 39 – Vasenleuchter; *BGH*, GRUR 1983, 377, 378 – Brombeer-Muster.

744 *RG*, RGZ 76, 339, 344 – Schulfraktur.

745 Das Sachverständigenwesen hatte eine lange Tradition. Dem Gesetz vom 11.6.1837 entsprechend wurde der Preußische literarische Sachverständigenverein gegründet. Am 19.1.1901 wurden die Literarische und Musikalische Sachverständigenkammer ins Leben gerufen, vgl. *Zentek*, Acht Jahrzehnte verkanntes Design, S. 109.

746 Vgl. *Zentek*, Designschutz, S. 75.

747 Vgl. dazu folgende Gutachten: „Schutz einer Schönschrift (Deutsche Schrift)" v. 29.9.1917, 137, 138; „Schutz von Möbeln" v. 21.6.1920, 158, 159–160; „Stoff-Puppe" v. 23.11.1923, 163, 164–165; „Aktien und Dividendenscheine" v. 28.2.1925, 147, 148–150; „Nachttischlampe" v. 16.4.1926, 161, 162; „Wachsbüsten im Friseurgewerbe" v. 20.12.1928, 173, 173–174; „Schutz einer Schönschrift-Bernhard" v. 28.2.1931, 140, 142–143; „Porzellanarbeiten" v. 9.5.1931, 168, 169; „Grabmal" v. 9.5.1932, 155, 156–157; „Reklamefigur" v. 18.9.1933, 174, 175–176, abgedruckt in: *Wollenberg*, Gutachten der fünf preußischen Sachverständigenkammern. So auch *Eugen Ulmer*, der in dem Schreiben vom 27.7.1954, B 141/16459, S. 110, Bundesarchiv Koblenz, zitiert nach *Zentek*, Acht Jahrzehnte verkanntes Design, S. 252, auf die Praxis der Sachverständigen zu Rechtsfragen Stellung zu nehmen, hinweist.

eine solche Einschätzung und nicht lediglich die Vermittlung von Tatsachen wünschten. So war – jedenfalls sinngemäß – die Fragestellung gebräuchlich: „ob [das streitgegenständliche Erzeugnis] ein Werk der bildenden Künste im Sinne der §§ 1, 2 des Kunstschutzgesetzes ist".[748] Bei den restlichen Gestaltungen war die Erfüllung der vom Gericht gestellten Frage, nur durch Inzident-Prüfung der Schutzfähigkeit nach §§ 1, 2 KUG möglich.[749] Mithin verlangte das Gericht die Einschätzung, ob die Gestaltung die erforderliche Gestaltungshöhe aus Sicht der Fachkreise erreicht.

Bis in die 1930er Jahre wurde von dieser Norm Gebrauch gemacht und die Einbindung von Sachverständigen innerhalb der Sachverständigenkammern bei Gericht stellte die Regel dar.[750]

Zu Zeiten des Nationalsozialismus wurde die Möglichkeit der Einholung von Gutachten der Sachverständigenkammern nach § 46 KUG nicht in Anspruch genommen.[751] Stattdessen wurden die Einzelkammern der erschaffenen Reichskulturkammer zur Erstellung von Gutachten beauftragt.[752]

(2) Keine Wiederbelebung der Sachverständigenkammern

Im Jahr 1950 ergab eine Befragung[753] der einzelnen Justizverwaltungen durch das Bundesjustizministerium, dass weder Sachverständigenkammern gemäß § 46 KUG existierten noch nach Ende des zweiten Weltkriegs wiederbelebt wurden.[754] Nachdem die Gutachten zur Entwicklung der urheberrechtlichen Rechtsprechungspraxis gemäß der Ansicht der Justizminister einen großen

---

748 „Schutz einer Schönschrift-Bernhard" v. 28.2.1931, 140, 141; ähnlich: „Stoff-Puppe" v. 23.11.1923, 163, 164; „Aktien und Dividendenscheine" v. 28.2.1925, 147, 148; „Porzellanarbeiten" v. 9.5.1931, 168, 168; „Grabmal" v. 9.5.1932, 155, 156; „Reklamefigur" v. 18.9.1933, 174, 175, abgedruckt in: *Wollenberg*, Gutachten der fünf preußischen Sachverständigenkammern.

749 „Schutz einer Schönschrift (Deutsche Schrift)" v. 29.9.1917, 137, 137; „Schutz von Möbeln" v. 21.6.1920, 158, 159; „Nachttischlampe" v. 16.4.1926, 161, 161; „Wachsbüsten im Friseurgewerbe" v. 20.12.1928, 173, 173, abgedruckt in: *Wollenberg*, Gutachten der fünf preußischen Sachverständigenkammern.

750 *Zentek*, UFITA 2016-I, 35, 54; vgl. *dies.*, Acht Jahrzehnte verkanntes Design, S. 108–109.

751 *Zentek*, UFITA 2016-I, 35, 75; *dies.*, Acht Jahrzehnte verkanntes Design, S. 109.

752 Bundesjustizministerium, Referentenentwürfe zur Urheberrechtsreform, 1954, S. 251; vgl. dazu *Zentek*, UFITA 2016-I, 35, 75.

753 Rundschreiben vom 18.7.1950, B 141/16459, S. 4, Bundesarchiv Koblenz, zitiert nach *Zentek*, Acht Jahrzehnte verkanntes Design, S. 244.

754 *Zentek*, Acht Jahrzehnte verkanntes Design, S. 244, 316.

Beitrag geleistet hätten, sollten die Regelungen über die Sachverständigenkammern im Kern im Referentenentwurf des Urheberrechtsgesetzes beibehalten werden.[755] Die Verpflichtung der Landesjustizverwaltungen zur Errichtung von Sachverständigenkammern wurde in dem ersten Referentenentwurf von 1954 in § 123 UrhG-Ref-E aufgenommen.[756] Diese Regelung des Referentenentwurfs wurde später dahingehend modifiziert, dass die Einrichtung von Sachverständigenkammern den Landesjustizverwaltungen anheimgestellt wurde.[757] In der Schlussphase der Reform kam es indes zu einigen Weiterungen betreffend die Sachverständigenfrage, die schließlich darin mündeten, dass das Bundesjustizministerium die Sachverständigenkommission Mitte Juli 1954 unzutreffend darüber informierte, die meisten Länder seien der Ansicht, ein Bedürfnis für die Einrichtung der Sachverständigenkammern bestehe nicht.[758]

Die Rechtsprechung ersetzte alsdann die Sicht der Sachverständigen durch den Eindruck des Gerichts.[759] Der BGH führte etwa aus, „entscheidend für die Frage, ob nach den im Leben herrschenden Anschauungen von Kunst gesprochen werden kann, sind nicht die geschmacklichen Feinheiten, die ein auf gleichem Gebiet arbeitender Fachkenner herausfühlt, sondern der ästhetische Eindruck, den das Werk nach dem durchschnittlichen Urteil des für Kunst empfänglichen und mit Kunstdingen einigermaßen vertrauten Menschen vermittelt."[760]

Folglich wurde die Forderung nach einer vergleichbaren Regelung im Zuge der Urheberrechtsreform nicht erfüllt.[761] Der Regierungsentwurf enthielt keine ähnliche Regelung mehr. Die Nichtübernahme des Sachverständigenwesens rechtfertigte der Gesetzgeber im Rahmen der Erläuterung des § 115 UrhG-E[762] mit einem anscheinend fehlenden praktischen Bedürfnis. Schließlich hätten die

755 Schreiben vom 4.8.1952, B 141/16549, S. 43, Bundesarchiv Koblenz, zitiert nach *Zentek*, Acht Jahrzehnte verkanntes Design, S. 246; vgl. auch Bundesjustizministerium, Referentenentwürfe zur Urheberrechtsreform, 1954, S. 251–252.

756 Erster Entwurf, Referentenentwurf, B 141/1551, Bundesarchiv Koblenz, zitiert nach *Zentek*, Acht Jahrzehnte verkanntes Design, S. 247.

757 Bundesjustizministerium, Referentenentwürfe zur Urheberrechtsreform, 1954, S. 252 (§ 126 Abs. 1); vgl. auch *Zentek*, Acht Jahrzehnte verkanntes Design, S. 247–248, 317.

758 Schreiben v. 12.7.1954, B 141/2656, S. 98, Bundesarchiv Koblenz, zitiert nach *Zentek*, Acht Jahrzehnte verkanntes Design, S. 251; siehe ausführlich dazu *Zentek*, Acht Jahrzehnte verkanntes Design, S. 249 ff., 319

759 *Zentek*, Acht Jahrzehnte verkanntes Design, S. 258 ff.

760 *BGH*, GRUR 1957, 291, 294 – Europapost.

761 *Zentek*, UFITA 2016-I, 35, 87–88; *dies.*, Acht Jahrzehnte verkanntes Design, S. 109.

762 Entwurf eines Gesetzes über Urheberrecht und verwandte Schutzrechte, BT-Drucks. IV/270.

Länder, mit Ausnahme von Berlin, seit Langem keinen Gebrauch mehr von ihrer Ermächtigung gemacht.[763] Anstelle einer § 46 KUG vergleichbaren Vorschrift wurde § 115 UrhG-E[764] in den Regierungsentwurf aufgenommen. Danach wurden die Landesregierungen ermächtigt, Rechtsstreitigkeiten auf dem Gebiet des Urheberrechts für mehrere Gerichtsbezirke einzelnen Land- und Amtsgerichten zuzuweisen, sofern dies der Rechtspflege dienlich sei. Schließlich ist „das Urheberrecht […] ein Gebiet, mit dem nicht jeder Richter in ausreichendem Maße vertraut sein kann. Eine einwandfreie Rechtsprechung auf diesem Gebiet setzt Erfahrungen voraus, die das erkennende Gericht nur gewinnen kann, wenn es ständig mit Rechtsstreitigkeiten dieser Art befaßt ist".[765]

Das heißt, nach dem zweiten Weltkrieg wurden die Sachverständigenkammern nicht wiederbelebt respektive neu gebildet.[766] Vielmehr entstand – quasi als Ersatz für die Regelung des § 46 KUG – eine Ermächtigungsgrundlage der Landesregierung zur Konzentration der Gerichtszuständigkeit betreffend Urheberrechtsstreitsachen.[767]

bb) Eigene Sachkunde des Gerichts

(1) Grundsatz

Einen Sachverständigen hinzuzuziehen, ist dann nicht erforderlich, wenn das Gericht selbst über eigene Sachkunde verfügt.[768] Zumeist verfügen die Mitglieder eines spezialisierten Spruchkörpers über ausreichend Sachverstand, um die tatsächlichen Feststellungen, die zur Beurteilung der Schutzfähigkeit eines Werkes nötig sind, selbst zu treffen.[769] Schließlich ist der Richter aufgrund seiner Sonderzuständigkeit, welche der Ermächtigung aus § 105 UrhG geschuldet ist, hinreichend mit der Materie, also mit Urheberrechts- und Designsachen, betraut.[770]

---

763 Begründung des Entwurfes eines Gesetzes über Urheberrecht und verwandte Schutzrechte, BT-Drucks. IV/270, S. 36.

764 § 115 des Regierungsentwurfes wurde vollständig in § 105 UrhG in der Fassung vom 9.9.1965 übernommen, welche am 1.1.1966 in Kraft trat.

765 Begründung des Entwurfes eines Gesetzes über Urheberrecht und verwandte Schutzrechte, BT-Drucks. IV/270, S. 106.

766 Siehe dazu ausführlich *Zentek*, UFITA 2016-I, 35, 81 ff.; *dies.*, Acht Jahrzehnte verkanntes Design, S. 244 ff.

767 Kritisch dazu Zentek, Acht Jahrzehnte verkanntes Design, S. 272.

768 *BGH*, GRUR 2004, 941, 942 – Metallbett; *Dreyer*, in: Dreyer/Kotthoff/Meckel, UrhR, § 2 Rn. 146, 150; *A. Nordemann*, in: Fromm/Nordemann, UrhR, § 2 Rn. 244.

769 *Bullinger*, in: Wandtke/Bullinger, UrhR, § 2 Rn. 7.

770 *Bullinger*, in: Wandtke/Bullinger, UrhR, § 2 Rn. 7.

(2) Im Bereich der angewandten Kunst

Die Praxis der Rechtsprechung im Bereich der angewandten Kunst wird vom Schrifttum unterschiedlich dargestellt: Nach *Schulze* wird gelegentlich,[771] gemäß *Ahlberg* häufig,[772] ein Sachverständigengutachten zur Vermittlung der Anknüpfungstatsachen eingeholt. *Bullinger* betont, die Einbindung von Sachverständigen sei üblich.[773] *Dreyer* führt aus, ein Sachverständigengutachten sei im Allgemeinen erforderlich.[774] *Mezger* und *Zentek* sind hingegen der Ansicht, eines Sachverständigenbeweises bedürfe es nach der Rechtsprechung in einem urheberrechtlichen Rechtsstreit regelmäßig nicht.[775]

(3) Regelmäßige Erforderlichkeit der Hinzuziehung eines Sachverständigen nach der „Goldrapper"-Entscheidung

Die „Goldrapper"-Entscheidung könnte einen Umbruch in der praktischen Handhabung durch die Gerichte im Bereich der kleinen Münze bewirken. Der BGH führte in der Entscheidung aus, dem Richter fehle in der Regel die eigene Sachkunde, wenn es um die Beurteilung der Schutzfähigkeit einer Musiksequenz geht.[776]

α) Die „Goldrapper"-Entscheidung

Gegenstand der „Goldrapper"-Entscheidung war im Wesentlichen[777] die Beurteilung der urheberrechtlichen Schutzfähigkeit einer zehn sekundenlangen Musiksequenz der Klägerin, welche vom Beklagten gesampelt und in einer sich wiederholenden Tonschleife übernommen wurde. Dieser Tonschleife wurde anschließend ein Beat untergelegt und darüber ein Sprechgesang aufgenommen.[778] Das Berufungsgericht bejahte die Schutzfähigkeit auf Grund eigener Sachkunde. Dies rügte die Revision erfolgreich.[779] Nach dem BGH sind die Mitglieder des Berufungsgerichts fälschlicherweise davon ausgegangen, die Einbindung eines Sachverständigen betreffend die Abweichung zum vorbekannten

771 *Schulze*, in: Dreier/Schulze, UrhG, § 2 Rn. 59.

772 *Ahlberg*, in: BeckOK UrhR, § 2 Rn. 166.

773 *Bullinger*, in: Wandtke/Bullinger, UrhR, § 2 Rn. 9.

774 *Dreyer*, in: Dreyer/Kotthoff/Meckel, UrhR, § 2 Rn. 150.

775 *Mezger*, Die Schutzschwelle für Werke angewandter Kunst, S. 20; *Zentek*, Designschutz, S. 756.

776 *BGH*, GRUR 2015, 1189 Rn. 64 – Goldrapper.

777 Die anderen Aspekte, insbesondere die problematische Aktivlegitimation des Klägers, sind für die vorliegende Arbeit nicht von Bedeutung.

778 *BGH*, GRUR 2015, 1189, 1189 – Goldrapper.

779 *BGH*, GRUR 2015, 1189 Rn. 59 – Goldrapper.

und üblichen Formenschatz sei nicht notwendig, weil sie aufgrund ihrer Zugehörigkeit zum maßgeblichen Verkehrskreis über eigene Sachkunde verfügten. Die Tatrichter hatten ausgeführt, sie zählten teilweise aus eigener musikalischer Praxis und teilweise aufgrund ihrer Stellung als Richter in einem auf Urheberrechtsverletzungen spezialisierten Senat dazu.[780]

Der BGH hielt dem entgegen, selbst wenn Mitglieder eines Kollegialgerichts der Auffassung seien, sie gehörten den maßgeblichen Verkehrskreisen an, bedeute dies nicht zwingend, dass auf sachverständige Hilfe bei der Feststellung der Tatsachen verzichtet werden könne.[781] Gerade in Grenzfällen zwischen Schutzfähigkeit und Schutzlosigkeit, also der kleinen Münze, sei die Abgrenzung zu rein handwerklichem Schaffen unter Verwendung formaler Gestaltungselemente, die auf den Lehren von Harmonik, Rhythmik und Melodik beruhten oder sonst zum musikalischen Allgemeingut gehörten, notwendig. In der Regel sei dann für die tatrichterliche Würdigung die Hinzuziehung eines Sachverständigen erforderlich.[782] Theoretische Kenntnisse der Lehren der Harmonik, Rhythmik und Melodik sowie spezielles Wissen über die Üblichkeit der Verwendung von Gestaltungsmitteln in der maßgeblichen Musikrichtung seien unabdingbar. Allein die Stellung als Mitglied eines Senates für Urheberrechtssachen genüge nicht.[783]

β) Übertragbarkeit der Grundsätze auf den Bereich der angewandten Kunst

Hiernach stellt sich die Frage, ob das in der „Goldrapper"-Entscheidung postulierte Erfordernis einer regelmäßigen Einbindung von Sachverständigen zur Bestimmung der Anknüpfungstatsachen auf den Bereich der angewandten Kunst übertragbar ist. Schließlich betraf das Urteil inhaltlich das musikalische Schaffen und nicht die Werke der angewandten Kunst.

Indem der BGH im „Goldrapper"-Urteil entschied, für die Beurteilung der schöpferischen Eigentümlichkeit im Bereich der kleinen Münze werde im Regelfall die Hilfe eines Sachverständigen unerlässlich sein,[784] verhielt er sich nicht nur zu dem streitgegenständlichen Einzelfall, sondern judizierte, im Bereich der kleinen Münze sei generell die Hinzuziehung eines Sachverständigen notwendig. Und das, obwohl Streitgegenstand nämlicher Entscheidung ein musikalisches Randgebiet, nämlich „Gothic-Musik", war, der BGH folglich die Möglichkeit

780 *BGH*, GRUR 2015, 1189 Rn. 61 – Goldrapper.
781 *BGH*, GRUR 2015, 1189 Rn. 63 – Goldrapper.
782 *BGH*, GRUR 2015, 1189 Rn. 64 – Goldrapper.
783 *BGH*, GRUR 2015, 1189 Rn. 66 – Goldrapper.
784 *BGH*, GRUR 2015, 1189 Rn. 64 – Goldrapper.

gehabt hätte, die Frage nach der Hinzuziehung eines Sachverständigen allein unter Hinweis auf die Spezialmaterie zu beantworten. Die Unerlässlichkeit sachverständiger Hilfe sei dem Umstand geschuldet, dass eine Abgrenzung des schöpferischen vom rein handwerklichen Schaffen unter Verwendung formaler Gestaltungselemente im Bereich der kleinen Münze musikalischen Schaffens nicht ohne Weiteres möglich sei.[785] Dem Richter fehle häufig das hierfür erforderliche theoretische Wissen bezüglich Harmonik, Rhythmik, Melodik und der Verwendung der üblichen Gestaltungsmittel in der maßgeblichen Musikrichtung.[786]

Soweit der BGH hiernach richterliche Kenntnis um musikalische Analyseparameter respektive musikalische Regeln forderte, ist zu betonen, dass bei Design-Leistungen ebenso Detailwissen betreffend Gestaltungslehren, Gestaltungsmitteln, Form- und Farbgebung, Einsatz von Materialien und anderen Umständen erforderlich ist, um handwerkliches Schaffen zu erkennen. Um außerdem beurteilen zu können, was zum vorbekannten Formenschatz zählt, ist – wie Angehörige der Fachkreise unter **B.III.2.c)cc)** ausführen – ein eingehender Marktüberblick erforderlich.[787] Ferner tritt im Bereich der angewandten Kunst hinzu, dass Form und Funktion – wie unter **B.I.2.a)** dargelegt – häufig ineinandergreifen, was die Differenzierung zwischen den nicht den Urheberrechtsschutz begründenden Elementen, die einem Gebrauchszweck dienen, und solchen, die frei gewählt sind, von Detailkenntnis und sprachlicher Präzision abhängig macht; das heißt, die Unterscheidung nicht minder anspruchsvoll ist als im Bereich der Musik.

Dies gilt insbesondere, weil die angewandte Kunst, ebenso wie die Musik, ein sehr breites Spektrum[788] an unterschiedlichen Gestaltungen umfasst. Bereits aus der Vielgestaltigkeit der Bereiche folgt beinahe zwangsläufig, dass das erkennende Gericht nicht allzu häufig die zur Einschätzung notwendigen theoretischen und praktischen Kenntnisse besitzen kann.

Folglich bedarf es bei der Abgrenzung schöpferischen vom handwerklichen Schaffen sowohl bei Musikwerken als auch von Werken angewandter Kunst eines speziellen Wissens. Weshalb hier vertreten wird, dass das Postulat des BGH nach einer regelmäßigen Hinzuziehung von Sachverständigen, soweit Gestaltungen im Bereich der kleinen Münze musikalischen Schaffens in Streit stehen, künftig

785 Vgl. *BGH*, GRUR 2015, 1189 Rn. 64 – Goldrapper.
786 Vgl. *BGH*, GRUR 2015, 1189 Rn. 66 – Goldrapper; so auch *Peifer*, LMK 2016, 376107.
787 Vgl. *Funke*, Telef. Gespräch v. 10.5.2016; *Naumann*, Telef. Gespräch v. 21.6.2016.
788 Vgl. dazu die Übersicht der Werke der angewandten Kunst in: *Mezger*, Die Schutzschwelle für Werke der angewandten Kunst, S. 57–66.

auf die Einschätzung der Gestaltungshöhe von Werke angewandter Kunst zu übertragen ist. Nicht zuletzt entsprach die Einholung von Sachverständigenrat schon vor der Entscheidung gängiger Praxis.[789] Die These, in diesen beiden Bereichen bedürfe es regelmäßig der Einholung eines Sachverständigengutachtens, fügt sich mithin in die praktische Übung ein, insbesondere, da der Schutz der kleinen Münze bei Werken angewandter Kunst erst in der „Geburtstagszug"-Entscheidung in Anbetracht der Neugestaltung des Designrechts bestätigt wurde. Im Bereich der angewandten Kunst erachteten die Gerichte Sachverständigenhilfe in einigen Fällen sogar dann für notwendig, wenn Gebrauchsgestaltungen Beurteilungsgegenstand waren, die die Durchschnittsgestaltung deutlich und nicht lediglich geringfügig,[790] überragten. Und zwar gilt dies, obwohl eine Art Sachverständigen-Automatismus durchaus nicht zwingend vorteilhaft sein muss: Die Einholung von Gutachten kann kostenintensiv sein, die Dauer des Rechtsstreits verlängern[791] und damit das Prozessrisiko für den oftmals nicht übermäßig finanzstarken Urheber nennenswert erhöhen.[792]

Festzuhalten ist, dass die Beteiligung von Sachverständigen im Rahmen der Einschätzung der Urheberrechtsfähigkeit von Werken angewandter Kunst – nachdem nun auch die „kleine Münze" geschützt wird – in Zukunft eine deutlich größere Rolle spielen wird. Insbesondere wird die von der Rechtsprechung allzu häufig gebrauchte Wendung, aus der Zugehörigkeit zum maßgeblichen Verkehrskreis folge die eigene Sachkunde zur Tatsachenfeststellung,[793] nicht mehr stichhaltig sein. Vielmehr wird das Gericht, sofern es sich auf eigene Sachkunde aufgrund seiner Beschäftigung mit Urheberrechtsverletzungen beruft, Art und Umfang seiner Praxis detailliert aufzeigen, also Inhalt und Umfang der eigenen Sachkunde dem Rechtsmittelgericht darlegen müssen.[794]

---

789 Jedenfalls, wenn man *Ahlberg*, in: BeckOK UrhR, § 2 Rn. 166, *Bullinger,* in: Wandtke/Bullinger, UrhR, § 2 Rn. 9 und *Dreyer*, in: Dreyer/Kotthoff/Meckel, UrhR, § 2 Rn. 150, glauben mag, siehe ausführlich unter **C.VI.4.b)bb)(2)**.

790 Dies folgt aus dem Umstand, dass bei Gebrauchsgestaltungen im Bereich der kleinen Münze die Anwendbarkeit des Urheberrechts nach alter Rechtsprechung per se ausgeschlossen war.

791 So auch *Peifer*, LMK 2016, 376107.

792 So auch *Hartmann*, WRP 2016, 1327 Rn. 44.

793 Vgl. *BGH*, GRUR 2004, 941, 942 – Metallbett; *OLG Köln*, GRUR-RR 2015, 275 Rn. 26 – Airbrush-Urnen.

794 Vgl. *BGH*, GRUR 2015, 1189 Rn. 66 – Goldrapper.

c) *Umfang des Sachverständigenbeweises*

aa) *Theoretischer Umfang*

Die Entscheidung, ob eine künstlerische Leistung vorliegt, wird nach Maßgabe eines Durchschnittsbetrachters getroffen. Die Anknüpfungstatsachen, die der rechtlichen Würdigung zugrunde liegen, müssen bei fehlender gerichtlicher Sachkunde indes von einem Sachverständigen vermittelt werden.[795] Ein Sachverständigengutachten hat danach beispielsweise zu klären, welche Elemente zum vorgegebenen oder bekannten Formenschatz zählen, und welche Elemente sich von diesen – wodurch und in welchem Umfang – unterscheiden.[796] Von der Zuständigkeit des Sachverständigen nicht erfasst ist hingegen die Einschätzung, ob die Gestaltung Urheberrechtsschutz verdient.

bb) *Handhabung in der Praxis*

In der Praxis beschränken sich die Sachverständigen gleichwohl nicht immer auf die Darstellung der Anknüpfungstatsachen, sondern wagen sich nicht selten in „das Normative" hinein. Das heißt, sie geben eine Bewertung dahin ab, ob die Gestaltung eigenschöpferisch respektive künstlerisch ist. Und diese Praxis findet sich nicht nur in Parteigutachten, sondern ebenfalls in Gerichtsgutachten.[797] Sobald der Sachverständige Ausführungen zur Eigentümlichkeit macht,[798] überschreitet er streng genommen seine Zuständigkeiten. Derartige Ausführungen dürfen vom Gericht jedenfalls nicht ohne Weiteres übernommen werden. Eine Formulierung in den Urteilsgründen dahin: „Wie von dem Sachverständigen überzeugend ausgeführt, handelt es sich um eine künstlerische Leistung", würde die Entscheidung rechtsfehlerhaft und damit das Urteil revisibel machen. Immerhin entzieht sich der Richter in diesem Fall seiner eigenen Aufgabe der Rechtsfindung. Festzuhalten ist nach alledem, dass allein das Gericht nach Maßgabe des Durchschnittsbetrachters zu entscheiden hat, ob das Werk in Anbetracht der ermittelten Anknüpfungstatsachen die nötige Gestaltungshöhe erreicht.[799]

---

795 Vgl. *Bullinger*, in: Wandtke/Bullinger, UrhR, § 2 Rn. 9, 10, 12; *Fallert*, GRUR 2014, 719, 722.

796 Vgl. *BGH*, GRUR 1958, 562, 562–563 – Candida-Schrift; *BGH*, GRUR 1972, 38, 39 – Vasenleuchter.

797 Vgl. *BGH*, GRUR 1959, 289, 290 – Rosenthal-Vase; *BGH*, GRUR 1972, 38, 39 – Vasenleuchter.

798 Wie in *BGH*, GRUR 1959, 289, 290 – Rosenthal-Vase; *BGH*, GRUR 1972, 38, 39 – Vasenleuchter.

799 So auch *Bullinger*, in: Wandtke/Bullinger, UrhR, § 2 Rn. 9.

d) *Zusammenfassung*

Die Anknüpfungstatsachen stellen die Grundlage der normativen Entscheidung dar. Die vollständige Kenntnis derselben ist notwendig, um aus dem Blickwinkel der mit den Kunstanschauungen einigermaßen vertrauten und hierfür aufgeschlossenen Kreise, namentlich der kunstinteressierten Laien, einzuschätzen, ob einer Gebrauchsgestaltung die Qualität einer künstlerischen Leistung beikommt. Nachdem sich der Anwendungsbereich der angewandten Kunst nun auf die „kleine Münze" erstrecken soll, ist insbesondere angesichts der „Goldrapper"-Entscheidung zu erwarten, dass in Zukunft noch häufiger sachverständige Hilfe bei der Vermittlung der Anknüpfungstatsachen hinzugezogen werden wird. In diesem Grenzbereich und in Anbetracht des mannigfaltigen Bereichs der angewandten Kunst wird dem einzelnen Richter allzu oft die eigene Sachkunde zur Feststellung fehlen. Gleichwohl sollte in jedem Einzelfall eine kritische Selbsteinschätzung des erkennenden Gerichts erfolgen, um einerseits die Prozessführung nicht unnötig zu erschweren und andererseits sachgerechte Entscheidungen fällen zu können.

5. Das Merkmal „künstlerische Leistung" in der Designpraxis und der jüngeren Rechtsprechung

Der BGH verlangt, dass die Gestaltung eine Schöpfungshöhe aufweist, so dass von einer künstlerischen Leistung gesprochen werden kann. Die Vorgabe des BGH ist lediglich, dass bei der Beurteilung, ob eine künstlerische Leistung vorliege, die Sicht der für Kunst empfänglichen und mit den Kunstanschauungen einigermaßen vertrauten Verkehrskreise entscheidend sei.[800] Nähere Angaben dazu, wann konkret diese Schöpfungshöhe erreicht ist, wann eine Gestaltung also eine künstlerische Leistung darstellt, macht er nicht.

Auch die Literatur verhält sich nicht dazu, wann ein Werk diese Gestaltungshöhe erreicht. Exemplarisch merkt *Obergfell* etwa an, die Rechtsprechungsformel bestimme nicht, wann ein Werk künstlerisch sei.[801] Und *Schack* stellt zwar die abstrakte Frage, ab wann genug Gestaltungshöhe vorliege, um von einer künstlerischen Leistung im Gegensatz zur bloß handwerklichen Leistung zu sprechen,[802] lässt aber offen, wie die Antwort lautet. *Peifer* hebt lediglich hervor, „Sie [die Kunst] soll überraschen, nicht beruhigen, sie darf, muss aber nicht gefallen oder gefällig sein. Sie ist ungewöhnlich, neu und provokant und nur,

800 *BGH*, GRUR 2014, 175 Rn. 26 – Geburtstagszug.
801 *Obergfell*, GRUR 2014, 621, 623.
802 *Schack*, JZ 2014, 201, 207.

wenn sie so ist, ist sie kreativ, nämlich eigen und schöpferisch."[803] *Mezger* meint, das Kriterium der künstlerischen Leistung sei im Zusammenhang mit angewandter Kunst anders zu definieren als in Bezug auf die reine Kunst und müsse dementsprechend die Eigenheiten der Gebrauchskunst berücksichtigen.[804] Wie aber eine solche Berücksichtigung konkret erfolgen soll, lässt *Mezger* offen. Vielmehr nennt er lediglich vermeintliche Eigenheiten der Gebrauchskunst, um sie anschließend als nicht mit dem Urheberrecht vereinbar zu bewerten.[805]

Mithin stellt sich die Frage, wann der auf dem Zusammenspiel verschiedener Elemente beruhende Gesamteindruck eines Gebrauchsgegenstands nach Maßgabe des kunstinteressierten Durchschnittsbetrachters künstlerisch ist. Abstrakt zu fassen, was genau unter diesem Kriterium zu verstehen ist, wird selbstverständlich auch hier nicht gelingen, sehr wohl soll der Versuch einer Annäherung unternommen werden. Hierzu wird zunächst die Sicht der einschlägigen Fachkreise sowie anschließend die konkrete Umsetzung der „Geburtstagszug"-Entscheidung durch das OLG Schleswig analysiert.

a) *Künstlerische Leistung in der Design- und Kunstwissenschaft*

Bei der Bestimmung der „künstlerischen Leistung" könnte zunächst die Perspektive der Design- und Kunstwissenschaft hilfreich sein: Nach der Rechtsprechung ist bei der Einschätzung, ob eine Design-Leistung eine künstlerische Leistung ist, nicht die Sicht eines Fachmanns maßgeblich, gleichwohl kann dessen Blickrichtung und Tendenz aufschlussreich sein bzw. Anhaltspunkte bieten.

So stellt – der Rechtsprechung zufolge – etwa die Anerkennung in der Fachwelt ein deutliches Indiz für das Vorliegen ausreichender Schöpfungshöhe, also einer künstlerischen Leistung, dar, und wird somit zur Stützung der urheberrechtlichen Schutzfähigkeit der Gestaltung herangezogen.[806] Zu beachten ist

803 *Peifer*, FS Neuenfeld, 217, 226.

804 *Mezger*, Die Schutzschwelle für Werke der angewandten Kunst, S. 141–142, 144.

805 So heißt es: „Hier [bei einem Unternehmenslogo] geht es um Einfachheit, Klarheit und Wiedererkennbarkeit. Der große Künstler bedient sich im Bereich des Designs gerade der simpelsten Mittel. Kurz gesagt, gilt im Bereich der heutigen angewandten Kunst: je einfacher, desto künstlerischer. Deshalb müssten, wenn man dem beschriebenen Ansatz folgt, bereits einfachste, künstlerisch daher besonders anspruchsvolle Gestaltungen urheberrechtlich geschützt sein. Ein urheberrechtlicher Schutz beispielsweise des Mercedes-Sterns wäre jedoch mit dem Gedanken des Freihaltebedürfnisses unvereinbar.", vgl. *Mezger*, Die Schutzschwelle für Werke der angewandten Kunst, S. 142.

806 *Zentek*, Designschutz, S. 76.

dabei, dass das Verständnis der Fachkreise nicht losgelöst von den urheberrechtlichen Grundsätzen betrachtet werden kann, sondern mit dem Rechtsbegriff der künstlerischen Leistung in Einklang zu bringen ist.

aa) Bestimmung der künstlerischen Leistung

(1) Künstlerische Leistung aus Sicht der Fachkreise

Wie schon unter **B.III.** ausgeführt, ergab die Befragung von mehreren Design- und Kunstprofessoren sowie Museumskuratoren, dass die Design- und Kunstwissenschaft nicht einheitlich zu bestimmen vermag, was konkret unter einer künstlerischen Leistung zu verstehen ist. Es können jedoch die folgenden Näherungswerte aus Sicht der Fachkreise festgehalten werden:

Nach Ansicht einiger Befragten eignet sich das Kriterium der künstlerischen Leistung nicht zur Beurteilung einer Produktgestaltung[807] bzw. ist jedenfalls missverständlich.[808] Vermehrt sprachen sie sich für die Ersetzung des Begriffs „künstlerische Leistung" durch andere Begriffe wie etwa „gestalterische Leistung",[809] „gestalterische Leistung hoher Qualität",[810] oder „gestalterische, kreative Leistung"[811] aus. Andere wiederum störten sich an dem Erfordernis der künstlerischen Leistung in Bezug auf Produktgestaltungen nicht und nannten unmittelbar Kriterien zu deren näheren Konkretisierung.[812]

Obwohl kein einheitliches Begriffsverständnis herrscht, war nach Auffassung aller Befragten[813] für die Frage, ob eine künstlerische Leistung vorliegt, das ausschlaggebende Kriterium die objektive Neuheit respektive Innovation

---

807 Vgl. *Albus*, Telef. Gespräch v. 23.5.2016; *Bergner*, Telef. Gespräch v. 8.6.2016; *Bischoff*, Telef. Gespräch v. 24.5.2016; *Godau*, Telef. Gespräch v. 10.5.2016; *Plüm*, Telef. Gespräch v. 30.6.2016; *Straßer*, Telef. Gespräch v. 7.6.2016 (etwas einschränkend).

808 So ausdrücklich: *Godau*, Telef. Gespräch v. 10.5.2016; *Straßer*, Telef. Gespräch v. 7.6.2016; vgl. auch diejenigen, die die künstlerische Leistung in Bezug auf die freie Kunst anders als im Zusammenhang mit Produktgestaltungen definieren: *Albus*, Telef. Gespräch v. 23.5.2016; *Bergner*, Telef. Gespräch v. 8.6.2016; *Bischoff*, Telef. Gespräch v. 24.5.2016; *Kurz*, Telef. Gespräch v. 4.4.2016; *Plüm*, Telef. Gespräch v. 30.6.2016.

809 *Godau*, Telef. Gespräch v. 10.5.2016.

810 *Bischoff*, Telef. Gespräch v. 24.5.2016; *Straßer*, Telef. Gespräch v. 7.6.2016.

811 So *Bergner*, Telef. Gespräch v. 8.6.2016; *Plüm*, Telef. Gespräch v. 30.6.2016 „gestalterischen, kreativen Leistung".

812 *Blomberg*, Telef. Gespräch v. 19.4.2016; *Funke*, Telef. Gespräch v. 10.5.2016; *Hermsen*, Telef. Gespräch v. 9.3.2016; *Jonas*, Telef. Gespräch v. 11.4.2016; *Naumann*, Telef. Gespräch v. 21.6.2016.

813 Lediglich *Tietenberg*, Telef. Gespräch v. 11.4.2016, blieb unberücksichtigt.

der Gestaltung.[814] In welchem Maß die Design-Leistung Neuheit verwirklichen muss, damit es sich um eine künstlerische Leistung handelt, kann hingegen nicht trennscharf bestimmt werden und wird unterschiedlich eingeschätzt: sie sollte jedenfalls nicht zu gering sein. Zumindest ein Überragen der Durchschnittsgestaltung wird verlangt.[815] Ob die Gestaltung darüber hinaus deutlich über den Durchschnitt hinausgehen muss, damit eine künstlerische Leistung angenommen werden kann, wird nicht einheitlich beantwortet.[816]

Interessant ist, dass das Kriterium der künstlerischen Leistung respektive eines der genannten Begriffsalternativen etwa angewandt auf die beiden Produktgestaltungen „Geburtstagszug" und „Geburtstagskarawane", nicht nur zu unterschiedlichen, sondern teilweise sogar zu gegenläufigen Urteilen der Befragten führten. So wird nach der Mehrzahl der Befragten beiden – den Durchschnitt nicht deutlich überragenden – Produktgestaltungen die Qualität einer künstlerischen Leistung bzw. eines der genannten Alternativkriterien versagt.[817] Allerdings bejahte daneben ein nicht unbeachtlicher Teil das Vorliegen

814 *Albus*, Telef. Gespräch v. 23.5.2016; *Bergner*, Telef. Gespräch v. 8.6.2016; *Bischoff*, Telef. Gespräch v. 24.5.2016; *Blomberg*, Telef. Gespräch v. 19.4.2016; *Busse*, Pers. Gespräch v. 15.7.2016; *Funke*, Telef. Gespräch v. 10.5.2016; *Godau*, Telef. Gespräch v. 10.5.2016; *Hermsen*, Telef. Gespräch v. 9.3.2016; *Jonas*, Telef. Gespräch v. 11.4.2016; *Klemp*, Pers. Gespräch v. 4.5.2016; *Kurz*, Telef. Gespräch v. 4.4.2016; *Naumann*, Telef. Gespräch v. 21.6.2016; *Plüm*, Telef. Gespräch v. 30.6.2016; *Rebbelmund*, Pers. Gespräch v. 2.5.2016; *Straßer*, Telef. Gespräch v. 7.6.2016.

815 *Albus*, Telef. Gespräch v. 23.5.2016; *Bischoff*, Telef. Gespräch v. 24.5.2016; *Blomberg*, Telef. Gespräch v. 19.4.2016; *Busse*, Pers. Gespräch v. 15.7.2016; *Funke*, Telef. Gespräch v. 10.5.2016; *Godau*, Telef. Gespräch v. 10.5.2016; *Jonas*, Telef. Gespräch v. 11.4.2016; *Klemp*, Pers. Gespräch v. 4.5.2016; *Naumann*, Telef. Gespräch v. 21.6.2016; *Straßer*, Telef. Gespräch v. 7.6.2016. Nicht eindeutig: *Hermsen*, Telef. Gespräch v. 9.3.2016, *Plüm*, Telef. Gespräch v. 30.6.2016.

816 *Albus*, Telef. Gespräch v. 23.5.2016; *Bischoff*, Telef. Gespräch v. 24.5.2016; *Busse*, Pers. Gespräch v. 15.7.2016; *Godau*, Telef. Gespräch v. 10.5.2016; *Rebbelmund*, Pers. Gespräch v. 2.5.2016; in diese Richtung auch *Klemp*, Pers. Gespräch v. 4.5.2016, der meint, Gestaltungen, die von hoher gestalterischer Qualität seien, überragen in der Regel das Durchschnittsschaffen deutlich, und *Straßer*, Telef. Gespräch v. 7.6.2016, wonach in der Regel ein deutliches Überragen der Durchschnittsgestaltung für eine künstlerische Leistung erforderlich sei; a.A.: *Funke*, Telef. Gespräch v. 10.5.2016; *Plüm*, Telef. Gespräch v. 30.6.2016.

817 *Albus*, Telef. Gespräch v. 23.5.2016; *Bischoff*, Telef. Gespräch v. 24.5.2016; *Busse*, Pers. Gespräch v. 15.7.2016; *Godau*, Telef. Gespräch v. 10.5.2016; *Hermsen*, Telef. Gespräch v. 9.3.2016; *Jonas*, Telef. Gespräch v. 11.4.2016; *Klemp*, Pers. Gespräch v. 4.5.2016; *Rebbelmund*, Pers. Gespräch v. 2.5.2016; *Straßer*, Telef. Gespräch v. 7.6.2016.

einer künstlerischen Leistung respektive eines der genannten Alternativkriterien mit der Begründung,[818] ein ausreichendes Maß an Neuheit zeige sich in der den Produktgestaltungen zugrunde gelegten Idee, namentlich der Kombination von Bummelzug bzw. Tierkarawane und Bummelzug mit den Geburtstagselementen, die sich in einem neuen Gestaltungsergebnis verwirkliche.[819] Ließe dieser Teil der befragten Personen indes die dem Gebrauchszweck geschuldeten Elemente unberücksichtigt, verbliebe in Bezug auf den Geburtstagszug lediglich die Gestaltung eines bekannten Bummelzuges und hinsichtlich der Geburtstagskarawane die erstmalige Kombination von Tierfiguren mit einem Spielzeugbummelzug, in Form des Ersatzes der Waggons und des Zugführers durch Tiere. Ersterem liege damit keine neue Idee zugrunde und letzterem fehle es an einem ausreichenden Maß an Neuheit hinsichtlich der Idee. Ohne die Berücksichtigung der durch den Gebrauchszweck bedingten Merkmale stellten beide Produktgestaltungen ebenfalls nach Ansicht dieses Teils der Fachkreise keine künstlerischen Leistungen respektive Alternativbegriffe dar.[820] Anzumerken ist, dass die Befragten zum vorbekannten Formenschatz neben dem Bummelzug und Zahlenzug auch „Tierfiguren auf Rollen" zählten. Insgesamt zeichnete sich jedenfalls eine Tendenz zu nicht allzu geringen Anforderungen ab.

(2) Die Anerkennung in der Fachwelt als Indiz

Die Anerkennung in der Fachwelt in Gestalt von Preisauszeichnungen,[821] Präsentationen in Kunst- und Designmuseen und in Kunst- und Designausstellungen[822]

---

818 *Funke*, Telef. Gespräch v. 10.5.2016; *Naumann*, Telef. Gespräch v. 21.6.2016; *Plüm*, Telef. Gespräch v. 30.6.2016; *Bergner*, Telef. Gespräch v. 8.6.2016, geht sogar noch weiter und meint, die Geburtstagskarawane könne außerdem eine künstlerische Leistung im Sinne der freien Kunst sein, da die Tiere künstlerische Interpretationen von Archetypen darstellten.

819 Vgl. *Bergner*, Telef. Gespräch v. 8.6.2016; *Funke*, Telef. Gespräch v. 10.5.2016; *Naumann*, Telef. Gespräch v. 21.6.2016; *Plüm*, Telef. Gespräch v. 30.6.2016.

820 *Funke*, Telef. Gespräch v. 10.5.2016; *Naumann*, Telef. Gespräch v. 21.6.2016; *Plüm*, Telef. Gespräch v. 30.6.2016; bei *Bergner*, Telef. Gespräch v. 8.6.2016, blieb dies jedoch offen.

821 *OLG Frankfurt a.M.*, GRUR 1981, 739, 741 – Lounge Chair; *Fallert*, GRUR 2014, 719, 720; *Zentek*, Designschutz, S. 76.

822 *BGH*, GRUR 1987, 903, 905 – Le Corbusier-Möbel; *OLG Frankfurt a.M.*, GRUR 1981, 739, 741 – Lounge Chair; *OLG Frankfurt a.M.*, GRUR 1990, 121, 123 – USM-Haller; *OLG Düsseldorf*, ZUM-RD 2002, 419, 422 – Breuer-Hocker; *OLG München*, GRUR-RR 2011, 54, 55 – Eierkoch; *Fallert*, GRUR 2014, 719, 720; *Loewenheim*, in: Schricker/Loewenheim, UrhR, § 2 Rn. 186; *Schulze*, in: Dreier/Schulze, UrhG, § 2 Rn. 62.

sowie Monographien betreffend die Produktgestaltung oder Sammelwerken[823] kann zwar nicht vermitteln, unter welchen Voraussetzungen abstrakt eine künstlerische Leistung vorliegt, könnte aber möglicherweise einen Annäherungswert schaffen. Für den vorliegenden Beurteilungsgegenstand ist hingegen festzuhalten, dass einfachen Gestaltungen weder ein Preis verliehen noch eine Ausstellung gewidmet wird. Dies geschieht nämlich erst dann, wenn sich die Gebrauchsgestaltung, beispielsweise durch besonders hervorgehobene Eigenschaften auszeichnet bzw. von anderen Produkten absetzt,[824] und damit eine überdurchschnittliche Gestaltung darstellt. Die Sicht der Fachkreise wird sich auf diesem Weg folglich nur ausnahmsweise manifestieren.

bb) Vereinbarkeit mit urheberrechtlichen Grundsätzen

Fraglich ist, inwieweit das von Angehörigen der Kunst- und Designwissenschaft herangezogene Kriterium der objektiven Neuheit bei der Ermittlung des Vorliegens einer künstlerischen Leistung in Einklang mit den urheberrechtlichen Wertungen gebracht werden kann.

Im Urheberrecht wird – im Gegensatz zu anderen Schutzrechten –[825] nicht an die objektive Neuheit der Gestaltung angeknüpft.[826] Denn das Urheberrecht schützt das individuelle Schaffen nach § 2 Abs. 2 UrhG und nicht das neue Ergebnis.[827] Eine Anlehnung an den vorbekannten Formenschatz oder ein Aufbauen auf diesem schließt nicht per se die notwendige schöpferische Eigentümlichkeit aus.[828] Allein maßgebend ist, ob die Gebrauchsgestaltung über eine hinreichend eigenschöpferische Prägung verfügt. Der individuelle Geist kann sich nicht in der reinen Übernahme von Vorbekannten äußern. Angesichts dessen darf der

---

823 *OLG Frankfurt a.M.*, GRUR 1990, 121, 123 – USM-Haller; *Schulze*, in: Dreier/Schulze, UrhG, § 2 Rn. 62; *Zentek*, Designschutz, S. 76.

824 Vgl. etwa die Ausführung zu den Bewertungskriterien des German Design Award unter URL: https://www.german-design-award.com/teilnehmen.html, letzter Abruf am 16.6.2018.

825 Als Beispiel kann das Designrecht angeführt werden. Gemäß § 2 Abs. 1 DesignG ist Schutzvoraussetzung für ein eingetragenes Design, dass dieses objektiv neu.

826 *BGH*, GRUR 1979, 332, 336 – Brombeerleuchte; *BGH*, GRUR 1982, 305, 307 – Büromöbelprogramm; *BGH*, GRUR 1985, 1041, 1047 – Inkasso-Programm; *OLG Düsseldorf*, GRUR-RR 2001, 294, 295, 296 – Spannring; *OLG Hamburg*, GRUR 2002, 419, 422 – Move; *Ahlberg*, in: BeckOK UrhR, § 2 Rn. 65; *Loewenheim*, in: Loewenheim, Handbuch UrhR, § 6 Rn. 23; *ders.*, in: Schricker/Loewenheim, UrhR, § 2 Rn. 64.

827 Vgl. *BGH*, GRUR 1979, 332, 336 – Brombeer-Leuchte; *BGH*, GRUR 1985, 1041, 1047 – Inkasso-Programm.

828 *BGH*, GRUR 1979, 332, 336 – Brombeer-Leuchte.

Urheber keine Kenntnis über bereits vorhandene Gestaltungsformen haben, sofern er seine eigenschöpferische Leistung ausschließlich auf diese stützt. Vor diesem Hintergrund hat sich bei Teilen des Schrifttums die Bezeichnung „subjektiver Neuheitsbegriff“ etabliert.[829] Hiervon gibt es gleichwohl eine Ausnahme, sollte der Urheber nämlich keine Kenntnis von nachgeschaffenem Gemeingut haben, ändert dies nichts an der Schutzunfähigkeit der Gestaltung.[830] Dahinter steht der Gedanke, dass der Urheber Gemeingut, etwa geschichtliche Fakten oder gegenständliche und abstrakte Grundmuster sowie -begriffe nicht durch ein Berufen auf Urheberrechte monopolisieren können soll. Nachdem sich jeder mit diesem Gemeingut konfrontiert sieht, soll sich auch jeder damit auseinandersetzen können.[831]

Gerade im Bereich der kleinen Münze wirkt sich der subjektive Neuheitsbegriff des Urheberrechts aus.[832] Also in Fällen bei denen aufgrund von technischen Zwängen, üblichen und naheliegenden Gestaltungsweisen der Gestaltungsspielraum nicht sehr groß ist und die Individualität nur im geringen Maße vorhanden ist.[833]

So kann es vorkommen, dass zwei unabhängig voneinander arbeitende Personen unbewusst übereinstimmende Erzeugnisse schaffen, sog. Doppelschöpfung. Dann steht beiden Gestaltungen Urheberrechtsschutz zu.[834]

Wenn die Angehörigen der Fachkreise bei der Einschätzung, ob eine künstlerische Leistung verwirklicht wurde, auf die objektive Neuheit der Gestaltung

---

829 *Ahlberg*, in: BeckOK UrhR, § 2 Rn. 65; *Loewenheim*, in: Loewenheim, Handbuch UrhR, § 6 Rn. 23.

830 Vgl. *Ahlberg*, in: BeckOK UrhR, § 2 Rn. 62; *Loewenheim*, in: Loewenheim, Handbuch UrhR, § 6 Rn. 23.

831 *Ahlberg*, in: BeckOK UrhR, § 2 Rn. 62.

832 *KG*, ZUM 2001, 503, 505 – Doppelschöpfung; *Ahlberg*, in: BeckOK UrhR, § 2 Rn. 65; *Loewenheim*, in: Loewenheim, Handbuch UrhR, § 8 Rn. 29; *ders.*, in: Schricker/Loewenheim, UrhR, § 23 Rn. 32; *Schulze*, in: Dreier/Schulze, UrhG, § 2 Rn. 17; *Schrader*, WRP 207, 142 Rn. 37.

833 *KG*, ZUM 2001, 503, 505 – Doppelschöpfung; *Loewenheim*, in: Loewenheim, Handbuch UrhR, § 8 Rn. 29; *ders.*, in: Schricker/Loewenheim, UrhR, § 23 Rn. 32; *Schulze*, in: Dreier/Schulze, UrhG, § 2 Rn. 17.

834 *BGH*, GRUR 1971, 266, 268 – Magdalenenarie; *BGH*, GRUR 1988, 810, 811 – Fantasy; *Ahlberg*, in: BeckOK UrhR, § 2 Rn. 65; *Bullinger*, in: Wandtke/Bullinger, UrhR, § 23 Rn. 19; *Dreyer*, in: Dreyer/Kotthoff/Meckel, UrhR, Anhang zu §§ 23, 24 Rn. 7–8; *Loewenheim*, in: Schricker/Loewenheim, UrhR, § 23 Rn. 32, 34; *ders.*, in: Loewenheim, Handbuch UrhR, § 8 Rn. 29; *Schulze*, in: Dreier/Schulze, UrhG, § 2 Rn. 17, § 23 Rn. 29; *Schrader*, WRP 207, 142 Rn. 37.

abstellen, verlagern sie den Schwerpunkt der Prüfung von der Individualität auf die Neuheit und stellen sich damit in Widerspruch zum subjektiven Neuheitsbegriff des Urheberrechts. Dieser Widerspruch könnte sich auswirken, da Beurteilungsgegenstand die „kleine Münze" ist, und zwar dergestalt, dass einer (prioritätsälteren) sog. Doppelschöpfung mangels objektiver Neuheit aus Sicht der Fachkreise kein Schutz zu Teil würde im Gegensatz zu den urheberrechtlichen Wertungen.

Der Umstand, dass es sich bei dem Erfordernis der künstlerischen Leistung um einen Rechtsbegriff handelt, bei dem die urheberrechtlichen Wertungen zwingend Berücksichtigung finden, bedingt, dass Urheberrechtsschutz nur in den urheberrechtseigenen Grenzen des Anwendungsbereichs verliehen wird bzw. verliehen werden kann.

Eine weitere Einschränkung innerhalb der urheberrechtlichen Grenzen durch das von den Fachkreisen aufgezeigte Kriterium der Neuheit, konkret durch die Objektivität in Abgrenzung zur Subjektivität der Neuheit, fügt sich daher als strengeres Kriterium in die Prüfung der Urheberrechtsschutzfähigkeit ein. Hiernach ist unter einer künstlerischen Leistung aus Sicht der Fachkreise die Verwirklichung eines gewissen Mindestmaßes an objektiver Neuheit zu verstehen.

In Bezug auf die Verlagerung der Urheberrechtsprüfung von der Individualität auf die Neuheit ist zu betonen, dass die Fachkreise die Neuheit der Gestaltung als Ausdruck von Individualität begreifen. Außerdem gilt der Erfahrungssatz: Je größer der Abstand zum vorbekannten Formenschatz ist, desto wahrscheinlicher ist es, dass die Gestaltung individuell ist.[835] Nachdem ein weit überwiegender Teil der Befragten eine lediglich marginale Abweichung einer Gestaltung vom vorbekannten Formengut zur Annahme einer künstlerischen Leistung nicht ausreichen lassen, wird in der Praxis eine Gestaltung, die aus Sicht der Fachkreise über ausreichend Neuheit verfügt, auch individuell sein.

b) Anwendung durch das OLG Schleswig

Zu ermitteln ist, wie das OLG Schleswig die vom BGH in der „Geburtstagszug"-Entscheidung geänderten Anforderungen an Werke angewandter Kunst umsetzt; konkret, wie es das Erfordernis der künstlerischen Leistung praktisch anwendet. Und damit, wann eine Gestaltung eine künstlerische Leistung darstellt.

---

835 Vgl. *Derclaye/Leistner*, Intellectual Property Overlaps, S. 235: "since a higher degree of individuality (in the sense of copyright law) will typically result in a higher capability to identify a particular design because of its difference in overall impression compared to existing product shapes".

aa) Darstellung der „Geburtstagszug II"-Entscheidung

Nachdem der BGH in der „Geburtstagszug"-Entscheidung seine ständige Rechtsprechung aufgab, wonach an die urheberrechtliche Schutzfähigkeit von Werken angewandter Kunst höhere Anforderungen als an Werke zweckfreier Kunst oder des literarischen und musikalischen Schaffens zu stellen sind,[836] verwies er die Sache zur neuen Verhandlung und Entscheidung an das OLG Schleswig zurück. In der „Geburtstagszug II"-Entscheidung prüfte das OLG Schleswig nun erneut – allerdings diesmal nach Maßgabe der abgesenkten Anforderungen – ob die streitgegenständlichen Gestaltungen als Werke angewandter Kunst urheberrechtlich zu schützen sind. Das Gericht sprach dem Angelspiel und dem Geburtstagszug keine Werkqualität zu; jedoch der Geburtstagskarawane.[837] Zur Begründung führte es im Wesentlichen aus: Das Angelspiel knüpfe an ein vorhandenes Vorbild an und weise lediglich geringfügige Änderungen auf, die weder dem Spiel einen neuen Charakter gaben noch dieses in ungewöhnlicher Weise neugestalteten, so dass sie dem Angelspiel kein individuelles Gepräge verliehen. Zudem seien die Änderungen teilweise technisch bedingt und damit nicht Ausdruck künstlerischer Gestaltungsfreiheit.[838] Der Geburtstagszug knüpfe ebenfalls an ein bereits vorhandenes Vorbild (Bummelzug und Zahlenzug) an, die lediglich geringfügigen Änderungen genügten nicht, um eine eigenschöpferische Gestaltung anzunehmen. Denn sie seien entweder technisch bedingt oder erklärten sich aus dem Gebrauchszweck. Die Gestaltung stelle daher, gemessen an den vorhandenen Vorbildern einerseits und dem Gebrauchszweck andererseits, keine hinreichend eigenschöpferische Leistung dar.[839] Die Geburtstagskarawane verfüge hingegen über Werkqualität. Bei dieser habe kein vergleichbares Vorbild (mit Ausnahme eines Bummelzuges) bestanden. Daher werde mit der Geburtstagskarawane das vorhandene Vorbild des Zuges gänzlich neugestaltet, indem Lokomotive und Waggons durch Tierfiguren ersetzt würden. Es handle sich um eine Variation des Geburtstagszugs.[840]

bb) Künstlerische Leistung

Das OLG Schleswig vergleicht in einem ersten Schritt den Gesamteindruck der streitgegenständlichen Gestaltungen mit bestehenden Vorbildern, um

836 *BGH*, GRUR 2014, 175 Ls. 1 – Geburtstagszug.
837 *OLG Schleswig*, GRUR-RR 2015, 1 Rn. 11, 17, 29 – Geburtstagszug II.
838 *OLG Schleswig*, GRUR-RR 2015, 1 Rn. 12–14 – Geburtstagszug II.
839 *OLG Schleswig*, GRUR-RR 2015, 1 Rn. 18–23 – Geburtstagszug II.
840 *OLG Schleswig*, GRUR-RR 2015, 1 Rn. 29–31 – Geburtstagszug II.

aufzuzeigen, durch welche Merkmale sich die zu beurteilende Gestaltung im Gesamteindruck unterscheidet. In einem zweiten Schritt prüft es, ob diese Änderungen die erforderliche Gestaltungshöhe erreichen, mithin eine künstlerische Leistung darstellen. Dabei lässt es die Änderungen, die auf den Gebrauchszweck zurückzuführen sind, außer Acht, da diese bei der Beurteilung der Gestaltungshöhe nicht berücksichtigt werden dürfen. Das OLG Schleswig folgt damit dem klassischen Prüfungsaufbau der Rechtsprechung.[841] Nach dem Judikat des OLG Schleswig handelt es sich bei dem Geburtstagszug nicht um eine künstlerische Leistung,[842] dagegen erblickt es in der Geburtstagskarawane sehr wohl eine künstlerische Leistung.[843]

Bei eingehender Betrachtung von Geburtstagszug und Geburtstagskarawane fällt auf, dass sich beide Gestaltungen in ihrer konkreten Ausführung sehr ähneln. So formuliert *Verweyen* auf Grundlage des vom OLG Schleswig mitgeteilten Tatbestands, „beide [Gestaltungen] liegen hinsichtlich Gebrauchszweck, konkreter Formgebung und farblicher Gestaltung praktisch gleichauf".[844] Damit ist der wesentliche Unterschied beider Gestaltungen darin zu sehen, dass es bei dem Geburtstagszug ein direktes und bei der Geburtstagskarawane lediglich ein indirektes Vorbild gab.[845]

Angesichts der Prüfung der einzelnen Gegenstände durch das OLG Schleswig lässt sich in Bezug auf das Bestehen einer künstlerischen Leistung abstrahieren: Eine Produktgestaltung mit lediglich marginalen Abweichungen zu bekannten Vorbildern kann keine künstlerische Leistung darstellen. Dagegen kann eine Produktvariation – selbst, wenn sie naheliegend ist – eine künstlerische Leistung sein, sofern sie ohne bzw. mit lediglich mittelbaren bekannten Vorbild geschaffen wurde.[846] Entscheidend für das Vorliegen einer künstlerischen Leistung ist hiernach der Abstand zum Vorbild respektive vorbekannten Formenschatz.[847]

---

841 So auch *Ludwig*, WRP 2014, 1338 Rn. 3.

842 *OLG Schleswig*, GRUR-RR 2015, 1 Rn. 17–23 – Geburtstagszug II; kritisch dazu *W. Nordemann/A. Nordemann*, FS Fezer, 777, 787, die meinen, die Entscheidung sei „nicht recht nachvollziehbar", da „die Verwendung der Farben und Muster durchaus künstlerisch" wirke.

843 *OLG Schleswig*, GRUR-RR 2015, 1 Rn. 29–31 – Geburtstagszug II.

844 *Verweyen*, MMR 2014, 785, 786.

845 Ähnlich *Hartmann*, WRP 2016, 1327 Rn. 32; *Verweyen*, MMR 2014, 785, 786; *Verweyen/Richter*, MMR 2015, 156, 160.

846 So auch *Ludwig*, WRP 2014, 1338 Rn. 4, 5.

847 Ähnlich auch *Verweyen*, MMR 2014, 785, 786; *Verweyen/Richter*, MMR 2015, 156, 160.

Indem das Gericht auf den Abstand respektive das Verhältnis der Gestaltung zu bekannten Vorbildern abstellte, offenbart sich dessen Wertung, die Neuheit sei bei der Beurteilung, ob eine künstlerische Leistung vorliege, ausschlaggebend.[848] Die künstlerische Leistung ist also in einem neuen Gestaltungsergebnis, welches auf einer neuen Idee beruht, begründet. Dem OLG Schleswig ist mithin zu entnehmen, dass für das Vorliegen einer künstlerischen Leistung die objektive Neuheit der Gestaltung entscheidend ist.[849]

Daran kritisiert *Verweyen*, im Ergebnis habe die relative Neuheit der Karawanen-Idee für den Schutz den Ausschlag gegeben.[850] Zwar mag *Verweyen* zugestanden werden, dass die konkrete Gestaltung tatsächlich nur die zugrundeliegende neue Idee verkörpert und nicht darüber hinaus „mehr als rein handwerklich" ausgestaltet wurde. Diese Sichtweise teilen im Übrigen einige der interviewten Personen, die in der konkreten Formgebung der Geburtstagskarawane für sich ebenfalls keine künstlerische Leistung bzw. den jeweils genannten Alternativvorschlag erblickten.[851] Allerdings kann bereits die einer Gestaltung zugrundeliegende Idee von ausreichender Individualität sein, um eine künstlerische Leistung annehmen zu können, vorausgesetzt, sie findet Ausdruck in einem konkreten Gestaltungsergebnis. „Bildet sie [die Idee] mit ihren einzelnen Elementen eine Einheit, die mehr als die Summe ihrer Bestandteile darstellt, so kann sie eine persönliche geistige Schöpfung darstellen."[852] Lediglich eine abstrakte Idee wird urheberrechtlich nicht geschützt.[853] Ob die Entscheidung ebenso ausgefallen

---

848 Ähnlich auch *Fusbahn*, IPRB 2016, 69, 71; *Ludwig*, WRP 2014, 1338 Rn. 4.

849 So auch *Peifer*, FS Neuenfeld, 217, 227, der die Relevanz von Neuheit bereits in *Peifer*, GRUR Int. 2014, 1100, 1103–1104, andeutete; vgl. auch *Hartmann*, WRP 2016, 1327 Rn. 39, die in Zusammenhang mit der Bewertung der Entscheidungen „Geburtstagszug II" und „Airbrush-Urnen" ausführt, „dieses Merkmal [vorbekanntes Motiv respektive Vorbild] erinnert an den vorbekannten Formenschatz aus dem Geschmacksmusterrecht und weniger an sonstige urheberrechtliche Kriterien, welches das Kriterium der Neuheit gerade nicht kennt".

850 *Verweyen*, MMR 2014, 785, 786; *Verweyen/Richter*, MMR 2015, 156, 160; kritisch auch *Hartmann*, WRP 2016, 1327 Rn. 39.

851 *Albus*, Telef. Gespräch v. 23.5.2016; *Bischoff*, Telef. Gespräch v. 24.5.2016; *Busse*, Pers. Gespräch v. 15.7.2016; *Godau*, Telef. Gespräch v. 10.5.2016; *Hermsen*, Telef. Gespräch v. 9.3.2016; *Jonas*, Telef. Gespräch v. 11.4.2016; *Klemp*, Pers. Gespräch v. 4.5.2016; *Rebbelmund*, Pers. Gespräch v. 2.5.2016; *Straßer*, Telef. Gespräch v. 7.6.2016.

852 *Loewenheim*, in: Schricker/Loewenheim, UrhR, § 2 Rn. 73.

853 *BGH*, GRUR 1981, 520, 521 – Fragensammlung; *BGH*, GRUR 1987, 704, 706 – Warenzeichenlexika; *BGH*, GRUR 1995, 47, 48 – Rosaroter Elefant; *BGH*, GRUR 1999, 923, 924 – Tele-Info-CD; *OLG Düsseldorf*, GRUR 1990, 189, 191 – Grünskulptur; *OLG Düsseldorf*, GRUR-RR 2001, 294, 295 – Spannring; *Bullinger*, in: Wandtke/Bullinger,

wäre, hätte das Gericht – wie die Angehörigen der Fachkreise – als vergleichbares Vorbild für die Geburtstagskarawane die einzelnen Tierfiguren auf Rollen bei der Bewertung unterstellt, mag jedenfalls bezweifelt werden. Denn dann wäre die Idee einschließlich des konkreten Gestaltungsergebnisses lediglich hinsichtlich der Aneinanderreihung bekannter Tierfiguren auf Rollen neu gewesen.

c) Zwischenergebnis

Nach Ansicht der Fachkreise ist eine künstlerische Leistung gegeben, sofern ein gewisses Maß an Neuheit verwirklicht wurde. Das OLG Schleswig stellt ebenfalls auf die Neuheit des Gestaltungsergebnisses ab. Bezogen auf die beiden in Rede stehenden Gestaltungen ist auffallend, dass sie, obwohl das OLG Schleswig und die Fachkreise auf das Kriterium der Neuheit abstellen, beide betreffend die Geburtstagskarawane zu unterschiedlichen Ergebnissen gelangen. Diese Diskrepanz lässt sich zum einen darauf zurückführen, dass die Fachkreise von einem anderen Bestand an Vorbildern ausgingen. Sie zogen nämlich selbst bei der Beurteilung, ob eine künstlerische Leistung vorlag, „Tierfiguren auf Rollen“ heran. Zum anderen verlangt jedenfalls die Mehrzahl der Angehörigen der Fachkreise ein höheres Maß an Neuheit als das OLG Schleswig. Danach genügt das Bestehen eines neuen Gestaltungsergebnisses, das auf einer neuen Idee beruht, nicht per se, um eine künstlerische Leistung anzunehmen, insbesondere dann nicht, wenn dieses lediglich handwerklich ausgeführt wurde. Die Angehörigen der Fachkreise legen bei der Beurteilung, ob eine künstlerische Leistung vorliegt, mithin die Messlatte höher als das Rechtsmittelgericht.

6. Relevanz des Kriteriums der Neuheit außerhalb des Bereichs der angewandten Kunst

Es stellt sich die Frage, ob das Kriterium der Neuheit auch außerhalb des Bereichs der angewandten Kunst an Relevanz erlangt. Sowohl von Angehörigen der Fachkreise als auch vom OLG Schleswig in der „Geburtstagszug II“-Entscheidung wird das Kriterium der künstlerischen Leistung derart konkretisiert, als dass Neuheit zwingend notwendig ist bzw. umgekehrt Vorbekanntes keine künstlerische Leistung darstellen kann. Nachdem das Kriterium aber sowohl von den Angehörigen der Fachkreise sowie vom OLG Schleswig in seiner „Geburtstagszug II“-Entscheidung lediglich im Zusammenhang mit Werken der angewandten

UrhR, § 2 Rn. 19, 39; *Loewenheim*, in: Loewenheim, Handbuch UrhR, § 7 Rn. 7; *Schulze*, in: Dreier/Schulze, UrhG, § 2 Rn. 37.

Kunst als Konkretisierung des Erfordernisses der künstlerischen Leistung verlangt wird, ist dieses nicht auf andere Werkkategorien zu übertragen.[854]

VII. Zwischenergebnis

Die in der „Geburtstagszug"-Entscheidung postulierte neue Schutzschwelle für Werke angewandter Kunst bedingt im Ergebnis keine erhebliche Schutzerweiterung. Dadurch, dass der BGH am Erfordernis der künstlerischen Leistung für Werke der angewandten Kunst festhält sowie den von den technisch bedingten Elementen vermittelten ästhetischen Gehalt für eine künstlerische Leistung nicht ausreichen respektive für die Urheberrechtsschutzbegründung unberücksichtigt lässt, wird der Urheberrechtsschutz allenfalls auf eine geringe Zahl an Gebrauchsgestaltungen erweitert.

Das Kriterium der künstlerischen Leistung stellt dabei die wesentliche Hürde für die Urheberrechtsschutzfähigkeit von Werken der angewandten Kunst dar und zwar insbesondere aufgrund der Bestimmung des Gestaltungsspielraums durch den BGH. Dieser wird dem BGH zufolge durch die dem Gebrauchszweck geschuldeten Elemente eingeengt. Allerdings wird die Nichtbeachtung der funktionalen Elemente bei der Einschätzung des ästhetischen Gehalts nicht nur dem Wesen der Design-Leistung nicht gerecht, sondern erschwert zugleich deren Schutz. Daneben wirken sich auch andere für das Design typische äußere Vorgaben wie beispielsweise die industrielle Herstellbarkeit aus. In Bezug auf den zur Verfügung stehenden Spielraum unterscheidet sich die zweckfreie Kunst naturgemäß von der angewandten Kunst. Außerdem muss der vorhandene Gestaltungsspielraums durch eine künstlerische Leistung ausgenutzt worden sein. Ob von einer künstlerischen Leistung gesprochen werden kann, bestimmt sich nach Maßgabe des kunstinteressierten Durchschnittsbetrachters. Eine Annäherung an den Begriff der künstlerischen Leistung über die Sicht der Fachkreise offenbart die Unschärfe und Ambiguität des Begriffs. Eine Bestimmung ist niemandem endgültig respektive trennscharf möglich. Zur Auslegung des Begriffs „künstlerische Leistung" lässt sich jedoch festhalten, dass eine Gebrauchsgestaltung dann eine künstlerische Leistung darstellt, wenn sie objektiv neu ist. Das Maß, in welchem Neuheit vorliegen muss, kann jedoch nicht trennscharf bestimmt werden. Es wird zumindest ein Überragen der Durchschnittsgestaltung verlangt. Insgesamt lässt sich eine Tendenz zu nicht allzu geringen Anforderungen feststellen. Das OLG Schleswig stellt ebenfalls auf die Neuheit des Gestaltungsergebnisses

854 Vgl. *Peifer*, FS Neuenfeld, 217, 217, 227.

ab, verlangt jedoch ein geringes Maß an Neuheit zur Bejahung einer künstlerischen Leistung.

Das Erfordernis der künstlerischen Leistung stellt – im Vergleich zu den Anforderungen an die übrigen Werkarten – ein zusätzliches Erfordernis dar, so dass ein einheitlicher Werkbegriff nicht besteht.

D. Das Erfordernis der künstlerischen Leistung in Anbetracht des Unionsrechts

Nachdem das nationale Urheberrecht durch das Unionsrecht maßgeblich beeinflusst wird,[855] darf die europäische Rechtsentwicklung nicht außer Acht gelassen werden. Zu untersuchen ist, ob die nationalen urheberrechtlichen Vorgaben, insbesondere das vom BGH verlangte Erfordernis der künstlerischen Leistung, europarechtskonform ausgelegt werden kann. Dazu werden zuerst die unionsrechtlichen Voraussetzungen an die urheberrechtliche Schutzfähigkeit von Werken der angewandten Kunst dargestellt, um anschließend die Vereinbarkeit der nationalen Anforderungen mit den EU-Vorgaben zu überprüfen.

I. Unionsrechtliche Vorgaben für Werke der angewandten Kunst

1. Vorgaben des Sekundärrechts

Seit 1991 sind im Zuge der Harmonisierung des Urheberrechts diverse Richtlinien erlassen worden,[856] welche verschiedene Teilaspekte des Urheberrechts vereinheitlichen. Drei von ihnen enthalten in Bezug auf spezifische Gegenstände respektive Werkarten eine zwar nicht wörtliche,[857] aber inhaltlich

---

855 Aus dem Umsetzungsgebot aus Art. 288 Abs. 3 AEUV sowie dem Grundsatz der Gemeinschaftstreue aus Art. 4 Abs. 3 EUV folgt das Gebot der richtlinienkonformen Auslegung durch die nationalen Gerichte, vgl. *EuGH*, NJW 2004, 3547 Rn. 113 – Pfeiffer/Deutsches Rotes Kreuz; *BGH*, GRUR 2007, 871 Rn. 32 – Wagenfeld-Leuchte. Zudem sind die einzelnen Mitgliedstaaten und damit auch die nationalen Gerichte bei der Rechtsanwendung an die Sicherstellung der einheitlichen Wirksamkeit des Gemeinschaftsrechts gebunden, vgl. *Erdmann*, FS Loschelder, 61, 65; *Hatje*, in: Schwarze/Becker/Hatje/Schoo, EU-Kommentar, Art. 4 EUV Rn. 36, und damit zugleich an die Auslegungsurteile des Gerichtshofs, vgl. *Erdmann*, FS Loschelder, 61, 65; *Weischede*, BLJ 2013, 73, 79.

856 Eine Übersicht der bisher erlassenen Richtlinien findet sich bei *Schack*, UrhR, § 7 Rn. 139.

857 Vgl. Art. 1 Abs. 3 Computerprogramm-RL: „Computerprogramme werden geschützt, wenn sie individuelle Werke in dem Sinne darstellen, dass sie das Ergebnis der eigenen geistigen Schöpfung ihres Urhebers sind. Zur Bestimmung ihrer Schutzfähigkeit sind keine anderen Kriterien anzuwenden"; Art. 6 S. 1, 2 Schutzdauer-RL: „Fotografien werden gemäß Artikel 1 geschützt, wenn sie individuelle Werke in dem Sinne darstellen, dass sie das Ergebnis der eigenen geistigen Schöpfung ihres Urhebers sind.

übereinstimmende Definition des Werkbegriffs.[858] So verlangen Art. 1 Abs. 3 Computerprogramm-RL für Computerprogramme, Art. 6 S. 1, 2 Schutzdauer-RL für Fotografien und Art. 3 Abs. 1 Datenbank-RL für Datenbanken das Vorliegen einer eigenen geistigen Schöpfung, aber ausdrücklich keine weiteren Kriterien. Mithin harmonisierte der Richtliniengeber den Werkbegriff für die genannten Werkarten.[859] Eine weitere Richtlinie betrifft die Regelung von Verwertungsrechten des Urhebers und knüpft hierzu in Art. 2 a) InfoSoc-RL an einen allgemeinen Werkbegriff an, ohne diesen jedoch zu definieren. Mithin ist bislang keine geschriebene Vollharmonisierung, sondern hinsichtlich der geschützten Werkarten in den drei Richtlinien eine punktuelle Harmonisierung zu erblicken.[860] Die einzelnen Richtlinien betreffen nicht die Werke angewandter Kunst, so dass die Voraussetzungen an ihre urheberrechtliche Schutzfähigkeit nicht explizit geregelt sind.

2. Einheitlicher europäischer Werkbegriff durch die Rechtsprechung des Europäischen Gerichtshofs

a) Einheitliche Schutzuntergrenze

Nach dem BGH ist der Rechtsprechung des EuGH betreffend die Werkqualität eine einheitliche Schutzuntergrenze für alle Werkkategorien zu entnehmen.[861] Zur Begründung führte der BGH an, gemäß dem EuGH gebe die InfoSoc-Richtlinie einen werkartübergreifenden harmonisierten – auch die drei Richtlinien beinhaltenden – Rechtsrahmen des Urheberrechts vor. Dementsprechend müsse der in dieser Richtlinie vorausgesetzte allgemeine Werkbegriff auf demselben Grundsatz wie derjenige der speziellen Richtlinien, also einem Original im

---

Zur Bestimmung ihrer Schutzfähigkeit sind keine anderen Kriterien anzuwenden."; Art. 3 Abs. 1 Datenbank-RL: „Gemäß dieser Richtlinie werden Datenbanken, die aufgrund der Auswahl oder Anordnung des Stoffes eine eigene geistige Schöpfung ihres Urhebers darstellen, als solche urheberrechtlich geschützt. Bei der Bestimmung, ob sie für diesen Schutz in Betracht kommen, sind keine anderen Kriterien anzuwenden."

858 *Handig*, GRUR Int. 2012, 9, 11; *Lachenmaier*, KSzW 2014, 35, 35–36; *Leistner*, in: Schricker/Loewenheim, UrhR, § 2 Rn. 3, Fn. 10.

859 *Erdmann*, FS Loschelder, 61, 63–64; *Metzger*, GRUR 2012, 118, 121.

860 *Berger*, ZUM 2012, 353, 354; *Erdmann*, FS Loschelder, 61, 64; *Lachenmaier*, KSzW 2014, 35, 35; *Schulze*, GRUR 2009, 1019, 1021.

861 Vgl. *BGH*, GRUR 2014, 175 Rn. 29 – Geburtstagszug; so auch *Szalai*, ZUM 2014, 231, 232; kritisch dazu *Barudi*, UFITA 2014-I, 49, 63–64, 67.

Sinne einer eigenen geistigen Schöpfung, beruhen.[862] Daraus folgerte der BGH, dass die in der InfoSoc-Richtlinie postulierten Verwertungsrechte nur dann an einem Werk der angewandten Kunst bestehen könnten, wenn es sich um eine eigene geistige Schöpfung handele.[863] Mithin müssen Produktgestaltungen, um als Werke angewandter Kunst geschützt werden zu können, aus unionsrechtlicher Sicht eigene geistige Schöpfungen darstellen.

b) Kein abschließender europäischer Werkbegriff

Abgesehen von Computerprogrammen, Datenbanken und Lichtbildwerken besteht dem BGH zufolge kein abschließender europäischer Werkbegriff, welcher eine bestimmte Gestaltungshöhe respektive besondere Schutzanforderungen verbiete.[864] Ob dies – wie der BGH judiziert – tatsächlich für alle anderen

862 *BGH*, GRUR 2014, 175 Rn. 29 – Geburtstagszug unter Bezugnahme auf *EuGH*, GRUR 2009, 1041 – Infopaq/DDF, *EuGH*, GRUR 2011, 220 – BSA/Kulturministerium, *EuGH*, GRUR 2012, 156 Rn. 97, 155 – Football Association Premier League /Murphy, *EuGH*, GRUR 2012, 166 Rn. 87 – Painer/Standard, *EuGH*, GRUR 2012, 386 Rn. 37 – Football Dataco/Yahoo, *EuGH*, GRUR 2012, 814 Rn. 65 – SAS Institute/World Programming.

863 *BGH*, GRUR 2014, 175 Rn. 29 – Geburtstagszug.

864 *BGH*, GRUR 2014, 175 Rn. 27 – Geburtstagszug unter Bezugnahme auf *Erdmann*, FS Loschelder, 61, 63 ff., *Schulze*, GRUR 2009, 1019, *Leistner*, GRUR 2011, 761, 763. Allerdings gab *Leistner*, FS 50 Jahre UrhG, 251, 253; *ders.*, JZ 2014, 846, 848; *ders.*, EuZW 2016, 166, 167; *ders.*, FS Bornkamm, 859, 870; *ders.*, GRUR 2014, 1145, 1145 in Anbetracht der Rechtsprechungsentwicklung seine ablehnende Ansicht auf, hält aber das Verlangen nach besonderen Anforderungen im Bereich der angewandten Kunst aufgrund von Art. 17 GeschmM-RL für gut vertretbar. Denn die Frage sei für das Europarecht nicht eindeutig betreffend den Bereich der angewandten Kunst, jedoch seien einheitliche Voraussetzungen zukunftstauglicher. Daneben gehen auch *Fusbahn*, IPRB 2016, 69, 69, 71; *Hasselblatt/George*, IPRB 2014, 163, 165; *Kur*, FS Schricker, 503, 513; *Mezger*, Die Schutzschwelle für Werke der angewandten Kunst, S. 109; *Schack*, JZ 2014, 207, 207; *ders.*, UrhR, § 9 Rn. 232; *Szalai*, ZUM 2014, 231, 232; *Ungern-Sternberg*, GRUR 2010, 273, 273; *Schulze*, in: Dreier/Schulze, UrhG, § 2 Rn. 22 von keinem abschließenden Werkbegriff für alle Werkarten aus. Nach einer differenzierenden Ansicht gilt grundsätzlich ein abschließender Werkbegriff mit Ausnahme von Werken angewandter Kunst: *Geier*, Schutzkumulationen, S. 58–59, 207–208; *A. Nordemann*, in: Fromm/Nordemann, UrhR, § 2 Rn. 32, 150; *ders.*, FS Bornkamm, 895, 902–904. Nach der Gegenansicht besteht ein abschließender einheitlicher europäischer Werkbegriff: *Ahlberg*, BeckOK UrhR, § 2 Rn. 111, 161 ff.; *ders.*, ZUM 2015, 538, 543–544; *Handig*, wbl 2012, 191, 193; *ders.*, GRUR Int. 2012, 973, 975; *Kriesel*, Einheitlicher europäischer Werkbegriff, S. 119–120, 166, 182; *Lachenmaier*, KSzW 2014, 35, 45; *Lerach*, jurisPR-WettbR 3/2014, Anm. 1, D; *Metzger*, GRUR 2012, 118,

Werkkategorien gilt,[865] kann in dieser Arbeit dahingestellt bleiben, da Untersuchungsgegenstand Produktgestaltungen und damit lediglich die Gebrauchskunst ist. Jedenfalls für Werke der angewandten Kunst ist die Ansicht des BGH zutreffend. Denn für Werke der angewandten Kunst kommt den Mitgliedsstaaten eine eigenständige Regelungsbefugnis hinsichtlich Schutzumfang und -bedingungen zu, so dass eine europaweite Vereinheitlichung der Schutzschwelle auf eine eigene geistige Schöpfung nicht möglich ist.[866]

Dies lässt sich dem ausdrücklichen Wortlaut des Art. 17 S. 2 GeschmM-RL sowie dem 8. Erwägungsgrund dieser Richtlinie entnehmen. Gemäß Art. 17 S. 1 GeschmM-RL kann ein eingetragenes Muster nicht nur geschmacksmusterrechtlich geschützt werden, sondern zugleich nach dem jeweiligen Urheberrecht der einzelnen Mitgliedsstaaten. In Art. 17 S. 2 GeschmM-RL und Erwägungsgrund 8 ist sodann geregelt, dass die einzelnen Mitgliedsstaaten sowohl den urheberrechtlichen Schutzumfang als auch die Schutzvoraussetzungen – einschließlich der erforderlichen Gestaltungshöhe – festlegen können.[867]

Soweit hiergegen eingewandt wird, durch die Harmonisierungsbestrebungen des europäischen Richtliniengebers in der jüngeren InfoSoc-Richtlinie respektive durch die Rechtsprechung des EuGH beginnend mit der „Infopaq/DDF"-Entscheidung,[868] in der der EuGH aus der InfoSoc-Richtlinie einen einheitlichen

---

121–122; *Moß*, Technische Funktionalität, Rn. 443, 456, 466; *Obergfell*, in: Büscher/Dittmer/Schiwy, UrhG § 2 Rn. 47; *Rauer/Ettig*, WRP 2014, 135 Rn. 40; *Steinbeck*, EuZW 2014, 329, 330; *Weischede*, BLJ 2013, 73, 78–79. Derzeit ist beim EuGH ein Vorabentscheidungsersuchen (Rs. C-683/17 – Cofemel/G-Star) u.a. betreffend die Frage, ob Art. 2a) InfoSoc-RL mit dem Erfordernis einer besonderen Gestaltungshöhe vereinbar ist, anhängig.

865 *BGH*, GRUR 2014, 175 Rn. 31 – Geburtstagszug.

866 So auch *Geier*, Schutzkumulationen, S. 208; *Grohmann*, GRUR-Prax 2011, 82, 82; *A. Nordemann*, in: Fromm/Nordemann, UrhR, § 2 Rn. 32, 150; *ders.*, FS Bornkamm, 895, 902–904; *Lachenmaier*, KSzW 2014, 35, 43 zufolge „erscheint es aber insgesamt wahrscheinlich, dass der Gerichtshof Art. 17 Satz 2 GeschmM-RL auch im Bereich der angewandten Kunst nicht als unüberwindbare Hürde auf dem Weg zu einem einheitlichen europäischen Werkbegriff ansehen wird".

867 So auch *BGH*, GRUR 2014, 175 Rn. 32 – Geburtstagszug; *Erdmann* FS Loschelder, 61, 72; *A. Nordemann*, FS Bornkamm, 895, 902–904; *ders.*, in: Fromm/Nordemann, UrhR, § 2 Rn. 7a, 150; *Schack*, JZ 2014, 207, 207; *Ungern-Sternberg*, GRUR 2010, 273 Fn. 3; vgl. *Geier*, Schutzkumulationen, S. 208; *Leistner*, ZGE 2013, 4, 36–37; *ders.*, FS 50 Jahre UrhG, 251, 253; *ders.*, JZ 2014, 846, 848; *ders.*, EuZW 2016, 166, 167; *ders.*, FS Bornkamm, 859, 870; *ders.*, GRUR 2014, 1145, 1145; *Moß*, Technische Funktionalität, Rn. 452; *Peifer*, AfP 2015, 6, 8.

868 *EuGH*, GRUR 2009, 1041 ff. – Infopaq/DDF.

europäischen Werkbegriff abgeleitet habe, werde die aus der Zeit vor der InfoSoc-Richtlinie stammende Regelungsbefugnis eingeschränkt,[869] überzeugt dies nicht.

Nach Art. 9 InfoSoc-RL und Erwägungsgrund 60 soll nämlich der durch die InfoSoc-Richtlinie gewährte Schutz Rechtsvorschriften über andere Rechte des geistigen Eigentums, insbesondere über die Musterrechte, unberührt lassen.[870] Eine entsprechende Regelung findet sich ebenfalls in der Gemeinschaftsgeschmacksmuster-Verordnung in Art. 96 Abs. 1 GGV.[871] Diesen Bestimmungen kann die Wertung entnommen werden, dass der in der Geschmacksmuster-Richtlinie postulierte Regelungsvorbehalt selbst nach Erlass der zeitlich jüngeren InfoSoc-Richtlinie sowie der Gemeinschaftsgeschmacksmuster-Verordnung Bestand haben soll, die Mitgliedsstaaten also weiterhin strengere Anforderungen an den urheberrechtlichen Schutz von Werken der Gebrauchskunst stellen dürfen.[872]

Als weiteres Argument gegen einen eigenständigen Regelungsvorbehalt der einzelnen Mitgliedsländer im Bereich der angewandten Kunst wird die Ratio der „Flos/Semeraro"-Entscheidung[873] herangezogen.[874] Hier ging es um die Vereinbarkeit einer nationalen fristenbezogenen Regelung mit Art. 17 GeschmM-RL, die Urheberrechtsschutz für gemeinfreie Designs trotz Vorliegens der notwendigen Schutzvoraussetzungen ausschloss.[875] Der EuGH entschied, diese Regelung sei mit Art. 17 GeschmM-RL unvereinbar.[876] Zwar folge aus Art. 17 S. 2 GeschmM-RL die Befugnis der Mitgliedsstaaten Schutzbedingungen und -umfang zu bestimmen, nicht aber grundsätzlich über die Schutzgewährung einer geschmacksmusterschutzfähigen Gestaltung zu entscheiden.[877] Zur

869 *Barudi*, UFITA 2014-I, 49, 64; vgl. *Rauer/Ettig*, WRP 2014, 135 Rn. 39.

870 Vgl. *Geier*, Schutzkumulationen, S. 208; *Leistner*, in: Schricker/Loewenheim, UrhR, § 2 Rn. 12; *ders.*, ZGE 2013, 4, 36–37; vgl. *Mroß*, Technische Funktionalität, Rn. 452.

871 *Derclaye/Leistner*, Intellectual Property Overlaps, S. 236.

872 So auch *Geier*, Schutzkumulationen, S. 208; vgl. *Leistner*, in: Schricker/Loewenheim, UrhR, § 2 Rn. 12; *ders.*, ZGE 2013, 4, 36–37.

873 *EuGH*, GRUR 2011, 216 ff. – Flos/Semeraro.

874 *Lachenmaier*, KSzW 2014, 35, 42–43; *Leistner*, ZGE 2013, 34, 39; *ders.*, FS Bornkamm, 861, 870 zufolge schafft dieses Urteil rechtliche Unsicherheit, so dass Art. 17 S. 2 GeschmM-RL nicht mehr im Sinne eines acte clair eindeutig positiv ausfallen könne; auch *Geier*, Schutzkumulationen, S. 207–208, ist der Auffassung, dass die Ratio von „Flos/Semeraro" gegen die Stufentheorie spreche. Allerdings lehnt er im Ergebnis die Rechtsprechung des EuGH ab.

875 *EuGH*, GRUR 2011, 216, 216–217 – Flos/Semeraro.

876 *EuGH*, GRUR 2011, 216 Rn. 44 – Flos/Semeraro.

877 *EuGH*, GRUR 2011, 216 Rn. 36 – Flos/Semeraro.

Begründung führte der EuGH aus, die Formulierung „auch" im Rahmen des Art. 17 S. 1 GeschmM-RL zeige, dass allen geschützten Geschmacksmustern zusätzlich ein urheberrechtlicher Schutz in dem betreffenden Mitgliedstaat offenstehen müsse. Dies ergebe sich auch aus dem 8. Erwägungsgrund der GeschmM-RL. In ihm komme der Wille des Unionsgesetzgebers zum Ausdruck, Schutz nach dem Geschmacksmusterrecht und nach dem Urheberrecht nebeneinander zu gewähren, solange das Urheberrecht nicht harmonisiert sei.[878]

Hieraus kann zwar geschlossen werden, dass das nationale Recht eine Schutzkumulation ermöglichen muss und das Verlangen von erhöhten Anforderungen im Bereich der angewandten Kunst dem zuwiderläuft. Gegen ein solches Verständnis der Rechtsprechung des EuGH spricht jedoch, dass dem Grundsatz der Kumulation aus Art. 17 S. 1 und Erwägungsgrund 8 der GeschmM-RL zu viel Bedeutung beigemessen wird. Diesem kann nämlich nicht entnommen werden, dass die nationalen Mitgliedsländer zwingend geschmacksmusterschutzfähigen Gestaltungen urheberrechtlichen Schutz gewähren müssten, was sich dem Wortlaut von Art. 17 S. 2 GeschmM-RL entnehmen lässt.[879] Vielmehr ist Art. 17 S. 1 GeschmM-RL rechtshistorisch dem Umstand geschuldet, dass klargestellt werden sollte, dass eine Ablehnung des urheberrechtlichen Schutzes einer Gestaltung nicht schon daraus gefolgert werden kann, dass ihr geschmacksmusterrechtlicher Schutz zuteil wird.[880]

Des Weiteren erklärte der EuGH, der Kompetenzvorbehalt aus Art. 17 S. 2 GeschmM-RL könne nicht die Schutzdauer betreffen, da diese bereits unionsrechtlich durch die Schutzdauer-Richtlinie harmonisiert worden sei.[881] Dem wird entnommen, dass der EuGH die Befugnis zur nationalen Regelung betreffend Schutzbedingungen und -umfang der Werke angewandter Kunst einschränke, sofern eine Harmonisierung des betroffenen urheberrechtlichen Regelungsbereichs erfolgt sei.[882] Anders gefasst: „Art. 17 S. 2 GeschmM-RL stellt sich [...] nicht mehr als unbedingter Kompetenzvorbehalt dar, sondern als dynamische Verweisung auf das Recht der Mitgliedstaaten, die für spezifisch nationale Regelungen nur Raum lässt, solange und soweit noch keine Harmonisierung erfolgt

---

878 *EuGH*, GRUR 2011, 216 Rn. 37–38 – Flos/Semeraro.

879 *Geier*, Schutzkumulationen, S. 207.

880 Green Paper Industrial Design 1991, Working Doc. 111/F/5131/91-EN, S. 146; *Geier*, Schutzkumulationen, S. 208.

881 *EuGH*, GRUR 2011, 216 Rn. 39 – Flos/Semeraro.

882 *Leistner*, ZGE 2013, 4, 38; *ders.*, in: Schricker/Loewenheim, UrhR, § 2 Rn. 12; vgl. *auch Geier*, Schutzkumulationen, S. 62, 207, der sich Ergebnis aber gegen diese Rechtsprechung des EuGH ausspricht.

ist".[883] Nach einer Ansicht bedingt dies, dass aufgrund der zahlreichen Entscheidungen, in denen sich der EuGH zu einem einheitlichen europäischen Werkbegriff geäußert habe, bereits jetzt nicht mehr von einem nicht harmonisierten Bereich gesprochen werden könne und damit kein eigener Regelungsbereich mehr vorhanden sei.[884] Nach anderer Ansicht ist es nur eine Frage der Zeit bis aus Sicht des EuGH auch in diesem Bereich eine Vollharmonisierung bestehe, so dass kein Kompetenzvorbehalt zugunsten der Mitgliedstaaten verbleibe.[885] Selbst wenn der EuGH die Kompetenz zur eigenständigen Bestimmung des urheberrechtlichen Schutzes der Mitgliedstaaten in „Flos/Semeraro" tatsächlich – wie in der Literatur vorgebracht – beschränkt haben sollte, gibt es bislang noch keine explizite Harmonisierung im Bereich der Schutzanforderungen für Werke angewandter Kunst, so dass die Kompetenz auch hiernach bei den Mitgliedstaaten verbleibt. Dies gilt jedenfalls bis der EuGH sich ausdrücklich zu einem allgemeinen bzw. einem Werkbegriff der angewandten Kunst äußert und klärt, ob in diesem Bereich die Schutzschwelle im Vergleich zu anderen Werkarten anzuheben ist[886] oder der europäische Richtliniengeber tätig wird.

Darüber hinaus gestand der EuGH in „Flos/Semeraro" den Mitgliedstaaten das Verlangen nach einer besonderen Gestaltungshöhe ausdrücklich zu.[887]

II. Eigene geistige Schöpfung

Aus unionsrechtlicher Sicht müssen Werke der angewandten Kunst eigene geistige Schöpfungen darstellen, zusätzlich können – zumindest bei Werken der

---

883 *Lachenmaier*, KSzW 2014, 35, 42.

884 *Geier*, Schutzkumulationen, S. 62, 207, ist nicht ganz eindeutig: Einerseits merkt er an, dass angesichts der Rechtsprechung des EuGH zum Werkbegriff kaum noch von einem nicht harmonisierten Bereich ausgegangen werden könne. Andererseits betont er, dass „eine solche Entwicklung [...] in Zukunft zu erwarten" sei.

885 *Leistner*, ZGE 2013, 4, 38–39; zustimmend: *Lachenmaier*, KSzW 2014, 35, 42.

886 Teilweise wird es daher für begrüßenswert gehalten, den EuGH zu ersuchen, die Frage zur Vorabentscheidung vorzulegen, ob die Voraussetzung an den Werkbegriff, die eigene geistige Schöpfung, auch im Bereich der angewandten Kunst gilt bzw. ob eine werkartspezifische Differenzierung der Schutzvoraussetzungen mit dem Werkbegriff der InfoSoc-RL vereinbar ist, vgl. *Rauer/Ettig*, WRP 2014, 135 Rn. 41; *Ritscher/Schramm*, sic! 2014, 303, 305. Derzeit ist beim EuGH ein Vorabentscheidungsersuchen (Rs. C-683/17 – Cofemel/G-Star) u.a. betreffend die Frage, ob Art. 2a) InfoSoc-RL mit dem Erfordernis einer besonderen Gestaltungshöhe vereinbar ist, anhängig.

887 Vgl. *EuGH*, GRUR 2011, 216 Rn. 35 – Flos/Semeraro; so auch *Grohmann*, GRUR-Prax 2011, 82, 82; *Peifer*, AfP 2015, 6, 8.

angewandten Kunst wie unter **D.I.2.b)** aufgezeigt – besondere Anforderungen verlangt werden.

1. Überblick

Bei der eigenen geistigen Schöpfung handelt es sich um einen unbestimmten Rechtsbegriff, dessen Anwendung den nationalen Gerichten obliegt.[888] Den mitgliedstaatlichen Gerichten kommt also ein Rechtsanwendungsermessen zu. Nachdem der EuGH aber im Laufe der Entscheidungen den Werkbegriff immer mehr konturierte, müssen diese Interpretationslinien respektive die durch den EuGH konkretisierten Strukturelemente des europäischen Werkbegriffs von den nationalen Gerichten berücksichtigt werden.[889]

Ausgangspunkt bildete die Entscheidung „Infopaq/DDF" aus dem Jahr 2009. Hier nahm der EuGH erstmals Stellung zum Werkbegriff und leitete als Voraussetzung für urheberrechtlichen Schutz das Vorliegen einer eigenen geistigen Schöpfung her.[890] So hieß es: „Das Urheberrecht i.S. des Art. 2 lit.a der Richtlinie 2001/29/EG [kann] nur in Bezug auf ein Schutzobjekt angewandt werden, bei dem es sich um ein Original in dem Sinne handelt, dass es eine eigene geistige Schöpfung seines Urhebers darstellt".[891] In den nachfolgenden Entscheidungen wiederholte der EuGH diese Rechtsprechung[892] und präzisierte sie.[893]

---

888 Siehe *EuGH*, GRUR 2009, 1041 Rn. 51 – Infopaq/DDF; *EuGH*, GRUR 2011, 220 Rn. 47 – BSA/Kulturministerium; *EuGH*, GRUR 2012, 156 Rn. 158 – Football Association Premier League/Murphy; *EuGH*, GRUR 2012, 166 Rn. 94 – Painer/Standard; *EuGH*, GRUR 2012, 386 Rn. 43 – Football Dataco/Yahoo; *EuGH*, GRUR 2012, 814 Rn. 68 – SAS Institute/World Programming; vgl. *Leistner*, GRUR 2014, 1145, 1146; *ders.*, JZ 2014, 846, 848; *A. Nordemann*, FS Bornkamm, 895, 899.

889 *Leistner*, FS Bornkamm, 859, 861; *ders.*, ZGE 2013, 4, 39; *ders.*, GRUR 2014, 1145, 1146; *ders.*, JZ 2014, 846, 848; *Weischede*, BLJ 2013, 73, 78–79; vgl. *BGH*, GRUR 2014, 175 Rn. 31 – Geburtstagszug.

890 *Berger*, ZUM 2012, 353, 354; *Lachenmaier*, KSzW 2014, 35, 35; *Leistner*, FS 50 Jahre UrhG, 251, 252–253; *Metzger*, GRUR 2012, 118, 121; *Weischede*, BLJ 2013, 73, 74.

891 *EuGH*, GRUR 2009, 1041 Rn. 37– Infopaq/DDF.

892 *EuGH*, GRUR 2011, 220 Rn. 45 – BSA/Kulturministerium; *EuGH*, GRUR 2012, 156 Rn. 97, 155, 156 – Football Association Premier League/Murphy; *EuGH*, GRUR 2012, 166 Rn. 87 – Painer/Standard; *EuGH*, GRUR 2012, 386 Rn. 37 – Football Dacato/Yahoo; *EuGH*, GRUR 2014, 255 Rn. 21 – Nintendo/PC Box; vgl. *EuGH*, GRUR 2012, 814 Rn. 45 – SAS Institute/World Programming mit Verweis auf *EuGH*, GRUR 2011, 220 Rn. 44–46 – BSA/Kulturministerium.

893 *Berger*, ZUM 2012, 353, 354; *Metzger*, GRUR 2012, 118, 121–122; *Weischede*, BLJ 2013, 73, 74.

2. Präzisierung des Werkbegriffs

a) *Spielraum für frei kreative Entscheidung*

In der Entscheidung „Painer/Standard“,[894] welche die urheberrechtliche Schutzfähigkeit von Fotografien zum Gegenstand hatte,[895] konkretisierte der EuGH das Kriterium der eigenen geistigen Schöpfung. Der EuGH forderte angesichts des 16. Erwägungsgrundes[896] der Schutzdauer-RL, dass in der eigenen geistigen Schöpfung des Urhebers seine Persönlichkeit zum Ausdruck komme,[897] dergestalt, dass dem geschaffenen Werk seine „persönliche Note“ verliehen werde.[898] Dies sei dann der Fall, wenn der Urheber bei der Herstellung des Werkes seine schöpferischen Fähigkeiten zum Ausdruck bringe, indem er frei kreative Entscheidungen treffe.[899] Mithin nimmt der EuGH hier Bezug zur Lehre vom Gestaltungsspielraum.[900] Damit näherte sich der EuGH den kontinentaleuropäischen Rechtsordnungen an, die an eine eigenpersönliche Prägung des Werkes, eine individuelle Schöpfung, anknüpfen und lehnte das Verständnis der britischen Rechtstradition ab, wonach „skill and labour“ entscheiden.[901] Bis zu dieser Entscheidung war die Frage, welcher Tradition das Unionsrecht folgen werde, ungeklärt, weil die Formulierung „eigene geistige Schöpfung“ in beide Richtungen interpretiert werden konnte.[902]

In der „Football Dataco/Yahoo“-Entscheidung,[903] welche die urheberrechtliche Schutzfähigkeit von Fußballspielplänen als Datenbanken betraf,[904] stellte der EuGH klar, das in „Painer/Standard“ herausgebildete Merkmal der persönlichen Note einhergehend mit dem dafür notwendigen Erfordernis eines Spielraums

---

894 *EuGH*, GRUR 2012, 166 ff. – Painer/Standard.

895 *EuGH*, GRUR 2012, 166, 167 – Painer/Standard.

896 Der *EuGH*, GRUR 2012, 166 Rn. 88 – Painer/Standard, zitierte zwar Erwägungsgrund 17 der Richtlinie 93/98, dieser entspricht aber Erwägungsgrund 16 der Schutzdauer-RL in der aktuellen Fassung.

897 *EuGH*, GRUR 2012, 166 Rn. 88– Painer/Standard.

898 *EuGH*, GRUR 2012, 166 Rn. 92 – Painer/Standard.

899 *EuGH*, GRUR 2012, 166 Rn. 89 – Painer/Standard.

900 *Berger*, ZUM 2012, 353, 355; *Geier*, Schutzkumulationen, S. 31; *Lachenmaier*, KSzW 2014, 35, 38; *Leistner*, ZGE 2013, 4, 16; *Metzger*, GRUR 2012, 118, 122.

901 *Peifer*, AfP 2015, 6, 7; *ders.*, GRUR Int. 2014, 1100, 1100–1101; vgl. auch *Metzger*, GRUR 2012, 118, 122.

902 Vgl. *Peifer*, GRUR Int. 2014, 1100, 1102–1103.

903 *EuGH*, GRUR 2012, 386 – Football Dataco/Yahoo.

904 *EuGH*, GRUR 2012, 386 Rn. 26 – Football Dataco/Yahoo.

für frei kreative Entscheidungen, gelte nicht nur für Fotografien,[905] sondern sei als eine allgemeine Schutzvoraussetzung zu verstehen.[906]

b) *Ausschluss des Spielraums für die persönliche Entfaltung*

Des Weiteren ergänzte der EuGH in der „Football Dataco/Yahoo"-Entscheidung, dass das Kriterium der Originalität nicht erfüllt sei, wenn das Werk durch technische Erwägungen, Regeln oder Zwänge bestimmt werde, die für künstlerische Freiheit keinen Raum ließen.[907] Keine Bedeutung komme dagegen den für das Werk aufgewandten geistigen Anstrengungen sowie der Sachkenntnis zu.[908]

Bereits in der Sache „BSA/Kulturministerium",[909] welche die urheberrechtliche Schutzfähigkeit der grafischen Benutzeroberfläche eines Computerprogramms zum Gegenstand hatte,[910] führte der EuGH betreffend die Komponenten, die durch ihre technische Funktion vorgegeben seien, aus, diese könnten nicht originell sein und damit eine geistige Schöpfung darstellen.[911] Sobald die Gestaltungselemente nämlich durch eine technische Funktion bestimmt seien, seien die verschiedenen Möglichkeiten der Umsetzung dieser technischen Idee derart beschränkt, dass Idee und Ausdruck zusammenfielen und kein Spielraum für den Ausdruck des schöpferischen Geistes bleibe.[912] Nicht eindeutig ist, ob der Ausschluss von Elementen, die technisch oder funktional vorgegeben sind, sowohl die technisch zwingenden Elemente als auch die technisch bedingten Elemente erfasst.[913]

---

905 Unmittelbar nach der Entscheidung „Painer/Standard" war aufgrund der herangezogenen spezifischen Erwägungsgründe sowie der spezifischen Fassung des Textes unklar, ob sich das Erfordernis des Spielraums zur Verwirklichung seiner persönlichen Note nur auf Fotografien bezieht, vgl. *Berger*, ZUM 2012, 353, 355; *Metzger*, GRUR 2012, 118, 122.

906 *EuGH*, GRUR 2012, 386 Rn. 38 – Football Dataco/Yahoo; *Geier*, Schutzkumulationen, S. 60; *Leistner*, ZGE 2013, 4, 16; vgl. *Peifer*, AfP 2015, 6, 7.

907 *EuGH*, GRUR 2012, 386 Rn. 39 – Football Dataco/Yahoo.

908 *EuGH*, GRUR 2012, 386 Rn. 42, 46 – Football Dataco/Yahoo.

909 *EuGH*, GRUR 2011, 220 ff. – BSA/Kulturministerium.

910 *EuGH*, GRUR 2011, 220 Rn. 28 ff. – BSA/Kulturministerium.

911 *EuGH*, GRUR 2011, 220 Rn. 49–50 – BSA/Kulturministerium; dazu auch *Leistner*, in: Schricker/Loewenheim, UrhR, § 2 Rn. 6; *ders.*, ZGE 2013, 4, 18–19; kritisch *Handig*, GRUR Int. 2012, 973, 978.

912 Vgl. *EuGH*, GRUR 2011, 220 Rn. 49–50 – BSA/Kulturministerium.

913 *Leistner*, ZGE 2013, 4, 24 ist der Ansicht, dass sowohl die technisch zwingenden als auch die technisch bedingten Elemente unter den Schutzausschluss fielen; in diese Richtung auch *Lachenmaier*, KSzW 2014, 35, 39, der sich für eine Schutzausstreckung

In dem Urteil „Football Association Premier League/Murphy",[914] welches sich mit dem urheberrechtlichen Schutz von Fußballspielen befasste, hatte der EuGH ebenfalls bereits bedeutet, bei Sportereignissen ließen die Spielregeln keinen Raum für eine künstlerische Freiheit im Sinne des Urheberrechts.[915]

Mithin verallgemeinerte der EuGH in „Football/Dataco" die in den vorangegangenen Entscheidungen entwickelten Konkretisierungen des Werkbegriffs werkartübergreifend und ordnete diese systematisch ein.[916] Das Merkmal der persönlichen Note, welches einen Gestaltungsspielraum für freie, kreative Entscheidungen voraussetzt, bedingt also zugleich den Ausschluss von technisch und funktional vorgegebenen Gestaltungen von der urheberrechtlichen Schutzfähigkeit.[917]

In „SAS-Institute/World Programming",[918] die sich mit der urheberrechtlichen Schutzfähigkeit eines Computerprogramms und Handbuchs befasste,[919] entschied der EuGH nochmals, dass Funktionalität, Programmiersprache oder Dateiformat als Ausdrucksform eines Computerprogramms nicht schutzfähig seien.[920]

---

auf die technisch bedingten Elemente ausspricht; a.A.: *Weischede*, BLJ 2013, 73, 78, wonach das nationale Recht im Gegensatz zum europäischen Werkbegriff auch technisch bedingte Elemente von der Schutzfähigkeit ausnehme.

914 *EuGH*, GRUR 2012, 156 ff. – Football Association Premier League/Murphy.

915 *EuGH*, GRUR 2012, 156 Rn. 96, 98 – Football Association Premier League/Murphy; nach *Leistner*, ZGE 2013, 4, 19–20, reiht sich diese Überlegung nicht als Ausschluss des Gestaltungsspielraums in das deutsche Verständnis ein, sondern als Fehlen des Kriteriums des geistigen Gehalts, also einer kommunikativen Aussage. Daher sei nur dann, wenn die Regeln tatsächlich keinerlei Spielraum „für die Kommunikation einer individuell-kreativen Aussage" ließen, die urheberrechtliche Schutzfähigkeit auszuschließen; ähnlich auch *Handig*, GRUR Int. 2012, 973, 977.

916 *Leistner*, ZGE 2013, 4, 21.

917 So *Leistner*, ZGE 2013, 4, 16, 18; *Geier*, Schutzkumulationen, S. 31–32 zufolge machte der EuGH zwar in mehreren Entscheidungen deutlich, dass technische Merkmale und sonstige durch Zwänge vorgegebene Gestaltungen vom Urheberrechtsschutz ausgeschlossen seien. Eine dogmatisch saubere Einordnung des Ausschlussgrundes in das Urheberrecht habe der EuGH bislang aber noch nicht vornehmen können, da die Entscheidung über die Schutzfähigkeit letztlich den nationalen Gerichten obliege.

918 *EuGH*, GRUR 2012, 814 ff. – SAS Institute/World Programming.

919 *EuGH*, GRUR 2012, 814, 814 – SAS Institute/World Programming.

920 *EuGH*, GRUR 2012, 814 Rn. 39 ff. – SAS Institute/World Programming; *Leistner*, ZGE 2013, 4, 21; *ders.*, in: Schricker/Loewenheim, UrhR, § 2 Rn. 6; vgl. auch *Barudi*, UFITA 2014-I, 49, 53 mit Bezug auf *EuGH*, GRUR 2012, 814 Rn. 67 – SAS – Institute/World Programming, wonach der EuGH die Notwendigkeit einer gestalterischen Freiheit betone.

3. Zusammenfassung der unionsrechtlichen Anforderungen an den Werkbegriff

Bei einem Werk muss es sich um ein Original im Sinne einer eigenen geistigen Schöpfung seines Urhebers handeln.[921] Dies setzt einen Gestaltungsspielraum für freie, kreative Entscheidungen voraus,[922] in denen sich die Persönlichkeit des Urhebers ausdrücken, der Urheber dem Werk also seine persönliche Note verleihen, kann.[923] Eine geistige Schöpfung ist zu verneinen, wenn die einzelnen Gestaltungselemente durch technische Erwägungen, Regeln oder Zwänge bestimmt werden, die für künstlerische Freiheit keinen Raum lassen.[924] Das Merkmal der persönlichen Note, welches einen Gestaltungsspielraum für freie, kreative Entscheidungen voraussetzt, bedingt folglich zugleich – jedenfalls tendenziell[925] – den Ausschluss von lediglich technisch und funktional vorgegebenen Gestaltungen von der urheberrechtlichen Schutzfähigkeit.[926]

Nicht einheitlich bewertet wird, ob dieser europäische Werkbegriff hohe oder geringe Anforderungen an die urheberrechtliche Schutzfähigkeit postuliert.[927]

---

921 *EuGH*, GRUR 2009, 1041 Rn. 37– Infopaq/DDF; *EuGH*, GRUR 2011, 220 Rn. 45 – BSA/Kulturministerium; *EuGH*, GRUR 2012, 156 Rn. 97, 155, 156 – Football Association Premier League/Murphy; *EuGH*, GRUR 2012, 166 Rn. 87 – Painer/Standard; *EuGH*, GRUR 2012, 386 Rn. 37 – Football Dacato/Yahoo; *EuGH*, GRUR 2012, 814 Rn. 45 – SAS Institute/World Programming; *EuGH*, GRUR 2014, 255 Rn. 21 – Nintendo/PC Box.

922 *EuGH*, GRUR 2012, 386 Rn. 38 – Football Dacato/Yahoo; vgl. *EuGH*, GRUR 2012, 166 Rn. 92 – Painer/Standard; schon angedeutet in: *EuGH*, GRUR 2011, 220 Rn. 49–50 – BSA/Kulturministerium; *EuGH*, GRUR 2012, 156 Rn. 98 – Football Association Premier League/Murphy.

923 So *EuGH*, GRUR 2012, 166 Rn. 88 ff., 92 – Painer/Standard in Bezug auf Fotografien; verallgemeinert in *EuGH*, GRUR 2012, 386 Rn. 38 – Football Dacato/Yahoo mit Verweis betreffend die Konkretisierung „Treffen von freien und kreativen Entscheidungen" auf *EuGH*, GRUR 2009, 1041 Rn. 45 – Infopaq/DDF, *EuGH*, GRUR 2011, 220 Rn. 50 – BSA/Kulturministerium, *EuGH*, GRUR 2012, 166 Rn. 89 – Painer/Standard und betreffend die Konkretisierung „Verleihung einer persönlichen Note" auf *EuGH*, GRUR 2012, 166 Rn. 92 – Painer/Standard.

924 *EuGH*, GRUR 2011, 220 Rn. 48 – BSA/Kulturministerium; *EuGH*, GRUR 2012, 156 Rn. 96, 98 – Football Association Premier League/Murphy; *EuGH*, GRUR 2012, 386 Rn. 39 – Football Dacato/Yahoo.

925 So *Leistner*, ZGE 2013, 4, 18.

926 *Leistner*, ZGE 2013, 4, 16, 18, 39; *ders.*, in: Schricker/Loewenheim, UrhR, § 2 Rn. 13.

927 Für hohe Anforderungen: *Peifer*, AfP 2015, 6, 7, 9, 11; *ders.*, GRUR Int. 2014, 1100, 1103; für niedrige Anforderungen: *Berger*, ZUM 2012, 353, 354; *Bisges*, ZUM 2015, 357, 358–359; *Fusbahn*, IPRB 2016, 69, 70; *Geier*, Schutzkumulationen, S. 59–60;

Beispielsweise ist *Peifer* zufolge das Erfordernis der kreativen Ausnutzung eines Gestaltungsspielraums – unterstellt man nehme diese Voraussetzung ernst – eine hohe Anforderung an die urheberrechtliche Schutzfähigkeit. Hiernach erfüllten Alltagsgestaltungen, die üblich und vorbekannt sind, dieses Merkmal nicht.[928] Nach *A. Nordemann* ist hingegen von einer niedrigen Gestaltungshöhe auszugehen. Dies folge aus einem Vergleich mit den Richtlinien, die eine eigene geistige Schöpfung verlangen und bei denen anerkannt sei, dass die Voraussetzungen niedrig seien und die „kleine Münze Schutz" genieße.[929] *Leistner* führt einschränkend aus, „die tendenziell niedrige Gestaltungshöhe [wird] durch einen vergleichsweise robusten Ausschluss technisch, funktional-praktisch geprägter Gestaltungen ausbalanciert"[930] und gelangt damit zu einer mittleren Schutzschwelle.[931]

III. Vereinbarkeit des Erfordernisses der künstlerischen Leistung mit den unionsrechtlichen Vorgaben

Angesichts der unionsrechtlichen Vorgaben an den urheberrechtlichen Werkbegriff stellt sich die Frage, ob das Werkverständnis des BGH mit den europäischen Vorgaben vereinbar ist. Bei Werken der angewandten Kunst verlangt der BGH eine künstlerische Leistung.[932] Dabei betont er, dass eine eigene geistige Schöpfung des Urhebers das Bestehen eines Gestaltungsspielraums voraussetze, welcher vom Urheber dafür genutzt werde, seinen schöpferischen Geist in origineller Weise zum Ausdruck zu bringen.[933] Der Spielraum für eine künstlerische

---

Lerach, jurisPR-WettbR 3/2014, Anm. 1, D; offen: *Metzger*, GRUR 2012, 118, 121, der meint das Kriterium der eigenen geistigen Schöpfung sage nichts darüber aus, „wie hoch oder niedrig die Schutzschwelle letztlich anzusetzen" sei.

928 *Peifer*, AfP 2015, 6, 9; *ders.*, GRUR Int. 2014, 1100, 1103.

929 *A. Nordemann*, FS Bornkamm, 895, 902.

930 So *Leistner*, EuZW 2016, 166, 167; *ders.*, GRUR 2014, 1145, 1146; *ders.*, FS 50 Jahre UrhG, 251, 253; *ders.*, JZ 2014, 846, 848; vgl. *ders.*, FS Bornkamm, 859, 861.

931 *Leistner*, GRUR 2014, 1145, 1146; *ders.*, JZ 2014, 846, 848.

932 *BGH*, GRUR 2014, 175 Rn. 26, 41 – Geburtstagszug. Derzeit ist beim EuGH ein Vorabentscheidungsersuchen (Rs. C-683/17 – Cofemel/G-Star) u.a. betreffend die Frage anhängig, ob Art. 2a) InfoSoc-RL mit dem Verlangen nach einer Kunstwerkeigenschaft vereinbar ist.

933 *BGH*, GRUR 2014, 175 Rn. 41 – Geburtstagszug mit Bezug auf *EuGH*, GRUR 2009, 1041 Rn. 45 – Infopaq/DDF, *EuGH*, GRUR 2011, 220 Rn. 48–50 – BSA/Kulturministerium, *EuGH*, GRUR 2012, 156 Rn. 98 – Football Association Premier League/ Murphy, *EuGH*, GRUR 2012, 166 Rn. 89–93 – Painer/Standard, *EuGH*, GRUR 2012,

Gestaltung sei regelmäßig dann eingeschränkt, wenn die zugrundeliegenden Elemente durch den Gebrauchszweck geprägt seien.[934] Dies fügt sich in die Rechtsprechung des Gerichtshofs ein, wonach ein Spielraum für freie kreative Entscheidungen vorhanden sein muss, damit der Urheber dem geschaffenen Werk seine „persönliche Note" verleihen kann.[935] Denn auch der BGH stellt maßgeblich auf das Bestehen eines persönlich-kreativen Gestaltungsspielraums ab.[936] Soweit der BGH bei der Ausführung zum Gestaltungsspielraum auf die europäische Rechtsprechung verweist,[937] kann dem entnommen werden, dass auch danach die nationalen mit den europäischen Anforderungen an die Werkqualität vereinbar sind.[938]

In der Literatur wird die Vereinbarkeit des Erfordernisses der künstlerischen Leistung für Werke der angewandten Kunst mit den unionsrechtlichen Vorgaben dagegen unterschiedlich beantwortet: Nach einer Ansicht ist das Merkmal der künstlerischen Leistung nicht mit dem Unionsrecht vereinbar.[939] Einerseits werde Urheberrechtsschutz von ästhetischen Werten sowie einem gesetzlich

386 Rn. 38 f. – Football Dataco/Yahoo, *EuGH*, GRUR 2012, 814 Rn. 67 – SAS Institute/World Programming.

934 *BGH*, GRUR 2014, 175 Rn. 41 – Geburtstagszug.

935 *EuGH*, GRUR 2012, 166 Rn. 88 ff. – Painer/Standard; *EuGH*, GRUR 2012, 386 Rn. 38 – Football Dacato/Yahoo.

936 Vgl. *BGH*, GRUR 2014, 175 Rn. 41 – Geburtstagszug; *Peifer*, AfP 2015, 6, 8; *Mroß*, Technische Funktionalität, Rn. 502, aber nicht speziell in Bezug auf das Kriterium der künstlerischen Leistung.

937 *BGH*, GRUR 2014, 175 Rn. 41 – Geburtstagszug mit Bezug auf *EuGH*, GRUR 2009, 1041 Rn. 45 – Infopaq/DDF, *EuGH*, GRUR 2011, 220 Rn. 48–50 – BSA/Kulturministerium, *EuGH*, GRUR 2012, 156 Rn. 98 – Football Association Premier League/Murphy, *EuGH*, GRUR 2012, 166 Rn. 89–93 – Painer/Standard, *EuGH*, GRUR 2012, 386 Rn. 38 f. – Football Dataco/Yahoo, *EuGH*, GRUR 2012, 814 Rn. 67 – SAS Institute/World Programming.

938 Ähnlich auch *Barudi*, UFITA 2014-I, 49, 63, demzufolge der BGH die Begriffe „persönliche geistige Schöpfung" und „eigene geistige Schöpfung" synonym gebrauche und mithin „von einem Gleichklang" ausgehe. Nach *Mroß*, Technische Funktionalität, Rn. 457–458, ist dieser Verweis auf die europäische Rechtsprechung durch den BGH allerdings widersprüchlich. Schließlich lehne der BGH einen einheitlichen europäischen Werkbegriff ab.

939 *Czernik*, IPRB 2014, 234, 238; *Fusbahn*, IPRB 2016, 69, 71; vgl. *Ahlberg*, in: BeckOK UrhR, § 2 Rn. 111, wonach die Ästhetik als Maßstab zur Bestimmung der Werkeigenschaft dem europäischen Werkbegriff zuwiderlaufe.

nicht definierten Kunstbegriff abhängig gemacht[940] und andererseits bedinge das Merkmal eine Ungleichbehandlung, weil es nicht bei allen Werkarten verlangt werde.[941] Diese Auffassung gründet allerdings in der Annahme, es existiere ein werkartübergreifend einheitlicher, abschließender Werkbegriff.[942] Der Gegenansicht zufolge ist die Rechtsprechung des BGH, und damit das Erfordernis der künstlerischen Leistung, auch angesichts eines werkartübergreifend einheitlichen abschließenden Werkbegriffs, europarechtskonform ausgestaltet.[943] Dieses Kriterium der künstlerischen Leistung stünde in Einklang mit dem für die Verwirklichung einer persönlichen Note notwendigen Spielraum für freie kreative Entscheidungen.[944] Teilweise wird zusätzlich ausgeführt, der BGH mache lediglich von dem den nationalen Gerichten überlassenen Auslegungsspielraum bei Bestimmung einer eigenen geistigen Schöpfung Gebrauch. Endlich gestatte eine Schutzuntergrenze für sämtliche Werkarten weitere Differenzierungen.[945] Gemäß einer weiteren Ansicht ist das Kriterium der künstlerischen Leistung mit dem Unionsrecht vereinbar. Die Gewährung von Urheberrechtsschutz für Werke angewandter Kunst ab Vorhandensein einer künstlerischen Leistung entspreche der Auffassung des EuGH vom Vorliegen einer eigenen geistigen Schöpfung als einzigem Kriterium.[946] Der Gerichtshof verstehe das Erfordernis der „Originalität dahingehend, dass der Urheber künstlerische Freiheit besitzen und

---

940 *Fusbahn*, IPRB 2016, 69, 71; vgl. *Ahlberg*, in: BeckOK UrhR, § 2 Rn. 111; *ders.*, ZUM 2015, 538, 545.

941 *Czernik*, IPRB 2014, 234, 238; vgl. *Ahlberg*, ZUM 2015, 538, 545.

942 *Ahlberg*, in: BeckOK UrhR, § 2 Rn. 111, 161 ff.; *ders.*, ZUM 2015, 538, 543–544; zwar ist *Fusbahn*, IPRB 2016, 69, 69, 71, nicht der Auffassung, dass ein abschließender europäischer Werkbegriff existiert. Unterstellt ein solcher würde jedoch bestehen, wäre dieser nach seiner Ansicht gemeinschaftswidrig. *Czernik*, IPRB 2014, 234, 238, spricht sich nicht ausdrücklich für die Existenz eines abschließenden einheitlichen europäischen Werkbegriffs aus, seiner Aussage, „eine solche Ungleichbehandlung [von Werken der angewandten Kunst im Vergleich zu anderen Werkarten] verträgt sich nicht mit der Rechtsprechung des EuGH“, kann gleichwohl entnommen werden, dass er einen für alle Werkarten verbindlichen einheitlichen europäischen Werkbegriff annimmt.

943 *Leistner*, in: Schricker/Loewenheim, UrhR, § 2 Rn. 15; *Peifer*, AfP 2015, 6, 8 lässt im Ergebnis aber offen, ob ein einheitlicher abschließender Werkbegriff besteht.

944 *Leistner*, in: Schricker/Loewenheim, UrhR, § 2 Rn. 15; *ders.*, FS 50 Jahre UrhG, 251, 254, 265; *ders.*, JZ 2014, 846, 848; *ders.*, GRUR 2014, 1145, 1147; *Peifer*, AfP 2015, 6, 8.

945 *Leistner*, EuZW 2016, 166, 167; *ders.*, JZ 2014, 846, 848; *ders.*, GRUR 2014, 1145, 1146; *ders.*, FS 50 Jahre UrhG, 251, 253–254.

946 *A. Nordemann*, FS Bornkamm, 895, 905.

dem Werk durch freie und kreative Entscheidungen eine persönliche Note verleihen müsse".[947] Im Unterschied zur zweitgenannten Ansicht stellt hiernach das Erfordernis der künstlerischen Leistung eine besondere Anforderung dar, deren Verlangen von der Regelungsbefugnis der Mitgliedstaaten, die aus Erwägungsgrund 8 und Art. 17 S. 2 GeschmM-RL folge, gedeckt sei.[948] Mithin unterstellt diese Auffassung, dass das Unionsrecht Minimalanforderungen an den europäischen Werkbegriff vorgebe.

Nach der hier unter **D.I.2.b)** vertretenen Ansicht besteht kein abschließender europäischer Werkbegriff, so dass die Mitgliedsländer aufgrund der in Art. 17 S. 2 GeschmM-RL postulierten Regelungsbefugnis die Anforderungen an Werke der angewandten Kunst selbst bestimmen können. Dementsprechend ist die erstgenannte Ansicht bereits aufgrund der Annahme, es existiere ein einheitlicher europäischer Werkbegriff, abzulehnen. Nach den anderen beiden Auffassungen lässt sich das Erfordernis der künstlerischen Leistung überzeugend in den vom EuGH geforderten Spielraum für freie kreative Entscheidungen einfügen. Dabei ist die letztgenannte Ansicht vorzugswürdig, da auch nach hier vertretener Auffassung die künstlerische Leistung als ein zusätzliches Kriterium qualifiziert wird.

IV. Zwischenergebnis

Der neue Werkbegriff im Bereich der angewandten Kunst verhält sich innerhalb der Grenzen des durch den EuGH präzisierten Rechtsanwendungsermessens. Er steht in Einklang mit dem europäischen Werkbegriff.

947 *A. Nordemann*, FS Bornkamm, 895, 905 mit Bezug auf *EuGH*, GRUR 2012, 386 Rn. 37 ff. – Football Dataco/Yahoo.

948 *A. Nordemann*, FS Bornkamm, 895, 905.

E. Gesamtergebnis

I. Zusammenfassung

Die Arbeit konnte die eingangs aufgestellte Arbeitshypothese verifizieren: Indem der BGH an dem Erfordernis der künstlerischen Leistung festhielt und lediglich auf ein deutliches Überragen der Durchschnittsgestaltung verzichtete, positionierte er die Schutzschwelle für Werke der angewandten Kunst neu. Durch die neue Schutzschwelle konnte der BGH den urheberrechtlichen Schutz im Ergebnis jedoch – entgegen seiner Intention – wohl nicht auf das Schutzniveau der zweckfreien Kunst, konkret auf die „kleine Münze" angewandter Kunst, erweitern. Der BGH bewirkte allenfalls eine minimale Erweiterung des Anwendungsbereichs. Dies ist zum einen dem Umstand geschuldet, dass dem BGH zufolge der Gestaltungsspielraum durch die dem Gebrauchszweck geschuldeten Elemente eingeengt wird. Insbesondere lässt der BGH den von den technisch bedingten Elementen vermittelten ästhetischen Gehalt für eine künstlerische Leistung nicht ausreichen. Die reine bildende Kunst verfügt aufgrund ihrer Zweckfreiheit hingegen über einen größeren Gestaltungsspielraum als die angewandte Kunst. Zum anderen muss der vorhandene Gestaltungsspielraums durch eine künstlerische Leistung ausgenutzt worden sein. Eine Annäherung an den Begriff der künstlerischen Leistung ergibt, dass nach Ansicht der Angehörigen der Kunst- und Designwissenschaft die den Durchschnitt gerade so überragenden Gestaltungen das Erfordernis einer künstlerischen Leistung nicht erfüllen. Zwar können die Fachkreise nicht trennscharf bestimmen, was unter einer künstlerischen Leistung genau zu verstehen ist, danach besteht aber eine Tendenz zu nicht allzu geringen Anforderungen.

Thesen

1. Als ästhetisch ansprechend gestaltete, dreidimensionale Gestaltungen mit praktischem Gebrauchszweck zählen Produktgestaltungen zu den in § 2 Abs. 1 Nr. 4 UrhG geschützten Werken der angewandten Kunst.[949]
2. Der Begriff „angewandte Kunst" leitet sich von der Übertragung von Elementen der bildenden Kunst auf Gebrauchsgegenstände her. Heutzutage wird der Terminus „angewandte Kunst" jedoch nicht nur in seinem ursprünglichen Sinne, sondern auch als Oberbegriff zur Bezeichnung von künstlerisch gestalteten Gebrauchsgegenständen verwendet.[950] Der Begriff der angewandten

949 S. 69–70.
950 S. 33–34.

Kunst wurde für die Gestaltung von Gebrauchsgegenständen heutzutage weitestgehend von dem Begriff „Design“ abgelöst, zumindest, was industriell angefertigte Gegenstände anbelangt.[951]

3. Damit eine Produktgestaltung als ein Werk der angewandten Kunst Urheberrechtsschutz erfährt, muss es sich um eine Schöpfung individueller Prägung handeln, deren ästhetischer Gehalt einen solchen Grad erreicht hat, dass nach Auffassung der für Kunst empfänglichen und mit Kunstanschauungen einigermaßen vertrauten Kreise von einer künstlerischen Leistung gesprochen werden kann. Sie müssen folglich Kunstwerkeigenschaft aufweisen.[952]
4. Die rechtliche Relevanz des Erfordernisses der künstlerischen Leistung bei Werken der angewandten Kunst vor der „Geburtstagszug“-Entscheidung war in den letzten Jahren gering, da nach der Rechtsprechung nur solchen Produktformen Urheberrechtsschutz zu Teil wurde, welche eine besondere Gestaltungshöhe erreichten respektive Durchschnittsgestaltungen deutlich überragten. In diesen Fällen war in der Regel zugleich das Erfordernis der künstlerischen Leistung erfüllt.[953]
5. Die Erfordernisse der künstlerischen Leistung und der besonderen Gestaltungshöhe wurzeln beide in der Rechtsprechung des Reichsgerichts zur Abgrenzung von urheberrechtlich schutzfähigen und musterschutzfähigen Gestaltungen aus dem Jahr 1911.[954]
6. Zum Zeitpunkt ihrer Entstehung waren beide Merkmale eng miteinander verknüpft: Das Erfordernis der künstlerischen Leistung stellte dabei das Erreichen des Grades an ästhetischem Gehalt dar, ab welchem – in Abgrenzung zum Geschmacksmusterrecht – das Urheberrecht Anwendung finden sollte. Für die Anwendbarkeit des Urheberrechtsschutzes musste ein besonderer Grad an ästhetischem Gehalt respektive Individualität, mithin eine besondere Gestaltungshöhe, vorliegen.[955]
7. Im Weiteren hielt die Rechtsprechung an dem Erfordernis der künstlerischen Leistung fest, gestaltete das graduelle Verhältnis zwischen Kunst- und Geschmacksmusterschutz hingegen weiter aus. So verlangte die Rechtsprechung zunächst, dass die Grenze zwischen beiden Schutzrechten nicht zu niedrig gezogen werden dürfe, und später, dass für die Kunstschutzfähigkeit

951 S. 37–38.
952 S. 77.
953 S. 97.
954 S. 85, 91.
955 S. 96.

ein deutliches Überragen der Durchschnittsgestaltung zu verlangen sei (sog. Stufentheorie). Von dem Verständnis, wonach das Vorliegen des Erfordernisses der künstlerischen Leistung Ausdruck des höheren ästhetischen Gehalts und damit allein ausschlaggebend für die Beurteilung, ob Kunstschutz Anwendung fand, war, rückte die Rechtsprechung ab. Heutzutage hat sich das Erfordernis der künstlerischen Leistung allgemein für Werke bildender Künste als urheberrechtliches Schutzkriterium durchgesetzt.[956]

8. Kurz vor der „Geburtstagszug"-Entscheidung deutete der BGH eine andere Schwerpunktsetzung an, indem er innerhalb der Urheberrechtsprüfung nicht mehr vordergründig auf das deutliche Überragen der Durchschnittsgestaltung abstellte, sondern eine genaue Prüfung des Vorliegens einer künstlerischen Leistung vornahm.[957]
9. Der BGH stellt in der „Geburtstagszug"-Entscheidung eine neue Schutzschwelle für Werke der angewandten Kunst auf. Indem er seine Rechtsauffassung aufgab, wonach für die Gewährung von Urheberrechtsschutz für Werke der angewandten Kunst eine besondere Gestaltungshöhe erforderlich war. Zugleich hielt er an dem Erfordernis der künstlerischen Leistung fest.[958]
10. Die Lösung von der Stufentheorie erfolgte in Anbetracht der Umsetzung des europäischen Geschmacksmusterrechts systemgerecht, weil ihr hierdurch die Grundlage entzogen wurde. Nach Neugestaltung des Designrechts kann dasselbe nicht mehr als wesensgleich zum Urheberrecht begriffen werden.[959]
11. Die Aufgabe der besonderen Gestaltungshöhe war ebenfalls systemgerecht. Aus dem Wegfall des Stufenverhältnisses folgt zwar nicht zwingend das Entfallen der Legitimation für das Verlangen von erhöhten Schutzanforderungen an Werke der angewandten Kunst im Vergleich zu den anderen Werkkategorien. Die gewichtigeren Gründe sprechen indes dafür, dass sich das Designrecht nicht auf das Merkmal der Gestaltungshöhe im Urheberrecht auswirkt.[960]
12. Die Beibehaltung des Merkmals der künstlerischen Leistung nach Wegfall des Stufenverhältnisses ist tragfähig, da nach der Systematik des Urheberrechtsgesetzes das Werk der angewandten Kunst einen Unterfall der bildenden Kunst bildet und die künstlerische Leistung heutzutage als allgemeine

956 S. 87, 91 ff., 96.
957 S. 93, 96–97.
958 S. 100 ff.
959 S. 106 ff.
960 S. 110 ff.

Voraussetzung für Werke der bildenden Kunst gefordert wird. Die Aufgabe dieses Kriteriums wäre hingegen eingedenk seiner Entstehungsgeschichte überzeugender gewesen. Schließlich spaltete der BGH so seine Rechtsprechungsformel künstlich in zwei Aspekte auf, obwohl die gesamte Rechtfertigung dieser Formel bereits durch die Neugestaltung des Designrechts entfallen war.[961]

13. Nach der „Geburtstagszug“-Entscheidung gelten für Werke der angewandten Kunst dieselben Anforderungen wie für Werke der zweckfreien bildenden Kunst sowie des musikalischen und literarischen Schaffens. Mithin strebt der BGH – zumindest prima facie – einen einheitlichen Werkbegriff an. Gleichwohl verlangt er weiterhin eine künstlerische Leistung. Demnach gilt die allgemeine Schutzschwelle der reinen Kunst ebenfalls für die angewandte Kunst.[962]
14. In der Gleichbehandlung der Werkarten lässt sich die Intention des BGH erkennen, dass mit Aufgabe der alten Rechtsprechung auch im Bereich der angewandten Kunst die „kleine Münze“ vom Anwendungsbereich des Urheberrechtsgesetzes erfasst werden soll.[963]
15. Das Vorliegen einer künstlerischen Leistung ist das neue Abgrenzungskriterium zwischen Urheberrechts- und Designschutz und hat damit an Bedeutung gewonnen. Entscheidend für die urheberrechtliche Schutzfähigkeit ist, ob ein Gestaltungsspielraum für eine künstlerische Leistung besteht und dieser Spielraum künstlerisch genutzt wird und nicht mehr, ob die Gestaltung den Durchschnitt deutlich überragt.[964]
16. Nach dem BGH wird bei Gebrauchsgestaltungen der Gestaltungsspielraum regelmäßig durch dem Gebrauchszweck geschuldete Gestaltungsmerkmale eingeschränkt. Daneben können auch Angaben des Auftraggebers, Markttrends sowie Gegebenheiten der Herstellbarkeit den Spielraum einengen. Letztere Vorgaben stecken jedoch allzu häufig nur einen groben Rahmen ab.[965]
17. Nach dem BGH vermag eine Gestaltung, die zwar aus frei wählbaren oder austauschbaren, aber technisch bedingten Elementen besteht, keinen Urheberrechtsschutz zu begründen. Die Argumentation des BGH zum

961 S. 113–114.
962 S. 115.
963 S. 115–116.
964 S. 116–117.
965 S. 118 ff., 128.

Ausschluss der technisch bedingten Elemente aus dem Urheberrechtsschutz ist nicht überzeugend.[966]

18. Nach Ansicht der Fachkreise können auch Designalternativen eine künstlerische Leistung begründen. Die Nichtbeachtung der funktionalen Elemente bei der Einschätzung des ästhetischen Gehalts wird deshalb nicht dem Wesen der Design-Leistung gerecht.[967]
19. Mit Blick auf das gegenwärtig vertretene Gestaltungsverständnis, wonach Form und Funktion korrelieren,[968] wird der Schutz von Design-Leistungen als Werke der angewandten Kunst durch den Ausschluss der technischen Bedingtheit nennenswert erschwert und zugleich der Wert von Design verkannt.[969]
20. Der Gestaltungsspielraum zweckfreier Kunst ist im Vergleich zu Werken der angewandten Kunst von Natur aus viel größer.[970]
21. Bei dem Erfordernis der künstlerischen Leistung handelt es sich um einen Rechtsbegriff. Dies schließt nicht aus, dass tatsächliche Feststellungen getroffen werden müssen.[971]
22. Unter Berücksichtigung des „Goldrapper"-Urteils bedarf es bei der Vermittlung der Anknüpfungstatsachen im Bereich der „kleinen Münze" angewandter Kunst regelmäßig sachverständiger Hilfe.[972]
23. Ob eine Gebrauchsgestaltung urheberrechtlich zu schützen ist, weil von einer künstlerischen Leistung gesprochen werden kann, bestimmt sich nach Maßgabe des kunstinteressierten Durchschnittsbetrachters.[973]
24. Die Anerkennung in der Fachwelt etwa in Gestalt von Preisauszeichnungen oder Präsentationen in Kunst- und Designmuseen kann ein Indiz für eine künstlerische Leistung darstellen. Nachdem vorliegend Beurteilungsgegenstand einfache Gestaltungen sind, denen regelmäßig weder ein Preis verliehen noch eine Ausstellung gewidmet wird, wird sich die Sicht der Fachkreise auf diesem Weg nur ausnahmsweise manifestieren.[974]

---

966 S. 123 ff.
967 S. 52, 124–125, 158.
968 S. 34 ff.
969 S. 124–125, 129–130.
970 S. 130.
971 S. 131–132.
972 S. 141 ff.
973 S. 133 ff.
974 S. 150–151.

25. Nach Ansicht der Angehörigen der Design- und Kunstwissenschaft lässt sich weder einheitlich noch trennscharf bestimmen, wann eine künstlerische Leistung vorliegt respektive was inhaltlich unter einer künstlerischen Leistung zu verstehen ist.[975]
26. Nach Ansicht der Fachkreise ist eine künstlerische Leistung gegeben, sofern ein gewisses Maß an Neuheit verwirklicht wurde. Ein nur geringes Überragen des Durchschnitts genügt nach Ansicht der Fachkreise nicht. Nach der Mehrzahl der Rückmeldungen ist sogar ein deutliches Überragen einer Durchschnittsgestaltung erforderlich. Insgesamt zeichnet sich eine Tendenz zu nicht allzu geringen Anforderungen ab.[976]
27. Das von den Angehörigen der Kunst- und Designwissenschaft herangezogene Kriterium der objektiven Neuheit bei der Ermittlung des Vorliegens einer künstlerischen Leistung kann in Einklang mit den urheberrechtlichen Wertungen gebracht werden. Denn eine weitere Einschränkung innerhalb der urheberrechtlichen Grenzen durch das von den Fachkreisen aufgezeigte Kriterium der objektiven Neuheit fügt sich als strengeres Kriterium in die Prüfung der Urheberrechtsschutzfähigkeit ein.[977]
28. Das OLG Schleswig stellt in seiner „Geburtstagszug II"-Entscheidung ebenfalls auf die objektive Neuheit des Gestaltungsergebnisses ab. Danach genügt für die Annahme einer künstlerischen Leistung bereits das Vorliegen eines neuen Gestaltungsergebnisses, welches auf einer neuen Idee beruht, selbst wenn es lediglich handwerklich ausgestaltet ist.[978]
29. Damit ist bei der Beurteilung der vom BGH geforderten künstlerischen Leistung die objektive Neuheit der Gestaltung entscheidend. Betreffend das Maß, in welchem diese vorliegen muss, divergieren die Sicht der einschlägigen Fachkreise und des OLG Schleswig. Die Angehörigen der Fachkreise legen bei der Beurteilung, ob eine künstlerische Leistung vorliegt, die Messlatte höher als das OLG Schleswig.[979]
30. Nachdem das Kriterium der Neuheit sowohl von den Angehörigen der Fachkreise sowie vom OLG Schleswig lediglich im Zusammenhang mit Werken der angewandten Kunst als Konkretisierung des Erfordernisses der

975 S. 43 ff., 46 ff., 148 ff.
976 S. 46 ff., 148 ff.
977 S. 151 ff.
978 S. 154 ff.
979 S. 157.

künstlerischen Leistung verlangt wird, ist dieses nicht auf andere Werkkategorien zu übertragen.[980]

31. Ein einheitlicher Werkbegriff besteht nicht, da das Erfordernis der künstlerischen Leistung – im Vergleich zu den Anforderungen an die übrigen Werkarten – ein zusätzliches Erfordernis darstellt.[981]
32. Der Rechtsprechung des EuGH betreffend die Werkqualität ist eine einheitliche Schutzuntergrenze für alle Werkkategorien zu entnehmen. Folglich müssen Produktgestaltungen, um als Werke angewandter Kunst geschützt werden zu können, aus unionsrechtlicher Sicht eigene geistige Schöpfungen darstellen.[982]
33. Dagegen existiert kein abschließender europäischer Werkbegriff, welcher eine bestimmte Gestaltungshöhe respektive besondere Schutzanforderungen für Werke der angewandten Kunst verbieten würde. Denn für Werke der angewandten Kunst kommt den Mitgliedsstaaten eine eigenständige Regelungsbefugnis hinsichtlich Schutzumfang und -bedingungen zu.[983]
34. Aus unionsrechtlicher Sicht muss es sich bei einem Werk um ein Original im Sinne einer eigenen geistigen Schöpfung seines Urhebers handeln. Dies setzt einen Gestaltungsspielraum für freie, kreative Entscheidungen voraus, in denen sich die Persönlichkeit des Urhebers ausdrücken kann. Eine geistige Schöpfung ist zu verneinen, wenn die einzelnen Gestaltungselemente durch technische Erwägungen, Regeln oder Zwänge bestimmt werden, die für künstlerische Freiheit keinen Raum lassen.[984]
35. Die neue Schutzschwelle für Werke angewandter Kunst steht in Einklang mit dem europäischen Werkbegriff. Das Erfordernis der künstlerischen Leistung fügt sich in den vom EuGH geforderten Spielraum für freie kreative Entscheidungen ein.[985]

II. Fazit

Die eingangs dargestellte Praxis der Instanzgerichte, wonach eine Schutzerweiterung auf die „kleine Münze“ angewandter Kunst vorgenommen wird, spiegelt

980 S. 157–158.
981 S. 159.
982 S. 162–163.
983 S. 163 ff.
984 S. 168 ff., 172.
985 S. 173 ff.

nicht den Erkenntnisstand dieser Arbeit wieder. Vielmehr wäre den Gerichten anzuempfehlen, das Merkmal zukünftig restriktiver auslegen.

Wollte man tatsächlich die „kleine Münze“ angewandter Kunst schützen, bedürfte es primär einer anderen Definition des Gestaltungsspielraums, nämlich dergestalt, dass technisch bedingte Elemente den Gestaltungsspielraum nicht ausschließen. Um jedoch eine wirkliche Erweiterung zu bewirken, müsste darüber hinaus von dem Erfordernis der künstlerischen Leistung Abstand genommen werden. Nur so könnte erreicht werden, dass im Bereich der angewandten Kunst die „kleine Münze“ vom Urheberrechtsschutz erfasst werden würde.

Anhang I: Gesprächsablauf inklusive Fragenkatalog

– Interviews im Zeitraum von März bis Juli 2016 –

I. Einleitung

Zu Beginn jedes Gesprächs erfolgte eine kurze – möglichst allgemeinverständliche – Einführung in das Thema dieser Arbeit sowie den Gegenstand des Interviews. Sinngemäß lautete die wörtliche Einleitung:

> „Meine Arbeit befasst sich mit dem urheberrechtlichen Schutz von Produktgestaltungen. Gebrauchsgegenstände können als Werke der angewandten Kunst Urheberrechtsschutz erfahren. Dies setzt voraus, dass die Gestaltung einen ästhetischen Gehalt aufweist, so dass von einer künstlerischen Leistung gesprochen werden kann. Seit im November 2013 die sog. „Geburtstagszug"-Entscheidung des Bundesgerichtshofs ergangen ist, stellt sich die Frage, wann eine Design-Leistung eine künstlerische Leistung darstellt bzw. ob Gestaltungen, die gerade den Durchschnitt überragen, künstlerische Leistungen sein können. Bis zu diesem Urteil wurden Gestaltungen, die den Durchschnitt nicht deutlich überragten, per se vom Urheberrechtsschutz ausgenommen. Darüber hinaus argumentierte der Bundesgerichtshof in dieser Entscheidung, dass bei der Beurteilung, ob eine künstlerische Leistung vorliegt, die dem Gebrauchszweck geschuldeten Elemente den Spielraum für eine künstlerische Leistung regelmäßig einschränken. Es stellt sich die Anschlussfrage, ob sich dies in das gegenwärtige Gestaltungsverständnis einfügt. Vor diesem Hintergrund würde ich gerne Ihre kunst- und/oder designwissenschaftliche Einschätzung erfahren."

II. Fragenkatalog

Die nachfolgenden Fragen wurden zumeist in der untenstehenden Reihenfolge gestellt. Zur besseren Übersichtlichkeit gliedern sie sich nach Themengebieten.

1. Begriffsverständnis

Wie bereits unter **B.I.** gezeigt, gibt es keine allgemeingültige Definition der einzelnen Begriffe. Um die jeweiligen Ausführungen einordnen zu können, begann das Interview in der Regel mit einer Befragung zu den relevanten Begrifflichkeiten.

a) Angewandte Kunst

Was verstehen Sie unter angewandter Kunst?

b) Design

Was verstehen Sie unter Design?

2. Das Verhältnis von Design und Kunst

Um zu erfahren, wie Design-Leistungen von angewandter Kunst abgegrenzt werden respektive wie sie sich zueinander verhalten, wurde gefragt:

Wann ist Design Kunst?
In welchem Verhältnis stehen Design und Kunst zueinander?

3. Das Erfordernis der künstlerischen Leistung

Konkret zum Erfordernis der künstlerischen Leistung wurde gefragt:

Was ist unter einer künstlerischen Leistung im Zusammenhang mit Produktgestaltungen zu verstehen?
Wann erreicht eine Produktgestaltung einen solchen Grad an ästhetischem Gehalt, dass Sie von einer künstlerischen Leistung sprechen würden? Wann stellt also eine Produktgestaltung eine künstlerische Leistung dar?

In diesem Zusammenhang stellten sich teilweise die Anschlussfragen:

Ist für das Vorliegen einer künstlerischen Leistung die Vermittlung einer inhaltlichen Aussage notwendig?
Verbinden Sie mit dem Begriff „Kunst" die zweckfreie bildende Kunst? Bzw. weist das Kriterium der künstlerischen Leistung auf die zweckfreie Kunst hin?

4. Bewertung einzelner Design-Leistungen

Teilweise wurde zur Ermittlung des Bedeutungsgehalts erhaltener Antworten, die Einordnung einzelner Gestaltungen erbeten, zumeist des Stahlrohrstuhls von Mart Stam, da dieser als Design bzw. angewandte Kunst sowohl in der Kunst- und Designwissenschaft als auch in der Rechtswissenschaft anerkannt ist.

> **Stellt diese Gestaltung für Sie eine künstlerische Leistung dar bzw. weist die nämliche Gestaltung Ihrer Ansicht nach einen solchen ästhetischen Gehalt auf, dass von einer künstlerischen Leistung gesprochen werden kann?**
> **Handelt es sich um Design oder Kunst?**

Vereinzelt wurde zudem gefragt:

> **Verfügt die Gestaltung über eine inhaltliche Botschaft?**

5. Beurteilung von Geburtstagszug und Geburtstagskarawane

Danach folgte die konkrete Beurteilung von Geburtstagszug und Geburtstagskarawane. Diese beiden Produktgestaltungen wurden exemplarisch ausgewählt, denn bei ihnen handelt es sich um den der „Geburtstagszug"-Entscheidung zugrundeliegenden Streitgegenstand. Beide Gestaltungen überragen die Durchschnittsgestaltung nicht deutlich und wurden vom OLG Schleswig unterschiedlich beurteilt.

Dazu wurden den interviewten Personen Bilder beider Produktgestaltungen entweder im persönlichen Gespräch vorgelegt oder bei einem fernmündlichen Gespräch vorab per E-Mail übersandt.

Gefragt wurde:

> **Wie würden Sie die beiden Produktgestaltungen „Geburtstagszug" und „Geburtstagskarawane" beurteilen?**
> **Weisen sie einen solchen Grad an ästhetischem Gehalt auf, dass Sie von künstlerischen Leistungen sprechen würden?**

Je nach Antwort kam die Frage auf:

> **Würde die Kombination von Tieren mit Rollen Ihrer Ansicht nach ausreichen, um eine künstlerische Leistung anzunehmen? Unterstellt eine solche hätte es zum Schöpfungszeitpunkt auf dem Markt nicht gegeben.**

6. Die Durchschnittsgestaltung als Maßstab

Nachdem der BGH betont, ein deutliches Überragen der Durchschnittsgestaltung sei keine Voraussetzung mehr für die Anwendbarkeit des Urheberrechts, wurde gefragt:

Verfügen Gestaltungen, die eine Durchschnittsgestaltung nur ein wenig überragen, über einen solchen Grad an ästhetischem Gehalt, dass Sie von künstlerischen Leistungen sprechen würden?
Ist für eine künstlerische Leistung ein deutliches Überragen der Durchschnittsgestaltung erforderlich?

7. Gestaltungsspielraum für eine künstlerische Leistung

Dem BGH zufolge schränken die durch den Gebrauchszweck bedingten Merkmale einer Gestaltung den Spielraum für eine künstlerische Leistung ein. Um zu ermitteln, ob diese Auffassung mit der kunst- und designwissenschaftlichen Sicht respektive dem gegenwärtigen Gestaltungsverständnis übereinstimmt, wurde folgende Frage gestellt:

Schränken die dem Gebrauchszweck geschuldeten (insbesondere die funktionalen) Merkmale einer Gestaltung den Spielraum für eine künstlerische Leistung ein?

8. Trennung von funktionalen und ästhetischen Elementen einer Gestaltung

Aus Praktikabilitätsgründen stellte sich nachfolgende Frage:

Können aus Ihrer Sicht die funktionalen Elemente von den ästhetischen Merkmalen unterschieden werden?

Anhang II: Darstellung der Kernthesen

– Interviews im Zeitraum von März bis Juli 2016; jeweils in chronologischer Reihenfolge –

1. Begriffsverständnis

a) Angewandte Kunst

Was verstehen Sie unter angewandter Kunst?

- Die Wendung „angewandte Kunst“ gilt zur Beschreibung von Designleistungen (gleich ob im Kontext des Produktdesigns oder in dem des Kommunikationsdesigns) als veraltet. Sie entstammt einer Zeit, in der sich (vorwiegend) Künstler damit beschäftigten, Stilelemente aus der bildenden Kunst auf Gebrauchsgegenstände zu applizieren. Bei dementsprechenden Produkten dominiert die Ästhetik meist die Gebrauchstauglichkeit. Ein Beispiel dafür ist der Rot-Blaue Stuhl von Gerrit Rietveld, welcher der De-Stijl-Ästhetik folgt und damit aussieht wie ein Mondrian-Gemälde, sich für gemütliches Sitzen oder entspannendes Ausruhen jedoch wenig eignet. Die Wendung ist inzwischen längst durch den Begriff „Design“ ersetzt – wobei mit dieser Entwicklung auch eine inhaltliche Veränderung der gestalterischen Tätigkeit stattgefunden hat. Die bildende Kunst spielt fortan im Design keine bedeutende Rolle mehr. Sie ist stilistisch nicht mehr tonangebend.[986]
- Der Begriff „angewandte Kunst“ beinhaltet sowohl das Kunsthandwerk als auch das Design, mithin das Manufakturwesen sowie die industrielle Fertigung.[987]
- Die einzelnen Begrifflichkeiten wie etwa Design, angewandte Kunst, Kunsthandwerk, Kunstgewerbe werden nicht einheitlich definiert.

  Angewandte Kunst setzt sich zusammen aus dem Kunsthandwerk – also keine industrielle Herstellung – und dem Design – der industriellen Herstellung.[988]

---

986 *Kurz*, Telef. Gespräch v. 4.4.2016.
987 *Rebbelmund*, Pers. Gespräch v. 2.5.2016.
988 *Klemp*, Pers. Gespräch v. 4.5.2016.

- Der Begriff „angewandte Kunst“ ist historisch gewachsen und wird heutzutage kaum mehr gebraucht. Er wurde durch den Begriff „Design“ ersetzt. Angewandte Kunst ist ein Teilbereich des Designs.[989]
- Der Begriff „angewandte Kunst“ stammt aus einem historischen Kontext. Hierunter fielen ursprünglich Unikate individueller Entwürfe. Heutzutage wird er nicht mehr genutzt und wurde durch den Begriff „Design“ ersetzt.[990]
- „Angewandte Kunst“ ist der Oberbegriff für Kunsthandwerk und Design. Hier steht kein utilitärer Zweck im Vordergrund. Der Gegenstand weist eher eine gewisse Anmut auf.[991]
- Der Begriff „angewandte Kunst“ umfasst das Kunsthandwerk und das Design. Also alles, was einen Zweck bzw. Nutzen hat. Heutzutage verwendet man eher den Begriff „Design“ als „angewandte Kunst“.

  Ein Gebrauchsgegenstand gehört zum Kunsthandwerk, wenn der Herstellungsprozess in einer Hand liegt, also keine Arbeitsteilung besteht. Das Kunstgewerbe ist eng mit dem Kunsthandwerk verbunden, produziert aber tendenziell zum Teil auch arbeitsteilig größere Serien.[992]
- Die einzelnen Begrifflichkeiten wie etwa angewandte Kunst und Design werden nicht einheitlich definiert.

  Angewandte Kunst umfasst sowohl das Kunsthandwerk – keine industrielle Produktion – als auch das Design – industrielle Produktion. Heutzutage wird der Begriff „angewandte Kunst“ eher selten verwendet, sondern stattdessen der Begriff „Design“.

  Eine Gebrauchsgestaltung zählt zum Kunsthandwerk, wenn sie von ein und derselben Person entworfen und produziert wurde.[993]
- Der Begriff „angewandte Kunst“ wurde durch „Design“ ersetzt.[994]
- Der Begriff „angewandte Kunst“ ist wenig gebräuchlich und wurde durch den Begriff „Design“ abgelöst.[995]

---

989 *Funke*, Telef. Gespräch v. 10.5.2016.
990 *Godau*, Telef. Gespräch v. 10.5.2016.
991 *Albus*, Telef. Gespräch v. 23.5.2016.
992 *Bischoff*, Telef. Gespräch v. 24.5.2016.
993 *Straßer*, Telef. Gespräch v. 7.6.2016.
994 *Bergner*, Telef. Gespräch v. 8.6.2016.
995 *Naumann*, Telef. Gespräch v. 21.6.2016.

- Im 19. Jahrhundert fand die Trennung von autonomer und angewandter Kunst statt. Seitdem bildete sich aus der angewandten Kunst zum einen das Design (industriell) und zum anderen das Kunsthandwerk heraus. Heutzutage wird der Begriff „angewandte Kunst" kaum noch gebraucht.

  Unter den Begriff „Kunsthandwerk" fallen handgemachte, auch serielle, dreidimensionale Produkte.[996]

- Der Begriff „angewandte Kunst" ist wenig gebräuchlich. Darunter fällt das Kunstgewerbe. Selten wird anstatt dem Begriff „angewandte Kunst" der Begriff „Design" verwandt.[997]

b) Design

Was verstehen Sie unter Design?

- Klare Definitionen zum Fach sind im Hinblick auf das Design stellenweise nicht erwünscht und werden kritisiert. In den 1980er Jahren waren es die Vertreter/innen des Neuen Deutschen Designs, welche den Designbegriff bis zur Unkenntlichkeit dehnten. Heutzutage ist es nicht selten der Designjournalismus der ihn entstellt und diejenigen, die Definitionen und Profilschärfe anmahnen, sogar als Grenzkontrolle und ähnliches beschimpfen. Dazu ist anzumerken: Entsprechende Autoren können meistens kein Designstudium oder gar eine einschlägige wissenschaftliche Tätigkeit vorweisen, nehmen mit ihren Darstellungen jedoch Einfluss auf das Verständnis und die Meinung über Design in der Öffentlichkeit.

  Der Begriff Design basiert definitorisch auf der Trennung von Entwurf und Fertigung. Um von Design sprechen zu können, muss also Arbeitsteilung vorliegen.[998]

- Design ist angewandte Kunst. Design ist eine kreative Praxis, die immer im Dienst von etwas steht, nützlich sein muss, einen Zweck erfüllt.[999]

- Ursprünglich wurde unter Design die disziplinäre Loslösung des Entwurfs von der Fertigung verstanden. Mittlerweile fand ein Wandel des Begriffsverständnisses statt. Heutzutage, nach der Moderne, ist nämlich die entscheidende Funktion von Design, die Kommunikation und Identifikation von Menschen mit Zeichen auszustatten. In dieser Hinsicht sind sowohl massengefertigte als

---

996 *Plüm*, Telef. Gespräch v. 30.6.2016.
997 *Busse*, Pers. Gespräch v. 15.7.2016.
998 *Kurz*, Telef. Gespräch v. 4.4.2016.
999 *Blomberg*, Telef. Gespräch v. 19.4.2016.

auch handwerklich gefertigte Produkte geeignet, so dass Produkte – unabhängig von ihrer Herstellungsweise – unter den Designbegriff fallen.[1000]

- Unter den Designbegriff fallen Serienprodukte. Dabei ist die Trennung von Entwurf und Ausfertigung keine Voraussetzung. Es genügt, wenn der Entwurf für Serienprodukte gedacht ist.[1001]
- Design hat es schon in der Steinzeit gegeben. Industrial-Design bezeichnet Produkte, die einen bestimmten Zweck erfüllen und arbeitsteilig – Auseinanderfallen von Entwurf und Produktion – hergestellt werden. Beim Design spielen nicht nur ein schöpferischer kreativer gestalterischer Akt, sondern auch ökonomische Aspekte – z.B. ob als Serienteil geeignet, wieviel die Zielgruppe bereit zu zahlen ist – eine Rolle.[1002]
- Design erfasste ursprünglich lediglich den Entwurf für die industrielle Fertigung, also die Trennung von Entwurf und Herstellungsprozess. Mittlerweile bestehen aber Überschneidungen zu anderen Disziplinen wie etwa der Kunst.[1003]
- Design entstand im Zuge der Industrialisierung und bezeichnet die mit Hilfe von Maschinen produzierten Güter, sog. Industriedesign. Die Trennung von Entwurf und Produktion war Voraussetzung. Heutzutage wird der Designbegriff inflationär, also nicht mehr im ursprünglichen Sinne bzw. auch für nicht industriell hergestellte Produkte gebraucht. Eine andere Sichtweise bezeichnet alle von Menschenhand hergestellten Dinge als Design.[1004]
- Der Begriff „Design" erfasst industriell hergestellte Ergebnisse. Nachdem es sich bei der Designwissenschaft um eine sehr junge Disziplin und zudem um eine Geisteswissenschaft handelt, definieren Angehörige der Fachkreise Design unterschiedlich.[1005]
- Eine Gestaltung muss die nachfolgenden vier Kriterien erfüllen, damit es sich um eine Design-Leistung handelt. Die Funktion der Technik, die Funktion der Fertigung, um das Produkt verkaufen zu können, die Funktion der Ergonomie, die Gestaltung muss selbsterklärend sein und die Funktion der Ästhetik, unter Ästhetik versteht man die Kraft, die Gefühle schafft.

1000 *Funke*, Telef. Gespräch v. 10.5.2016.
1001 *Godau*, Telef. Gespräch v. 10.5.2016.
1002 *Albus*, Telef. Gespräch v. 23.5.2016.
1003 *Bischoff*, Telef. Gespräch v. 24.5.2016.
1004 *Straßer*, Telef. Gespräch v. 7.6.2016.
1005 *Plüm*, Telef. Gespräch v. 30.6.2016.

Kriterien für gutes Design sind die sichere Technik, die wirtschaftliche Fertigung, die selbsterklärende Ergonomie, die zielgruppengerechte Ästhetik.[1006]

2. Das Verhältnis von Design und Kunst

Wann ist Design Kunst?
In welchem Verhältnis stehen Design und Kunst zueinander?

- Bereits in der Antike wird die freie Kunst als „höher" stehend, „edler", mehr „besonders" als die Gestaltung von Gebrauchsgegenständen und Alltagswaren aufgefasst. Das Handwerk wurde seither immer geringer geschätzt als die freie Kunst. Das zeigt in Bezug auf die Antike vor allem der Vergleich zwischen einerseits dem Kunsthandwerker und Gestalter von Gebrauchsgegenständen Hephaistos, der von den anderen Göttern im Olymp belächelt und geringgeschätzt wird, und andererseits dem Vorsteher der Musen und Schutzpatron der freien Künste Apollon, der als zweitmächtigster Gott neben Zeus verehrt wird.

  Es ist sehr schwierig zu bestimmen, ab wann Design Kunst ist. Hier gibt es eine Grauzone. In der Nachkriegszeit waren es vor allem die Vertreter/innen des Neuen Deutschen Designs, die eine Konkurrenz mit der Kunst suchten und nicht mehr für den Verkauf im Warenhandel gestalteten, sondern für Ausstellungen in Galerien und Museen.

  Bei der Beurteilung, ob ein Objekt eher im Bereich des Designs oder in dem der Kunst anzusiedeln ist, genügt die Ansicht eines Fotos nicht. Dazu werden Faktoren wie Herstellungsprozesse (unter anderem im Hinblick auf die Arbeitsteilung), die Verwendungsweise des Produkts und weitere Aspekte wie beispielsweise Produktionszahlen (Unikat, Serie) benötigt. Eine Einordnung aufgrund von rein ästhetischen Eigenschaften bleibt oberflächlich und greift daher zu kurz.[1007]

- Kunst und Design stellen traditionell Gegensätze dar. Während Design Bestandteil von arbeitsteiligen Gestaltungsprozessen im industriellen Zeitalter ist und die durchaus erzieherische Funktion übernimmt, die ästhetischen Vorlieben und Lebensformen möglichst vieler Konsumenten zu beeinflussen, richtet sich Kunst traditionell gezielt an spezifische Personengruppen, die einen ähnlichen Bildungshorizont aufweisen und über

---

1006 *Busse*, Pers. Gespräch v. 15.7.2016.
1007 *Kurz*, Telef. Gespräch v. 4.4.2016.

genügend Zeit und Geld verfügen, sich mit Kunst, ihrer Geschichte, aber auch der Selbstwahrnehmung zu befassen. Kunst, wie sie in Europa und Nordamerika definiert wird, entsteht nicht allein im Auftrag eines Dritten, sei es eine Kunstinstitution oder ein Unternehmen, sondern legt stets auch Zeugnis eines intrinsischen Handelns des Künstlers ab. Zumeist ist der Künstler für den gesamten Prozess der Herstellung von Kunst, von der Idee bis zur Ausführung, verantwortlich. Im Gegensatz dazu steht im Design die Problemlösung bzw. Verbesserung von ökologischen, funktionalen und ökonomischen Eigenschaften eines Produktes im Vordergrund.[1008]

- Die freie bildende Kunst zeichnet sich im Gegensatz zum Design durch Brüche mit Konventionen, Traditionen, Illusionen aus.

  Design unterliegt immer äußeren Gegebenheiten, die es einzuhalten gilt.

  Der innovative Gedanke ist beim Design durch Konventionen (ein Stuhl, ein Tisch, ein Bett) eingeschränkt. Innovation in der Kunst setzt sich vor allem von den kunstimmanenten Traditionen ab.

  Bei der Frage, ob es sich um Design oder Kunst handelt, spielt die Haltung des Künstlers eine Rolle. Es gibt bildende Künstler, die ihre Kunst bis zum Design treiben, also künstlerische Möbelunikate herstellen und Designer, deren Entwürfe freien Plastiken gleichen. Haltung und Rolle des Kreativen sind also wichtig bei der Beurteilung, ob es sich um Kunst oder Design handelt.[1009]

- Design und zweckfreie Kunst wurden in Deutschland scharf voneinander getrennt. Diese Trennung ist dabei zunächst auf Immanuel Kant zurückzuführen. In den letzten 20 bis 30 Jahren gibt es wieder Tendenzen, dass Kunst und Design zusammenkommen, beispielsweise im Autorendesign. Hier spielte die Funktion eine untergeordnete Rolle. Es wurden Produkte entworfen, die sich primär auch mitteilten.[1010]

- Design und Kunst wollen sich nicht trennscharf voneinander abgrenzen. Grundsätzlich kann man aber sagen, dass Design im Unterschied zur Kunst eine Fülle wirtschaftlicher, alltagspraktischer und kommunikativer Funktionen erfüllt. Künstlerische Methoden sind neben anderen für das Design konstitutiv.[1011]

1008 *Tietenberg*, Telef. Gespräch v. 11.4.2016.
1009 *Blomberg*, Telef. Gespräch v. 19.4.2016.
1010 *Klemp*, Pers. Gespräch v. 4.5.2016.
1011 *Funke*, Telef. Gespräch v. 10.5.2016.

- Kunst im Designkontext beschreibt Erzeugnisse, die eigentlich den Designavantgarde-Produkten zuzuordnen sind. Beim Autorendesign bzw. der Designavantgarde handelt es sich aber nicht um Kunst, weil die Objekte im Designkontext entstehen. Es wird lediglich eine neue Ästhetik ausprobiert und im Designkontext rezipiert.

  Für die Zuordnung eines Gegenstands zur Kunst oder zum Design ist entscheidend, aus welchem Kontext heraus das Objekt entstanden ist – Design- oder Kunstkontext – und wer es gemacht hat – ein Designer oder Künstler –.[1012]

- Bei Design steht die Frage im Vordergrund, „Wie mache ich etwas, damit es einen bestimmten Zweck erfüllt?“, bei der freien bildenden Kunst dagegen „Wie sage ich etwas bzw. mit welchen Mitteln bringe ich etwas zum Ausdruck?“. Beispiel Leuchte: Der Designer verfolgt mit dem Entwurf einer Leuchte einen bestimmten utilitär definierten Zweck; für den Künstler dagegen ist die Leuchte ein Ausdrucksmittel einer bestimmten „Botschaft“.[1013]

- Design und Kunst sind völlig unterschiedliche Systeme. Grundsätzlich handelt es sich um ein Werk der angewandten Kunst bzw. um Design, wenn die Gegenstände für einen bestimmten Zweck entworfen werden. Im Gegensatz dazu ist die freie bildende Kunst zweckfrei. Es herrscht aber ein Fluss zwischen Design und Kunst. Es gibt viele Künstler die Gebrauchsgegenstände designt haben (z.B. Max Bill) oder im Grenzbereich Design/Kunst arbeiten (z.B. Tobias Rehberger oder Franz West).[1014]

- Kunst entsteht ohne Auftrag, Design dagegen mit Auftrag. Selbstverständlich gibt es Ausnahmen.[1015]

- Kunst und Design sind Ergebnis eines gestalterischen Aktes. Kunst zielt im Gegensatz zum Design nicht auf Problemlösungen ab. In der Kunst müssen keine fremden Bedürfnisse umgesetzt werden. Kunst hat weitere Bedeutungsebenen, die Funktion ist untergeordnet.[1016]

1012 *Godau*, Telef. Gespräch v. 10.5.2016.

1013 *Albus*, Telef. Gespräch v. 23.5.2016.

1014 *Bischoff*, Telef. Gespräch v. 24.5.2016.

1015 *Straßer*, Telef. Gespräch v. 7.6.2016.

1016 *Bergner*, Telef. Gespräch v. 8.6.2016.

3. Das Erfordernis der künstlerischen Leistung

Was ist unter einer künstlerischen Leistung im Zusammenhang mit Produktgestaltungen zu verstehen?
Wann erreicht eine Produktgestaltung einen solchen Grad an ästhetischem Gehalt, dass Sie von einer künstlerischen Leistung sprechen würden? Wann stellt also eine Produktgestaltung eine künstlerische Leistung dar?

- Für eine künstlerische Leistung bedarf es eines zeitgenössischen Bezugs bzw. einer inhaltlichen Auseinandersetzung mit der Zeit.

  Wenn eine Gestaltung innovativ ist, also etwas komplett Neues darstellt, liegt in der Regel auch eine inhaltliche Aussage bzw. eine Auseinandersetzung mit der Zeit vor, so dass die Gestaltung eine künstlerische Sichtweise darstellt.

  Für die Annahme einer künstlerischen Leistung muss die Produktgestaltung zwar nicht zwingend eine Vorreiterstellung innehaben, aber sehr wohl Werte repräsentieren, die gerade aktuell sind.

  Die Gestaltung muss neu bzw. innovativ sein, damit sie eine künstlerische Leistung darstellen kann.[1017]

- Was künstlerisch ist, was also gemeinhin als Kunstobjekt gelten darf, bestimmt sich nach der jeweils vorherrschenden Kunsttheorie einer Gesellschaft.

  Im Zusammenhang mit Designleistungen sollte das Kriterium der künstlerischen Leistung durch andere Kriterien wie Originalität der Komponentenkombination im Sinne des Besonderen, Ausdruck von Fantasie im Vergleich zum bereits Bekannten und Üblichen, Verbesserungen (zum Beispiel der Gebrauchstauglichkeit beziehungsweise der Produzierbarkeit) im Hinblick zum Bestehenden, hoher Innovationsgrad et cetera ersetzt werden. Denn Design ist keine Kunst und daher nicht mit denselben Kriterien zu bewerten.

  Man kann eine Designleistung als innovativ bezeichnen, wenn sie zwei bereits bekannte Dinge in einer neuartigen Weise und/oder zu einem neuartigen (Gebrauchs-)Zweck zusammenführt.[1018]

1017 *Hermsen*, Telef. Gespräch v. 9.3.2016.
1018 *Kurz*, Telef. Gespräch v. 4.4.2016.

- Damit eine Produktgestaltung eine künstlerische Leistung darstellt, muss sie den Anspruch erfüllen, etwas Neues – im Sinne einer Überraschung – bzw. etwas Originelles zu sein.[1019]

- Eine künstlerische Leistung setzt die Vermittlung einer sozialen, kommunikativen Botschaft voraus. Von einer künstlerischen Leistung erwartet man, dass diese irritiert, provoziert, missfällt bzw. dass es einen Bruch mit Denk- und Wahrnehmungsgewohnheiten respektive Überraschungsmoment gibt.[1020]

- Damit eine Gebrauchsgestaltung einen solchen Grad an ästhetischem Gehalt erreicht, dass von einer künstlerischen Leistung gesprochen werden kann, muss die Gestaltung über ein solches Maß an Innovation verfügen, dass sie nicht nur originell, sondern radikal einmalig ist.[1021]

- Nachdem mit dem Begriff „künstlerisch" eine gewisse Wertigkeit verbunden wird, ist eine künstlerische Leistung als eine freie kreative originelle Schöpfung zu begreifen. Originalität ist im Sinne einer einmaligen Schöpfung zu verstehen. Hier gibt es eine Spannbreite von sehr wenig bis sehr viel.

  Eine Produktgestaltung stellt eine freie kreative Schöpfung und damit eine künstlerische Leistung dar, wenn eine neue Form für etwas Bestehendes oder etwas, was es noch nicht gab, entwickelt wurde.

  Symbolhaftigkeit respektive Symbolsprache ist keine Voraussetzung für das Vorliegen einer künstlerischen Leistung.[1022]

- Das Kriterium der künstlerischen Leistung ist im Zusammenhang mit der Beurteilung von Produktgestaltungen im Sinne einer hohen gestalterischen Qualität zu verstehen.

  Kriterien für eine hohe gestalterische Qualität sind beispielsweise Originalität, das Entstehen eines neuen Typus oder die adäquate Nutzung neuer Materialien. Die Kriterien sind veränderbar, da sie vom Zeitgeist beeinflusst werden und damit einem Wandel unterliegen.

1019 *Jonas*, Telef. Gespräch v. 11.4.2016.
1020 *Tietenberg*, Telef. Gespräch v. 11.4.2016.
1021 *Blomberg*, Telef. Gespräch v. 19.4.2016.
1022 *Rebbelmund*, Pers. Gespräch v. 2.5.2016.

Bei der Beurteilung, ob eine Produktgestaltung einen ästhetischen Gehalt erreicht, so dass von einer hohen gestalterischen Qualität gesprochen werden kann, erfolgt zuerst eine kunsthistorische Interpretation der Produktgestaltung, also ein Vergleich mit allem, was zum Schöpfungszeitpunkt bekannt war. Hierdurch lassen sich die Unterschiede zu Bestehendem und damit die Neuheiten des Produktes ermitteln. Neu ist ein Produkt auch dann, wenn Bekanntes zu etwas Neuem zusammengedacht wird. Anschließend ist zu bestimmen, ob das Produkt so neu ist, dass es über eine hohe gestalterische Qualität verfügt.

Jedes Maß an Neuheit genügt nicht, damit die Gestaltung eine hohe gestalterische Qualität aufweist. Wann ausreichend Neuheit besteht, ist schwierig zu bestimmen.[1023]

- Maßgebliches Kriterium für das Erreichen eines solchen Grads an ästhetischem Gehalt, dass von einer künstlerischen Leistung gesprochen werden kann, ist, ob die Produktgestaltung etwas Neues, Innovatives also etwas Eigenschöpferisches insbesondere in ihrer Zeichenwirkung darstellt.

  Bei der Beurteilung von Produktgestaltung bezüglich des Vorliegens einer künstlerischen Leistung ist als erstes der Markt des zu beurteilenden Gegenstands zum Schöpfungszeitpunkt des Produkts zu betrachten, um insbesondere die gestalterischen Entwicklungslinien aufzeigen zu können. Nur so kann ermittelt werden, ob das Produkt Aspekte aufnimmt, die es bereits so gab oder aber eine Neuerung bzw. eine neue Kombination von Bekanntem darstellt. Im Rahmen dieser Beurteilung müssen die einzelnen Elemente des Produktes jeweils für sich als auch in ihrer Gesamtheit bewertet werden. Falls eine signifikante Neuerung besteht, liegt eine eigene künstlerische Leistung vor. Diese Einschätzung ist allerdings zuweilen sehr subjektiv.

  Nur Personen, die den Produktbereich überblicken (Angehörige der Fachkreise), können beurteilen, ob eine Gestaltung innovativ ist.[1024]

- Das Kriterium der künstlerischen Leistung ist bei der Beurteilung von Design-Leistungen irreführend und damit ungeeignet, weil man denken könnte, die Gestaltung müsste Kunst sein. Design ist aber nicht

1023 *Klemp*, Pers. Gespräch v. 4.5.2016.
1024 *Funke*, Telef. Gespräch v. 10.5.2016.

künstlerisch. Der Begriff sollte durch entwerferische oder gestalterische Leistung ersetzt werden.

Eine Produktgestaltung weist einen solchen Grad an ästhetischem Gehalt auf, dass von einer künstlerischen bzw. gestalterischen Leistung gesprochen werden kann, wenn sie über Neuheit verfügt, so dass sie originell bzw. von einer hohen Qualität ist. Die Gestaltung muss auf eine ästhetische Art und Weise überzeugen bzw. herausragen, also vom gestalterischen Konzept hinsichtlich Form und/oder Funktion innovativ sein.

Maßgebliches Bewertungskriterium für das Vorliegen einer künstlerischen bzw. gestalterischen Leistung ist die Innovationskraft.[1025]

- Voraussetzung für eine künstlerische Leistung bzw. freier Kunst ist, dass die Gestaltung etwas mitteilt. Eine Produktgestaltung bzw. Design als solches teilt aber in der Regel nichts mit (außer der Art und Weise der Handhabung oder des eigentlichen Zwecks: „Ich bin ein Stuhl") und muss dies auch nicht. Design ist keine Kunst. Vor diesem Hintergrund ist das Kriterium „künstlerische Leistung" zur Beurteilung von Design-Leistungen ungeeignet.

  Das Kriterium der künstlerischen Leistung ist im Zusammenhang mit Produktgestaltungen im Sinne eines besonderen schöpferischen Akts zu verstehen. Eine Design-Leistung bzw. angewandte Kunst muss also einen solchen Grad an ästhetischem (bzw. inhaltlichem, narrativen) Gehalt erreichen, dass von einer künstlerischen Leistung im Sinne eines besonderen schöpferischen Akts gesprochen werden kann. Die Gestaltung muss innovativ, kreativ sein.[1026]

- Was unter einer künstlerischen Leistung zu verstehen ist, lässt sich nicht definieren. Denn für die Kunst gibt es keine festgeschriebene Definition. Kunst ist, was Künstler machen. In der Kunst ist vielmehr der Kontext entscheidend, in welchem etwas erbracht, positioniert, präsentiert wird. Das Kriterium des Kontextes gibt es lediglich in der freien bildenden Kunst.

  Das Ergebnis einer anwendungsbezogenen gestalterischen Arbeit ist Design und keine Kunst. Design bzw. angewandte Kunst ist nicht künstlerisch. Eine Produktgestaltung wird nicht im Kunstsystem verortet. Das

1025 *Godau*, Telef. Gespräch v. 10.5.2016.
1026 *Albus*, Telef. Gespräch v. 23.5.2016.

Kriterium der künstlerischen Leistung ist daher bei der Bewertung von Gebrauchsgegenständen ungeeignet.

Das Kriterium „künstlerische Leistung" weist auf die zweckfreie Kunst, und nicht auf Design bzw. angewandte Kunst hin.

In Bezug auf Design bzw. angewandte Kunst ist das Kriterium „künstlerische Leistung" im Sinne einer gestalterischen Leistung hoher Qualität zu verstehen bzw. durch das Kriterium „gestalterische Leistung hoher Qualität" zu ersetzen.

Bei der Beurteilung, ob die Gebrauchsgestaltung einen solchen Grad an ästhetischem Gehalt aufweist, dass von einer gestalterischen Leistung hoher Qualität gesprochen werden kann, ist das entscheidende Kriterium die gestalterische Innovation, Neuheit. Die Neuheit, Innovation muss ein solches Maß erreichen, dass die Gebrauchsgestaltung eine bedeutende, bahnbrechende, einflussreiche, herausragende Neuerung darstellt.[1027]

- Kunst und Design sind unterschiedlich. Design ist nicht unbedingt künstlerisch. Das Kriterium der künstlerischen Leistung ist daher zur Beurteilung von Gebrauchsgegenständen ungeeignet bzw. irreführend. Im Zusammenhang mit Design bzw. angewandter Kunst ist das Kriterium „gestalterische Leistung hoher Qualität" besser gewählt.

  Damit eine Produktgestaltung einen solchen Grad an ästhetischem Gehalt erreicht, dass von einer künstlerischen Leistung bzw. einer gestalterischen Leistung von hoher Qualität gesprochen werden kann, muss sie etwas Neues liefern, also über ihre Vorgänger hinausgehen, sog. Kriterium der Innovation.

  Ein weiteres Kriterium für das Vorliegen einer gestalterischen Leistung von hoher Qualität ist beispielsweise die Nachhaltigkeit der Materialien bzw. die Ressourcenschonung.

  Die einzelnen Kriterien sind ständig im Wandel begriffen. So kam das Kriterium der Nachhaltigkeit der Materialien erst im Zuge eines wachsenden Umweltbewusstseins auf.[1028]

1027 *Bischoff*, Telef. Gespräch v. 24.5.2016.
1028 *Straßer*, Telef. Gespräch v. 7.6.2016.

- Eine künstlerische Leistung hat neben einer Problemlösung noch andere/weitere Bedeutungs- bzw. Sinnebenen. Eine Design-Leistung verfügt neben einer gestalterischen Problemlösung grundsätzlich nicht über Bedeutungs- bzw. Sinnebenen im Sinne der Kunst. Zur Beurteilung von Produktgestaltungen ist daher das Kriterium der künstlerischen Leistung ungeeignet. Der Begriff „gestalterische, kreative Leistung" ist besser.

  Eine Produktgestaltung weist einen ästhetischen Gehalt auf, so dass von einer gestalterischen, kreativen Leistung gesprochen werden kann, wenn das Produkt überraschend, also neu ist.

  Mit dem Begriff „künstlerische Leistung" wird die freie bildende Kunst verbunden.[1029]

- Eine Gebrauchsgestaltung erreicht einen solchen Grad an ästhetischem Gehalt, dass von einer künstlerischen Leistung gesprochen werden kann, wenn sie derart neu ist, dass sie eine originäre Ausnahme bereits vorhandener Gestaltungen darstellt.

  Symbolhaftigkeit bzw. die Vermittlung einer inhaltlichen Botschaft/Aussage ist keine Voraussetzung für das Vorliegen einer künstlerischen Leistung.

  Bei der Beurteilung einer Produktgestaltung hinsichtlich des Vorliegens einer künstlerischen Leistung ist zuerst eine Analyse der Gestaltung vorzunehmen. Dann erfolgt ein Vergleich des Gesamteindrucks der Produktgestaltung mit Produkten, die zum Schöpfungszeitpunkt auf dem Markt waren, um beurteilen zu können, ob das Produkt eine originäre Ausnahme der bereits vorhandenen Produkte darstellt.

  Um die Produktgestaltung einordnen zu können, wird Marktkenntnis, also ein hochspezialisiertes Wissen bei der Marktbetrachtung, benötigt.[1030]

- Was eine künstlerische Leistung ist, wird institutionell, also durch Museen oder Galerien, definiert.

  Das Kriterium der künstlerischen Leistung ist zur Beurteilung von Produktgestaltungen ungeeignet. Im Zusammenhang mit Gebrauchsgegenständen ist das Kriterium der gestalterischen, kreativen Leistung oder des gestalterischen, kreativen Prozesses besser gewählt.

1029 *Bergner*, Telef. Gespräch v. 8.6.2016.
1030 *Naumann*, Telef. Gespräch v. 21.6.2016.

Bei der Beurteilung einer Produktgestaltung bezüglich des Vorliegens einer künstlerischen bzw. gestalterischen, kreativen Leistung ist zuerst die konkrete Produktgestaltung zu bewerten, also der Gegenstand formalästhetisch zu untersuchen und anschließend in den historischen Kontext zu setzen. Danach erfolgt eine Betrachtung der Wettbewerber respektive eine Herausarbeitung der Gemeinsamkeiten und Unterschiede des Produktes mit vergleichbaren Produkten. Die Abweichung zu bestehenden Gestaltungen ist in den Gesamtkontext zu setzen, auch innerhalb des Produktes. In einem nächsten Schritt gilt es zu ermitteln, ob die Abweichung hinreichend neu bzw. innovativ im Vergleich zu dem Bestehenden ist, um eine künstlerische bzw. kreative, gestalterische Leistung annehmen zu können. Hier muss der Grad der Kreativität und damit der Neuheit ermittelt werden. Dabei spielt das Konzept des Entwurfs eine große Rolle. Eine Idee ist nämlich Ausdruck kreativen Schaffens.[1031]

- Das Kriterium/der Begriff „künstlerische Leistung" ist gleichbedeutend mit dem Kriterium/dem Begriff „kreative, gestalterische Leistung".

Kunst ist Ästhetik, die sich nicht verbraucht, die Lust oder Unlust bereitet, die motiviert oder demotiviert.

Bei der Beurteilung, ob eine Gebrauchsgestaltung einen solchen Grad an ästhetischem Gehalt erreicht, dass von einer künstlerischen Leistung gesprochen werden kann, erfolgt zuerst eine formale ganzheitliche Betrachtung des zu bewertenden Produktes. Anschließend werden anhand eines Vergleichs des Produktes mit dem, was es zum Schöpfungszeitpunkt auf dem Markt gab, die Gemeinsamkeiten und Unterschiede des Produktes insbesondere hinsichtlich Material und Form zum vorbekannten Formenschatz, ermittelt. Maßgebend bei der Beurteilung ist der Gesamteindruck der Gestaltung. Damit von einer künstlerischen Leistung gesprochen werden kann, muss die Gestaltung im Vergleich zum vorbekannten Formenschatz gestalterisch weitergehen, neuartig sein bzw. eine neue ästhetische Wirkung aufweisen.[1032]

1031 *Plüm*, Telef. Gespräch v. 30.6.2016.
1032 *Busse*, Pers. Gespräch v. 15.7.2016.

4. Bewertung einzelner Design-Leistungen

Stellt diese Gestaltung für Sie eine künstlerische Leistung dar bzw. weist die nämliche Gestaltung Ihrer Ansicht nach einen solchen ästhetischen Gehalt auf, dass von einer künstlerischen Leistung gesprochen werden kann? Handelt es sich um Design oder Kunst?

- Der Stahlrohrstuhl von Stam vermittelt eine inhaltliche Botschaft. Zum einen hebt sich der Stahlrohrstuhl deutlich von allem ab, was es bis zu seinem Schöpfungszeitpunkt gab. Zum anderen war er einer der ersten Möbel, das für eine Vielzahl an Menschen aufgrund seiner Produktionsweise finanziell erschwinglich wurde. Hierin ist die gesellschaftliche Botschaft bzw. Auseinandersetzung zu erblicken.[1033]

- Das Stapelgeschirr „TC 100“ von Hans Roericht, der Stahlrohrstuhl von Mart Stam und der Stuhl „3107“ von Arne Jacobsen stellen künstlerische Leistungen dar. Zum Zeitpunkt der Entstehung war das Stapelgeschirr von Hans Roericht etwas gänzlich Neues, Originelles. Gleiches gilt für den Arne Jacobsen Stuhl „3107“ und den Stahlrohrstuhl von Mart Stam. Zudem steckte hinter dem Stahlrohrstuhl eine soziale Intention. Er wurde nämlich für die Massenproduktion entworfen, um diesen für eine Vielzahl an Personen erschwinglich zu machen.

  Bei dem Stapelgeschirr „TC 100“ von Hans Roericht, dem Stahlrohrstuhl von Mart Stam und dem Stuhl „3107“ von Arne Jacobsen handelt es sich um Design.[1034]

- Der Stahlrohrstuhl verkörpert den Gedanken „form follows function“. Er ist vorrangig ein an den Bedürfnissen des Nutzers orientierter Gebrauchsgegenstand. Die soziale, kommunikative, metaphorische Botschaft ist zweitrangig. Insofern handelt es sich nicht um eine künstlerische Leistung. Der Stahlrohrstuhl ist Design und keine Kunst.

  Das USM-Haller Regal ist ebenfalls ein vorrangig an den Bedürfnissen des Nutzers orientierter Gebrauchsgegenstand. Die soziale, kommunikative,

---

1033 *Hermsen*, Telef. Gespräch v. 9.3.2016.
1034 *Jonas*, Telef. Gespräch v. 11.4.2016.

metaphorische Botschaft ist zweitrangig. Es stellt daher keine künstlerische, sondern eine Design-Leistung dar.[1035]

- Der Stahlrohrstuhl von Mart Stam ist keine künstlerische Leistung. Nachdem er aber erstmalig in seiner Form so gestaltet wurde, dass sein Rahmen ein scheinbar endloses Rohr aufweist, verfügt er über eine ästhetisch herausragende Innovation und ist daher originär gestalterisch.

  Der Stahlrohrstuhl von Mart Stam weist keine inhaltliche Aussage oder Symbolhaftigkeit auf.

  Beim Stahlrohrstuhl von Mart Stam handelt sich um ein Designobjekt.[1036]

- Der Stahlrohrstuhl von Mart Stam teilt nichts mit, (zumindest nichts, was unmittelbar nichts mit seiner Funktion oder Machart zu tun hat). Bei diesem handelt sich um Design und nicht um Kunst.[1037]

- Der Stahlrohrstuhl von Mart Stam ist keine künstlerische, sondern eine gestalterisch herausragende Leistung. Denn er ist zum Sitzen designt worden, hier liegt kein Kunstkontext vor. Das Gleiche gilt für das USM-Haller Regal. Im Gegensatz dazu sind die „Sitzmöbel" von Franz West in erster Linie Kunst, die eben auch benutzbar ist.[1038]

- Der Stahlrohrstuhl von Mart Stam ist keine künstlerische Leistung. Aber er ist von hoher gestalterischer Qualität.[1039]

- Bei dem Stahlrohrstuhl von Mart Stam handelt es sich nicht um eine künstlerische, sondern um eine gestalterische, kreative Leistung. Der Stuhl stellt eine sehr originelle, ästhetisch wertvolle Problemlösung dar. Er vermittelt keine inhaltliche Botschaft, ihm kommt keine Symbolhaftigkeit im Sinne der Kunst zu.[1040]

- Der Stahlrohrstuhl von Mart Stam verfügt über keine inhaltliche Botschaft/Aussage und es kommt ihm keine Symbolhaftigkeit zu.[1041]

1035 *Tietenberg*, Telef. Gespräch v. 11.4.2016.
1036 *Godau*, Telef. Gespräch v. 10.5.2016.
1037 *Albus*, Telef. Gespräch v. 23.5.2016.
1038 *Bischoff*, Telef. Gespräch v. 24.5.2016.
1039 *Straßer*, Telef. Gespräch v. 7.6.2016.
1040 *Bergner*, Telef. Gespräch v. 8.6.2016.
1041 *Naumann*, Telef. Gespräch v. 21.6.2016.

- Der Stahlrohrstuhl von Mart Stam stellt eine gestalterische, kreative Leistung dar.[1042]
- Bei dem Stahlrohrstuhl von Mart Stam und beim USM-Haller Regal handelt es sich um Design bzw. angewandte Kunst.[1043]

5. Beurteilung von Geburtstagszug und Geburtstagskarawane

Wie würden Sie die beiden Produktgestaltungen „Geburtstagszug“ und „Geburtstagskarawane“ beurteilen?
Weisen sie einen solchen Grad an ästhetischem Gehalt auf, dass Sie von künstlerischen Leistungen sprechen würden?

- Die beiden Produktgestaltungen „Geburtstagszug“ und „Geburtstagskarawane“ stellen handwerkliches Design und keine künstlerischen Leistungen dar![1044]
- Die Geburtstagskarawane weist im Gegensatz zum Geburtstagszug eine gewisse Schöpfungshöhe durch die originellere Kombination ihrer Elemente auf. Wildtiere wie Krokodile oder Giraffen transportieren üblicherweise keine Pakete beziehungsweise Geschenke – Güterwagen tun dies allerdings sehr wohl.[1045]
- Die gewählten Formen und Farben der Produktgestaltungen „Geburtstagszug“ und „Geburtstagskarawane“ sind kindlich und nicht überraschend. Bummelzug, Tierfiguren auf Rollen und Geburtstagselemente sind bekannt. Die Geburtstagskarawane ist etwas origineller als der Geburtstagszug, da Formen und Farben reichhaltiger verwandt werden. Die Gestaltungen vermitteln keine kognitive oder emotionale Überraschung. Beide Gestaltungen stellen keine künstlerischen Leistungen dar.[1046]
- Der Geburtstagszug ist durch seine Farben und Muster für Kinder ansprechend gestaltet. Es werden keine überraschenden, sondern lediglich traditionelle Elemente gebraucht. Die Funktion steht im Vordergrund. Es gibt keine innovativen Gestaltungsanteile und keine metaphorischen

---

1042 *Plüm*, Telef. Gespräch v. 30.6.2016.
1043 *Busse*, Pers. Gespräch v. 15.7.2016.
1044 *Hermsen*, Telef. Gespräch v. 9.3.2016.
1045 *Kurz*, Telef. Gespräch v. 4.4.2016.
1046 *Jonas*, Telef. Gespräch v. 11.4.2016.

Dimensionen. Es handelt sich daher nicht um eine künstlerische Leistung, sondern um eine Design-Leistung.

Bei der Geburtstagskarawane werden konventionelle Formen miteinander verbunden, nämlich das Geburtstagsmotiv mit Tieren aus fernen Ländern auf Rollen. Hier wurde etwas mehr Gestaltungsspielraum ausgenutzt als bei dem Geburtstagszug. Dennoch handelt es sich nicht um eine künstlerische Leistung.[1047]

- Die Geburtstagskarawane stellt im Vergleich zum Geburtstagszug eine höhere kreative Leistung dar. Beide Produktgestaltungen sind aber keine freien kreativen, originellen Leistungen und damit keine künstlerischen Leistungen.[1048]
- Beide Produktgestaltungen sind nicht von hoher gestalterischer Qualität. Lediglich die Zusammenfügung des Bummelzugs bzw. der Tiere mit den Geburtstagselementen ist neu. Die konkrete Ausgestaltung ist auf einem sehr niedrigen gestalterischen Niveau. Beide Produktgestaltungen sind keine Werke der angewandten Kunst.[1049]
- Nachdem es zum Schöpfungszeitpunkt von „Geburtstagszug“ und „Geburtstagskarawane“ lediglich einzelne Tiere auf Rollen und Bummelzüge gab, stellt die Kombination mit Geburtstagselementen die Neuerung der Produkte dar. Diese Innovation erreicht ein solches Maß, dass hier von eigenen schöpferischen künstlerischen Leistungen gesprochen werden kann. Hinsichtlich der konkreten Ausgestaltung der Produkte liegt keine besondere gestalterische Qualität vor.

  Die reine Verbindung von Tieren mit Rollen würde allerdings – selbst wenn sie neu wäre –nicht genügend innovativ sein, um von einer künstlerischen Leistung sprechen zu können.[1050]
- Dass der Bummelzug oder die auf Rollen gebrachten Tiere mit Zahlen und Ähnlichem kombiniert wurde, genügt nicht, um eine ausreichende Innovation anzunehmen. Vielmehr verfügen beide Produkte lediglich über ein geringes Gestaltungsniveau, da sie von ihrem Design her trivial sind. Die Tierkarawane ist nicht höherwertiger als der Geburtstagszug, da

---

1047 *Tietenberg*, Telef. Gespräch v. 11.4.2016.

1048 *Rebbelmund*, Pers. Gespräch v. 2.5.2016.

1049 *Klemp*, Pers. Gespräch v. 4.5.2016.

1050 *Funke*, Telef. Gespräch v. 10.5.2016.

das gestalterische Konzept bei beiden Entwürfen gleich ist. Beide Gegenstände verfügen nicht über einen solchen Grad an ästhetischem Gehalt, dass von künstlerischen bzw. herausragenden gestalterischen Leistungen gesprochen werden kann.[1051]

- Die Basis beider Produktgestaltungen stellt keine große bzw. besondere schöpferische Leistung dar. Die Vorbilder stammen aus Kinderbüchern. Die Basis ist lediglich durch Kerzen und Zahlen ergänzt worden. Die konkreten Produkte sprechen eine Kindchensprache und wurden für diesen Zweck ersonnen. Die erstmalige Kombination von Tieren oder Bummelzug mit Kerzen und Zahlen stellt zwar einen kreativen Akt dar, aber sie ist nicht derart innovativ, kreativ, dass sie einen besonderen schöpferischen Akt und in diesem Sinne eine künstlerische Leistung darstellt. Die Gestaltungsleistung beider Produkte ist gleichwertig.[1052]
- Bei „Geburtstagszug" und „Geburtstagskarawane" handelt es sich zwar um gestalterische Leistungen, sie sind aber nicht ausreichend innovativ. Sie stellen keine herausragenden Leistungen dar. Die Geburtstagskarawane ist etwas origineller als der Geburtstagszug. Die Idee ist die Gleiche.[1053]
- Bei „Geburtstagszug" und „Geburtstagskarawane" handelt es sich um Spielzeugzug mit traditioneller Farbigkeit und traditioneller Formgebung. Die Innovation besteht lediglich in der Kombination von Geburtstag mit Bummelzug oder Tieren auf Rollen. Beide Produktgestaltungen verfügen in unserem Sinne nicht über eine ausreichende Gestaltungsqualität. Sie erreichen also keinen solchen Grad an ästhetischem Gehalt, dass von künstlerischen Leistungen bzw. gestalterischen Leistungen von hoher Qualität gesprochen werden kann.[1054]
- Die im „Geburtstagszug" und der „Geburtstagskarawane" zum Ausdruck kommende Idee, einen Bummelzug oder Tiere auf Rollen mit Geburtstagselementen zu verbinden, stellt eine kreative, gestalterische Leistung dar. Dass beispielsweise ein Bär Zahlen und Geschenke transportiert, ist

1051 *Godau*, Telef. Gespräch v. 10.5.2016.
1052 *Albus*, Telef. Gespräch v. 23.5.2016.
1053 *Bischoff*, Telef. Gespräch v. 24.5.2016.
1054 *Straßer*, Telef. Gespräch v. 7.6.2016.

überraschend. Das Aufstecken der Kerzen auf Waggons ist auch überraschend. Dass der Zug Geschenke transportiert, liegt hingegen noch sehr nahe an der Erfahrung und ist daher weniger überraschend. Bei der Geburtstagskarawane werden Charaktere entwickelt bzw. stark vereinfacht, so dass man gegebenenfalls sogar von einer künstlerischen und nicht nur von einer gestalterischen, kreativen Leistung sprechen kann. Schließlich sind die Tiere künstlerische Interpretationen von Archetypen. Bei beiden Produkten handelt es sich um qualitativ anspruchsvolle Lösungen.[1055]

- Beide Produkte erreichen einen solchen Grad an ästhetischem Gehalt, dass von künstlerischen Leistungen gesprochen werden kann. Sowohl die Geburtstagskarawane als auch der Geburtstagszug stellen eine neue, ganz originäre Leistung dar, da einem neuen Produkt eine neue Gestaltung verpasst wurde. Schließlich gab es zum Schöpfungszeitpunkt noch keine Kombination eines Bummelzugs bzw. von Tierfiguren auf Rollen mit Geburtstagselementen.

  Lediglich die Umsetzung der Idee, Tiere mit Rollen zu verbinden, würde – selbst wenn sie neu wäre – nicht ausreichen, um eine originäre Ausnahme zu bestehenden Gestaltungen zu bejahen.[1056]

- Sowohl dem „Geburtstagszug“ als auch der „Geburtstagskarawane“ liegt die gleiche Idee zugrunde, nämlich die Kombination von einem Bummelzug oder von Tieren auf Rollen mit Geburtstagselementen. Nachdem es etwas Ähnliches bis zum Schöpfungszeitpunkt nicht gab, ist die den Gestaltungen zugrundeliegende Idee, die in einer Gestaltung Ausdruck fand, innovativ. Der Grad der Neuheit der Idee genügt um eine gestalterische, kreative Leistung annehmen zu können. Die konkrete Ausgestaltung beider Produkte erschöpft sich hingegen in der Aneinanderreihung von bekannten Elementen. Sie reicht nicht, um eine gestalterische, kreative Leistung anzunehmen.

  In der Idee, Geburtstagselemente mit einem Bummelzug oder einer Tierkarawane auf Rollen zu kombinieren, die sich in einer neuen Gestaltung verwirklicht, ist eine künstlerische bzw. kreative gestalterische Leistung zu erblicken.

1055 *Bergner*, Telef. Gespräch v. 8.6.2016.
1056 *Naumann*, Telef. Gespräch v. 21.6.2016.

Die Idee, Tiere mit Rollen zu verbinden, würde – selbst wenn sie neu wäre – nicht ausreichen, um von einer künstlerischen bzw. kreativen Leistung auszugehen.[1057]

- Sowohl „Geburtstagszug" als auch „Geburtstagskarawane" erreichen keinen solchen Grad an ästhetischem Gehalt, dass sie künstlerische Leistungen darstellen. Bei den einzelnen Elementen: Zahlen, Kerzen, Lokomotive, Waggons und Tiere mit Lasten handelt es sich um sehr bekannte, häufig aufgegriffene Elemente. Daher sind die Gestaltungen nur von einer sehr geringen Schöpfungshöhe, wenn sie nicht sogar bei Null liegt. Hieran ändert auch der Umstand nichts, dass es die Kombination von Bummelzug oder Tierfiguren auf Rollen mit Geburtstagselementen zum Schöpfungszeitpunkt noch nicht gab. Gleiches gelte für eine erstmalige Kombination von Tierfiguren mit Rollen.[1058]

6. Die Durchschnittsgestaltung als Maßstab

Verfügen Gestaltungen, die eine Durchschnittsgestaltung nur ein wenig überragen, über einen solchen Grad an ästhetischem Gehalt, dass Sie von künstlerischen Leistungen sprechen würden?
Ist für eine künstlerische Leistung ein deutliches Überragen der Durchschnittsgestaltung erforderlich?

- Gestaltungen, die den Durchschnitt nicht überragen, verfügen nicht über einen solchen Grad an ästhetischem Gehalt, dass von einer künstlerischen Leistung gesprochen werden kann.[1059]
- Eine Gestaltung, die das Durchschnittsschaffen nur ein wenig überragt, wird nicht überraschend genug sein, damit eine künstlerische Leistung angenommen werden kann.[1060]
- Eine Gestaltung, die das bereits Bekannte nur wenig überragt, erreicht keinen solchen Grad an ästhetischem Gehalt, dass von einer innovativ-künstlerischen Leistung gesprochen werden kann.[1061]

1057 *Plüm*, Telef. Gespräch v. 30.6.2016.
1058 *Busse*, Pers. Gespräch v. 15.7.2016.
1059 *Hermsen*, Telef. Gespräch v. 9.3.2016.
1060 *Jonas*, Telef. Gespräch v. 11.4.2016.
1061 *Blomberg*, Telef. Gespräch v. 19.4.2016.

- Eine einfache Gestaltung, also eine Gestaltung, die eine Durchschnittsgestaltung nicht deutlich überragt, kann nicht ausreichend sein, um eine freie, kreative originelle Schöpfung und damit eine künstlerische Leistung annehmen zu können.[1062]

- Gestaltungen, die den Durchschnitt nur wenig überragen, sind nicht von hoher gestalterischer Qualität.

  Gestaltungen, die von hoher gestalterischer Qualität sind, überragen in der Regel das Durchschnittsschaffen deutlich.[1063]

- Gestaltungen, die den Durchschnitt nur minimal überragen, verfügen nicht über ein ausreichendes Maß an Innovation, um in diesem Sinne künstlerische Leistungen zu sein.

  Ein deutliches Überragen der Durchschnittsgestaltung ist zur Annahme einer künstlerischen Leistung aber nicht erforderlich.[1064]

- Gestaltungen, die das Durchschnittsschaffen nur ein wenig überragen, sind nicht innovativ, originell genug, um künstlerische bzw. gestalterische Leistungen darzustellen.

  Gestaltungen müssen das Durchschnittsschaffen deutlich überragen, damit sie künstlerische bzw. gestalterische Leistungen darstellen.[1065]

- Gestaltungen, die das Durchschnittsschaffen nur ein wenig überragen, erreichen keinen solchen ästhetischen Grad erreicht, dass von einer künstlerischen Leistung im Sinne eines besonderen schöpferischen Akts gesprochen werden kann.

  Damit eine Design-Leistung einen solchen ästhetischen Grad erreicht, dass von einer künstlerischen Leistung im Sinne eines besonderen schöpferischen Akts gesprochen werden kann, muss sie den Durchschnitt deutlich überragen. Sie muss umfänglich innovativ sein.[1066]

- Eine einfache Gestaltung, die das Durchschnittsschaffen nur wenig überragt, ist nicht so innovativ, dass sie bahnbrechend, einflussreich,

---

1062 *Rebbelmund*, Pers. Gespräch v. 2.5.2016.
1063 *Klemp*, Pers. Gespräch v. 4.5.2016.
1064 *Funke*, Telef. Gespräch v. 10.5.2016.
1065 *Godau*, Telef. Gespräch v. 10.5.2016.
1066 *Albus*, Telef. Gespräch v. 23.5.2016.

herausragend ist, so dass keine gestalterische Leistung hoher Qualität vorliegt.

Für eine gestalterische Leistung hoher Qualität ist erforderlich, dass sie den Durchschnitt deutlich überragt, da sie andernfalls nicht herausragend ist.[1067]

- Einfache Gestaltungen, also Gestaltungen, die eine Durchschnittsgestaltung nicht deutlich überragen, verfügen nicht über genügend Innovation, um einen ästhetischen Grad zu erreichen, der erlaubt, gestalterische Leistungen hoher Qualität anzunehmen.

  Für eine gestalterische Leistung von hoher Qualität ist in der Regel ein deutliches Überragen des Durchschnitts erforderlich.[1068]

- Gestaltungen, die das Durchschnittsschaffen nur ein wenig überragen, werden wohl nicht neu genug sein, dass sie originäre Ausnahmen darstellen. Das Vorliegen von künstlerischen Leistungen ist in diesen Fällen daher ausgeschlossen.[1069]

- Lediglich eine marginale Veränderung der Gestaltung im Vergleich zu Bestehendem ist nicht ausreichend, um eine künstlerische bzw. gestalterische, kreative Leistung anzunehmen.

  Um eine künstlerische bzw. gestalterische, kreative Leistung annehmen zu können, muss ein gewisses Maß an Innovation vorliegen. Dieses Maß an Innovation wird nicht ausschließlich bei Gestaltungen, die den Durchschnitt deutlich überragen, erreicht.[1070]

- Einfache Gestaltungen, also solche, die den Durchschnitt nur ein wenig überragen, erreichen nicht einen solchen Grad an ästhetischem Gehalt, dass von künstlerischen Leistungen gesprochen werden kann.

  Eine Gestaltung muss den Durchschnitt deutlich überragen, um einen solchen Grad an ästhetischem Gehalt zu erreichen, dass von einer künstlerischen Leistung gesprochen werden kann.[1071]

1067 *Bischoff*, Telef. Gespräch v. 24.5.2016.
1068 *Straßer*, Telef. Gespräch v. 7.6.2016.
1069 *Naumann*, Telef. Gespräch v. 21.6.2016.
1070 *Plüm*, Telef. Gespräch v. 30.6.2016.
1071 *Busse*, Pers. Gespräch v. 15.7.2016.

7. Gestaltungsspielraum für eine künstlerische Leistung

Schränken die dem Gebrauchszweck geschuldeten (insbesondere die funktionalen) Merkmale einer Gestaltung den Spielraum für eine künstlerische Leistung ein?

- Funktionale Gestaltungsmerkmale schränken den künstlerischen Gestaltungsspielraum nicht ein. Gelten aber als eine zusätzliche Herausforderung.[1072]
- Nach dem Bundesgerichtshof schränken die Merkmale einer Gestaltung, die dem Gebrauchszweck geschuldet sind, den Gestaltungsspielraum ein. Darunter fallen insbesondere die funktionalen Elemente. Die Vorgabe des Bundesgerichtshofs eignet sich zur Ermittlung des künstlerischen Gestaltungsspielraums.[1073]
- Der Gestaltungsspielraum für eine künstlerische Leistung wird nicht durch die dem Gebrauchszweck geschuldeten Elemente – abgesehen von den technisch zwingenden Merkmalen – eingeschränkt.[1074]
- Die Merkmale eines Produkts, die unmittelbar von operationalen Zwecken bedingt sind, schränken den Spielraum für eine künstlerische Leistung ein.[1075]
- Der Spielraum für eine gestalterische Leistung wird nicht durch die funktionalen Elemente einer Gebrauchsgestaltung eingeschränkt, es sei denn diese sind technisch zwingend.[1076]
- Der Gestaltungsspielraum für eine künstlerische Leistung bzw. eine gestalterische Leistung hoher Qualität wird nicht durch die funktionalen Elemente – mit Ausnahme der technisch zwingenden Elemente – beschränkt. In der Wahl von funktionalen Gestaltungsalternativen ist eine gestalterische Leistung zu erblicken.[1077]

1072 *Hermsen*, Telef. Gespräch v. 9.3.2016.
1073 *Jonas*, Telef. Gespräch v. 11.4.2016.
1074 *Klemp*, Pers. Gespräch v. 4.5.2016.
1075 *Funke*, Telef. Gespräch v. 10.5.2016.
1076 *Godau*, Telef. Gespräch v. 10.5.2016.
1077 *Bischoff*, Telef. Gespräch v. 24.5.2016.

- Die Wahl zwischen funktionalen Gestaltungselementen stellt eine gestalterische Leistung dar. Lediglich technisch zwingende Elemente schließen den Gestaltungsspielraum für eine gestalterische Leistung aus.[1078]
- Technisch bedingte also funktionale Elemente schließen den Gestaltungsspielraum für eine künstlerische Leistung nicht grundsätzlich aus.[1079]

8. Trennung von funktionalen und ästhetischen Elementen einer Gestaltung

Können aus Ihrer Sicht die funktionalen Elemente von den ästhetischen Merkmalen unterschieden werden?

- Die operational-funktionalen Elemente eines Produkts können von den ästhetischen getrennt werden.[1080]
- Die ästhetischen Elemente können von den funktionalen Elementen einer Gestaltung getrennt werden.[1081]
- Die funktionalen Elemente können von den ästhetischen abgegrenzt werden.[1082]
- Nachdem heutzutage die Gestaltung als Ganzes betrachtet wird, mithin Form und Funktion zusammengehören, ist die Trennung der funktionalen von den ästhetischen Elementen einer Gestaltung schwierig.[1083]
- Zwischen funktionalen und gestalterischen Elementen kann differenziert werden.[1084]
- Technisch bedingte Elemente können von den ästhetischen Elementen einer Gebrauchsgestaltung abgegrenzt werden.[1085]

1078 *Straßer*, Telef. Gespräch v. 7.6.2016.
1079 *Busse*, Pers. Gespräch v. 15.7.2016.
1080 *Funke*, Telef. Gespräch v. 10.5.2016.
1081 *Godau*, Telef. Gespräch v. 10.5.2016.
1082 *Bischoff*, Telef. Gespräch v. 24.5.2016.
1083 *Straßer*, Telef. Gespräch v. 7.6.2016.
1084 *Bergner*, Telef. Gespräch v. 8.6.2016.
1085 *Busse*, Pers. Gespräch v. 15.7.2016.

Literaturverzeichnis

Ahlberg, Hartwig, Das Urheberrecht und seine verwandten Schutzrechte in Deutschland und in der EU, in: ZUM 2015, 538–545

Ahlberg, Hartwig/Götting, Horst-Peter (Hrsg.), BeckOK Urheberrecht, 20. Edition, Stand 20.4.2018 (zitiert: *Bearbeiter*, in: BeckOK UrhR)

Allfeld, Philipp, Kommentar zu dem Gesetze betreffend das Urheberrecht an Werken der bildenden Künste und der Photographie vom 9. Januar 1907, München 1908 (zitiert: *Allfeld*, KUG)

Asendorf, Christoph, Das Bauhaus und die technische Welt – Arbeit an der Industriekultur?, in: Fiedler, Jeannine/Feierabend, Peter (Hrsg.), Bauhaus, 1999, S. 80–87 (zitiert: *Asendorf*, in: Fiedler/Feierabend, Bauhaus, 80)

Barudi, Malek, Zur Abkehr des Bundesgerichtshofs von der besonderen Gestaltungshöhe für angewandte Kunst im Urheberrecht, in: KUR 2014, 11–15

Barudi, Malek, Europäischer Werkbegriff und besondere Gestaltungshöhe – eine Betrachtung des BGH-Urteils Geburtstagszug, in: UFITA 2014-I, 49–68

Berger, Christian, Aktuelle Entwicklungen im Urheberrecht – Der EuGH bestimmt die Richtung, in: ZUM 2012, 353–361

Bisges, Marcel, Die Kleine Münze im Urheberrecht, Analyse des ökonomischen Aspekts des Werkbegriffs, 2014 (zitiert: *Bisges*, Die Kleine Münze)

Bisges, Marcel, Die Kleine Münze, der Dreigroschenprozess und der Herstellungsaufwand, in: GRUR 2015, 540–546

Bisges, Marcel, Der europäische Werkbegriff und sein Einfluss auf die deutsche Urheberrechtsentwicklung, in: ZUM 2015, 357–365

Bisges, Marcel (Hrsg.), Handbuch Urheberrecht, 2016 (zitiert: Bearbeiter, in: *Bisges*, UrhR)

Böttner, Friedrich, Kunst- und Werkbegriff unter besonderer Berücksichtigung der angewandten Kunst, Urheber- und öffentlichrechtliche Untersuchung im kulturhistorischen Kontext. Von den Begriffen „Fabriken-, Manufacturen- und Handwerks-Künste" Ausgang des 18. Jahrhunderts bis zum „industrial design" Ende des 20. Jahrhunderts, 1997 (zitiert: *Böttner,* Kunst- und Werkbegriff)

Brockhaus, Enzyklopädie, Digitale Ergänzung zur 21. Auflage (zitiert: *Brockhaus,* Online-Enzyklopädie, Stichwort)

Bullinger, Winfried, Bloßes Ausnutzen eines handwerklich-konstruktiven Gestaltungsspielraums genügt nicht für Werk der angewandten Kunst – „Seilzirkus", in: GRUR-Prax 2011, 536

Bürdek, Bernhard E., Design: Geschichte, Theorie und Praxis der Produktgestaltung, 4. Auflage 2015 (zitiert: *Bürdek*, Design)

Büscher, Wolfgang/Dittmer, Stefan/Schiwy, Peter (Hrsg.), Gewerblicher Rechtsschutz Urheberrecht Medienrecht, Kommentar, 3. Auflage 2015 (zitiert: *Bearbeiter*, in: Büscher/Dittmer/Schiwy, UrhG)

Czernik, Ilja, Eine urheberrechtliche Betrachtung von Textil- und Modedesigns – vor und nach der Geburtstagszug-Entscheidung, in: IPRB 2014, 234–240

Dambach, Otto, Das Musterschutz-Gesetz vom 11. Januar 1876, Berlin 1876 (zitiert: *Dambach*, MusterschutzG)

Daude, Paul, Lehrbuch des Deutschen litterarischen, künstlerischen und gewerblichen Urheberrechts, Stuttgart 1888 (zitiert: *Daude*, UrhR)

Derclaye, Estelle/Leistner, Matthias, Intellectual Property Overlaps, A European Perspective, 2011 (zitiert: *Derclaye/Leistner*, Intellectual Property Overlaps)

Der Deutsche Werkbund, Denkschrift des Ausschusses des Deutschen Werkbundes, 1907, in: Wend, Fischer (Hrsg.), Zwischen Kunst und Industrie, der Deutsche Werkbund, 1987, S. 50–55 (zitiert: *Der Deutsche Werkbund*, in: Fischer, Zwischen Kunst und Industrie, 50)

Dietrich, Nils/Szalai, Stephan, Mit dem Geburtstagszug zum Urheberrechtsschutz – Das Urteil des BGH vom 13. 11. 2013 – I ZR 143/12 und seine Folgen, in: DZWIR 2014, 158–172

Dietz, Adolf, Der „design approach" als Entlastung des Urheberrechts, in: Straus, Joseph (Hrsg.), Aktuelle Herausforderungen des geistigen Eigentums, Festgabe von Freunden und Mitarbeitern für Friedrich-Karl Beier zum 70. Geburtstag, 1996, S. 355–364 (zitiert: *Dietz*, FS Beier, 355)

Donle, Christian/Held, Hanna Karin/Nordemann-Schiffel, Anke/Nordemann, Jan Bernd, Internationale Vereinigung für den Schutz des Geistigen Eigentums (AIPPI), Berichte der Deutschen Landesgruppe für die Sitzung des Geschäftsführenden Ausschusses der AIPPI vom 20. bis 24. Oktober 2012 in Seoul, Korea, in: GRUR Int. 2012, 995–1003

Dreier, Thomas/Schulze, Gernot, Urheberrechtsgesetz, Urheberrechtswahrnehmungsgesetz, Kunsturhebergesetz, 5. Auflage 2015 (zitiert: *Bearbeiter*, in: Dreier/Schulze, UrhG)

Dreyer, Gunda/Kotthoff, Jost/Meckel, Astrid (Hrsg.), Urheberrecht, Urheberrechtsgesetz, Urheberrechtswahrnehmungsgesetz, Kunsturhebergesetz, 3. Auflage 2013 (zitiert: *Bearbeiter*, in: Dreyer/Kotthof/Meckel, UrhR)

Eck, Matthias, Neue Wege zum Schutz der Formgebung, 1992 (zitiert: *Eck*, Neue Wege zum Schutz der Formgebung)

Eichmann, Helmut/Falckenstein, Roland Vogel von, Geschmacksmustergesetz, Gesetz betreffend das Urheberrecht an Mustern und Modellen, 2. Auflage 1997 (zitiert: *Bearbeiter*, in: Eichmann/Falckenstein, GeschmMG 2. Aufl.)

Eichmann, Helmut/Kühne, Marcus/Falckenstein, Roland Vogel von, Designgesetz, Gesetz über den rechtlichen Schutz von Design, 5. Auflage 2015 (zitiert: *Bearbeiter*, in: Eichmann/Falckenstein/Kühne, DesignG)

Eichmann, Helmut/Kur, Annette (Hrsg.), Designrecht, Praxishandbuch, 2. Auflage 2016 (zitiert: *Bearbeiter*, in: Eichmann/Kur, DesignR)

Elster, Alexander, Gewerblicher Rechtschutz, Urheber- und Verlagsrecht, Patent- und Musterschutzrecht, Warenzeichenrecht und Wettbewerbsrecht, 1921 (zitiert: *Elster*, Gewerblicher Rechtsschutz)

Elster, Alexander, Musterschutz statt Urheberrecht, Eine dringende Frage für die bevorstehende Gesetzesreform, in: JR 1928, 276–280

Erdmann, Willi, Schutz der Kunst im Urheberrecht, in: Erdmann, Willi/Mees, Hans-Kurt/Piper, Henning/Teplitzky, Otto/Hefermehl, Wolfgang/Ulmer, Peter (Hrsg.), Festschrift für Otto-Friedrich Freiherr von Gamm, 1990, S. 389–404 (zitiert: *Erdmann*, FS Gamm, 389)

Erdmann, Willi, Die Relativität des Werkbegriffs, in: Erdmann, Willi/Leistner, Matthias/Rüffer, Wilfried/Schulte-Beckhausen, Thomas (Hrsg.), Festschrift für Michael Loschelder zum 65. Geburtstag, 2010, S. 61–73 (zitiert: *Erdmann*, FS Loschelder, 61)

Fallert, Nicole, Definitionskompetenz – Wer entscheidet, was als Kunst gilt?, in: GRUR 2014, 719–724

Fallert, Nicole, Der Beurteilungsmaßstab der urheberrechtlichen Schutzfähigkeit, in: GRUR 2016, 248–250

Foraita, Sabine, Borderline: das Verhältnis von Kunst und Design aus der Perspektive des Design, Dissertation, 2005 (zitiert: *Foraita*, Borderline)

Fusbahn, Jens Klaus, Individualität oder Originalität? Auf der Suche nach dem richtigen Werkbegriff, in: IPRB 2016, 69–71

Fromm, Friedrich Karl/Nordemann, Wilhelm/Nordemann, Axel/Nordemann, Jan Bernd (Hrsg.), Urheberrecht, Kommentar zum Urheberrechtsgesetz, Verlagsgesetz, Urheberrechtswahrnehmungsgesetz, 10. Auflage 2008 (zitiert: *Bearbeiter*, in: Fromm/Nordemann, UrhR 10. Aufl.)

Fromm, Friedrich Karl/Nordemann, Wilhelm/Nordemann, Axel/Nordemann, Jan Bernd (Hrsg.), Urheberrecht, Kommentar zum Urheberrechtsgesetz, Verlagsgesetz, Urheberrechtswahrnehmungsgesetz, 11. Auflage 2014 (zitiert: *Bearbeiter*, in: Fromm/Nordemann, UrhR)

Furler, Hans, Das Geschmacksmustergesetz, Kommentar zum Gesetz vom 11. Januar 1876 betr. das Urheberrecht an Mustern und Modellen, 4. Auflage 1985 (zitiert: *Furler*, GeschmMG)

Gamm, Otto-Friedrich Freiherr von, Geschmacksmustergesetz, Kommentar, 1. Auflage 1966 (zitiert: *Gamm*, GeschmMG)

Gamm, Otto-Friedrich Freiherr von, Der Architekt und sein Werk, Möglichkeiten und Grenzen des Urheberrechts, in: BauR 1982, 97–121

Gamm, Eva-Irina von, Die Problematik der Gestaltungshöhe im deutschen Urheberrecht, Unter besonderer Berücksichtigung europarechtlicher Vorgaben und der Überschneidung mit dem deutschen Geschmacksmuster-, Wettbewerbs- und Kennzeichnungsrecht, 2004 (zitiert: *Gamm*, Die Problematik der Gestaltungshöhe)

Geier, Artur, Schutzkumulationen, Angriff auf die Gemeinfreiheit oder legitimer Schutz Geistigen Eigentums, 2015 (zitiert: *Geier*, Schutzkumulationen)

Geiger, Annette, Kunst und Design, Ein Beziehungsdrama der Moderne, in: Geiger, Annette/Glasmeier, Michael (Hrsg.), Kunst und Design, Eine Affäre, 2012, S. 9–24 (zitiert: *Geiger*, in: Geiger/Glasmeier, Kunst und Design, 9)

Gerstenberg, Ekkehard, Der Begriff des Kunstwerks in der bildenden Kunst, Ein Beitrag zur Abgrenzung zwischen Kunstschutz und Geschmacksmusterschutz, in: GRUR 1963, 245–251

Gerstenberg, Ekkehard, Die Urheberrechte an Werken der Kunst der Architektur und der Photographie, 1968 (zitiert: *Gerstenberg*, Die Urheberrechte an Werken der Kunst)

Glückstein, Thomas, Anmerkung zu BGH, Urteil vom 17. November 2014 – I ZR 177/13 – Möbelkatalog, in: ZUM 2015, 573–575

Grohmann, Arno, Ausschluss des urheberrechtlichen Designschutzes in Italien ist EU-rechtswidrig, in: GRUR-Prax 2011, 82

Hackenberg, Lutz, Der urheberrechtliche Schutz von Designleistungen in Deutschland, in: Loewenheim, Ulrich (Hrsg.), Urheberrecht im Informationszeitalter, Festschrift für Wilhelm Nordemann zum 70. Geburtstag am 8. Januar 2004, 2004, S. 25–34 (zitiert: *Hackenberg*, FS Nordemann, 25)

Hahn, Richard/Glückstein, Thomas, Im neuen Licht – das Urheberrecht des Designers, Eine Auswahl von Rechtsfragen nach dem BGH-Urteil „Geburtstagszug“, in: ZUM 2014, 380–388

Handig, Christian, Was erfordert „die Einheit und die Kohärenz des Unionsrechts“? – das urheberrechtliche Nachspiel der EuGH-Entscheidung Football Association Premier League, in: GRUR Int. 2012, 9–14

Handig, Christian, Durch „freie kreative Entscheidungen" zum europäischen urheberrechtlichen Werkbegriff, in: GRUR Int. 2012, 973–979

Handig, Christian, Erste Umrisse eines europäischen Werkbegriffs, Jüngste Rechtsprechung des EuGH, in: wbl 2012, 191–197

Hartmann, Silvia, Geburtstagszug in voller Fahrt? Bisherige Auswirkungen der Entscheidung in der Praxis, in: WRP 2016, 1327–1334

Hasselblatt, Gordian N./George, Inga, Weichenstellung zur erforderlichen Gestaltungshöhe von Werken der angewandten Kunst, Urteil des BGH vom 13.11.2013 - Geburtstagszug, in: IPRB 2014, 163–168

Hauffe, Thomas, Geschichte des Designs, 2014 (zitiert: *Hauffe*, Geschichte des Designs)

Henssler, Eberhard, Urheberschutz in der angewandten Kunst und Architektur, nach deutschem, schweizerischem, französischem, englischem und amerikanischem Recht, 1950 (zitiert: *Henssler*, Urheberschutz angewandte Kunst und Architektur)

Heuss, Theodor, Was ist Qualität?, 1951 (zitiert: *Heuss*, Was ist Qualität)

Heydt, Ludwig, Geschmacksmuster und Werke der angewandten Kunst, in: GRUR 1968, 530–537

Hirdina, Heinz, Gestalten für die Serie, Design in der DDR 1949–1985, 1988 (zitiert: *Hirdina*, Gestalten für die Serie)

Hirdina, Heinz, Design, in: Barck, Karlheinz/Fontius, Martin/Schlenstedt, Dieter/Steinwachs, Burkhart/Wolfzettel (Hrsg.), Friedrich, Ästhetische Grundbegriffe, Historisches Wörterbuch in sieben Bänden, Band 2, Dekadent - Grotesk, 2. Auflage 2010, S. 41–63 (zitiert: *Hirdina*, in: Barck/Fontius/Schlenstedt/Steinwachs/Wolfzettel, Ästhetische Grundbegriffe, Design, 41)

Hoeren, Thomas, Anmerkung zu BGH: Anforderungen an Urheberrechtsschutz für Werke der angewandten Kunst - Geburtstagszug, in: MMR 2014, 337–338

Honour, Hugh/Fleming, John (Hrsg.), Lexikon Kunsthandwerk und Design, 2004 (zitiert: *Honour/Fleming*, Lexikon Kunsthandwerk und Design, Stichwort)

Jahn, Johannes/Lieb, Stefanie, Wörterbuch der Kunst, 13. Auflage 2015 (zitiert: *Jahn/Lieb*, Wörterbuch der Kunst, Stichwort)

Katzenberger, Paul, Das Folgerecht im deutschen und ausländischen Urheberrecht, 1970 (zitiert: *Katzenberger*, Das Folgerecht im deutschen und ausländischen Urheberrecht)

Kirchner, Hildebert, Abkürzungsverzeichnis der Rechtssprache, 8. Auflage 2015 (zitiert: *Kirchner*, Abkürzungsverzeichnis der Rechtssprache)

Klawitter, Christian, Urheberschutz für Designleistungen: Kehrtwende oder Randkorrektur?, in: GRUR-Prax 2014, 30–32

Kohler, Josef, Kunstwerk und Geschmacksmuster, in: AcP 1897, 1–39

Koschtial, Ulrike, Zur Notwendigkeit der Absenkung der Gestaltungshöhe für Werke der angewandten Kunst im deutschen Urheberrecht, in: GRUR 2004, 555–560

Kriesel, Kathrin-Lena, Einheitlicher europäischer Werkbegriff und Herabsenkung der Anforderungen an die Gestaltungshöhe bei Werken der angewandten Kunst, 2014 (zitiert: *Kriesel*, Einheitlicher europäischer Werkbegriff)

Kühns, Friedrich Julius, Der Rechtsschutz an Werken der Bildenden Künste, Eine Denkschrift im Namen der deutschen Kunstgenossenschaft, Berlin 1861 (zitiert: *Kühns*, Rechtsschutz an Werken der Bildenden Künste)

Kur, Annette, Die Zukunft des Designschutzes in Europa – Musterrecht, Urheberrecht, Wettbewerbsrecht, in: GRUR Int. 1998, 353–359

Kur, Annette, Verwertung von Design, in: Beier, Friedrich-Karl/Götting, Horst-Peter/Lehmann, Michael/Moufang, Rainer (Hrsg.), Urhebervertragsrecht, Festgabe für Gerhard Schricker zum 60. Geburtstag, 1995, S. 503–539 (zitiert: *Kur*, FS Schricker, 503)

Kur, Annette, Die Alternativen zum Schutz durch das Urheberrecht in Deutschland, in: Hilty, Reto M./Geiger, Christophe (Hrsg.), Impulse für eine europäische Harmonisierung des Urheberrechts, Urheberrecht im deutsch-französischen Dialog, 2007, S. 193–211 (zitiert: *Kur*, in: Hilty/Geiger, Impulse für eine europäische Harmonisierung des Urheberrechts, 193)

Lachenmaier, Andreas, Die Harmonisierung des Werkbegriffs auf europäischer Ebene, in: KSzW 2014, 35–46

Landau, Frank, Design in Designgalerien, Über die Ambivalenz der Wahrnehmung von Design in Designgalerien, -ausstellungen und -sammlungen, in: Deutscher Designer Club e.V. (Hrsg.), design identifizieren, 25 Jahre Deutscher Designer Club e.V., 2015, S. 224–232 (zitiert: *Landau*, in: DDC, design identifizieren, 224)

Leistner, Matthias, Bei Spielen nichts Neues? Zugleich Besprechung von BGH, Urt. v. 1. 6. 2011 – I ZR 140/09 – Lernspiele, in: GRUR 2011, 761–767

Leistner, Matthias, Der europäische Werkbegriff, in: ZGE 2013, 4–45

Leistner, Matthias, Urheberrecht an der Schnittstelle zwischen Unionsrecht und nationalem Recht, Werkbegriff und Recht der öffentlichen Wiedergabe, in: GRUR 2014, 1145–1155

Leistner, Matthias, Urheberrecht in der digitalen Welt, in: JZ 2014, 846–857

Leistner, Matthias, Die Methodik des EuGH und die Garantenfunktion der nationalen Gerichte bei der Fortentwicklung des europäischen Urheberrechts, in: Büscher, Wolfgang/Erdmann, Willi/Haedicke, Maximilian/Köhler, Helmut/Loschelder, Michael (Hrsg.), Festschrift für Joachim Bornkamm zum 65. Geburtstag, 2014, S. 859–873 (zitiert: *Leistner*, FS Bornkamm, 859)

Leistner, Matthias, Nationales Recht unter dem Einfluss der EuGH-Rechtsprechung, in: Dreier, Thomas/Hilty, Reto M. (Hrsg.), Festschrift 50 Jahre Urheberrechtsgesetz (UrhG), Vom Magnettonband zu Social Media, 2015, S. 251–266 (zitiert: *Leistner*, FS 50 Jahre UrhG, 251)

Leistner, Matthias, Urheberrecht unter dem Einfluss der EuGH-Rechtsprechung, in: EuZW 2016, 166–171

Lerach, Mark, Abkehr vom Erfordernis eines deutlichen Überragens der Durchschnittsgestaltung für Werke der Gebrauchskunst („Geburtstagszug"), in: jurisPR-WettbR 3/2014 Anm. 1

Lessing, Julius, Das Kunstgewerbe auf der Wiener Weltausstellung 1873, Berlin 1874 (zitiert: *Lessing*, Kunstgewerbe auf der Wiener Weltausstellung)

Levin, Marianne, Der Schutz für Formgebungen, Eine rechtsvergleichende Studie über den Schutz des Industriedesigns in den Ländern Schweden, Norwegen, Dänemark, Finnland, Bundesrepublik Deutschland, Benelux, Italien, Frankreich, England und U.S.A, in: GRUR Int. 1985, 713–730

Linares, Maria, Kunst an der Grenze: Grenzgänger der Kunst – Grenzgänge in die Kunst, Kunsthandwerk, antiakademische Kunst, laienhafte und kommerzielle Bildproduktion, in: E-Journal für Kunst- und Bildgeschichte, kunsttexte.de 1/2010, S. 1–16 (zitiert: *Linares*, kunsttexte.de 1/2010)

Lion, E., Kunstschutz und Technik, in: GRUR 1930, 501–504

Loewenheim, Ulrich, Der Schutz der kleinen Münze im Urheberrecht, in: GRUR 1987, 761–769

Loewenheim, Ulrich, Höhere Schutzuntergrenze des Urheberrechts bei Werken der angewandten Kunst?, in: GRUR Int. 2004, 765–767

Loewenheim, Ulrich, Handbuch des Urheberrechts, 2. Auflage 2010 (zitiert: *Bearbeiter*, in: Loewenheim, Handbuch UrhR)

Lucie-Smith, Edward, DuMont´s Lexikon der Bildenden Kunst, 2. Auflage 1997 (zitiert: *Lucie-Smith*, DuMont´s Lexikon der Bildenden Kunst, Stichwort)

Ludwig, Jan Rasmus, Kommentar zu OLG Schleswig, Urheberrechtsschutz von Geburtstagszügen etc., in: WRP 2014, 1338–1340

Ludwig, Jan Rasmus, Kommentar zu Geburtstagszug: Urheberrechtsschutz für Werke angewandter Kunst, in: K&R 2014, 111–112

Ludwig, Jan Rasmus/Suhr, Juliane, Geburtstagszug, Geburtstagszug II und nun Geburtstagskarawane? Welche Auswirkung hat die Verjährung auf den Abänderungsanspruch nach § 32 UrhG?, in: WRP 2016, 692–700

Mahr, Anne Catrin, Designschutz, Der rechtliche Schutz der Produktgestaltung als Herausforderung an das System der Rechte des Geistigen Eigentums, 2009 (zitiert: *Mahr*, Designschutz)

Mareis, Claudia, Design als Wissenskultur, Interferenzen zwischen Design und Wissensdiskursen seit 1960, 2011 (zitiert: *Mareis*, Design als Wissenskultur)

Meineke, Christian, Nachahmungsschutz für Industriedesign im deutschen und amerikanischen Recht, Rechtsvergleichende Untersuchung zu einer Schnittstelle des deutschen Gewerblichen Rechtsschutzes, 1990 (zitiert: *Meineke*, Nachahmungsschutz für Industriedesign)

Metzger, Axel, Der Einfluss des EuGH auf die gegenwärtige Entwicklung des Urheberrechts, in: GRUR 2012, 118–126

Mezger, Lukas, Die Schutzschwelle für Werke der angewandten Kunst nach deutschem und europäischem Recht, 2017 (zitiert: *Mezger*, Die Schutzschwelle für Werke der angewandten Kunst)

Möhring, Philipp/Nicolini, Käte, Urheberrechtsgesetz, 1. Auflage 1970 (zitiert: *Bearbeiter*, in: Möhring/Nicolini, UrhG)

Mroß, Sonja, Technische Funktionalität im Recht des geistigen Eigentums sowie im Wettbewerbsrecht, Entwicklung eines einheitlichen Schutzausschlusses für technisch funktionelle Merkmale, 2015 (zitiert: *Mroß*, Technische Funktionalität)

Mulch, Joachim, Kleine Münze überall!, in: IPRB 2014, 27–28

Müller, Ulf, Urheberschutz als ungleicher Hürdenlauf – Zum Bedarf eines Leistungsschutzrechts unterhalb des UrhG, in: Schierholz, Anke/Melichar, Ferdinand (Hrsg.), Festschrift für Gerhard Pfenning zum 65. Geburtstag, Kunst, Recht und Geld, 2012, S. 179–198 (zitiert: *Müller*, FS Pfennig, 179)

Nirk, Rudolf, Urheberrecht und angewandte Kunst, Ein Beitrag zu der Thoma-Stühle-Entscheidung des Bundesgerichtshofs, in: UFITA 80/1977, 1–19

Nirk, Rudolf/Kurtze, Helmut, Geschmacksmustergesetz, 2. Auflage, 1997 (zitiert: *Nirk/Kurtze*, GeschmMG)

Nordemann, Axel/Heise, Friedrich Nicolaus, Urheberrechtlicher Schutz für Designleistungen in Deutschland und auf europäischer Ebene, in: ZUM 2001, 128–147

Nordemann, Axel, Neuere Entwicklungen in der Rechtsprechung des Europäischen Gerichtshofs zum Werkbegriff und ihre Auswirkungen auf die Rechtslage in Deutschland, in: Büscher, Wolfgang/Erdmann, Willi/Haedicke, Maximilian/Köhler, Helmut/Loschelder, Michael (Hrsg.), Festschrift für

Joachim Bornkamm zum 65. Geburtstag, 2014, S. 895–905 (zitiert: *A. Nordemann*, FS Bornkamm, 895)

Nordemann, Wilhelm/Nordemann, Axel, Der Geburtstagszug – Ein Geschenk für Designer?, in: Büscher, Wolfgang/Glöckner, Jochen/Nordemann, Axel/Osterrieth, Christian/Rengier, Rudolf (Hrsg.), Festschrift für Karl-Heinz Fezer zum 70. Geburtstag, Marktkommunikation zwischen Geistigem Eigentum und Verbraucherschutz, 2016, S. 777–788 (zitiert: *W. Nordemann/A. Nordemann*, FS Fezer, 777)

Nordemann, Wilhelm, Zur Abgrenzung des Geschmacksmusterschutzes vom Urheberrecht, in: UFITA 50/1967, 906–914

Obergfell, Eva Inés, Abschied von der „Silberdistel": Zum urheberrechtlichen Schutz von Werken der angewandten Kunst, in: GRUR 2014, 621–627

Oettinger, Klaus, Vom Sachverstand des Kunstsachverständigen, Zur Problematik von Art. 5 Abs. 3 S. 1 GG, in: JZ 1974, 285–287

Ohly, Ansgar, Designschutz im Spannungsfeld von Geschmacksmuster-, Kennzeichen- und Lauterkeitsrecht, in: GRUR 2007, 731–740

Ohly, Ansgar, Von einem Indianerhäuptling, einer Himmelsscheibe, einer Jeans und dem Lächeln der Mona Lisa, Überlegungen zum Verhältnis zwischen Urheber- und Kennzeichenrecht, in: Pahlow, Louis/Eisfeld, Jens (Hrsg.), Grundlagen und Grundfragen des Geistigen Eigentums, 2008, S. 203–220 (zitiert: *Ohly*, in: Pahlow/Eisfeld, Grundlagen und Grundfragen des Geistigen Eigentums, 203)

Osterrieth, Albert, Bemerkungen zum Entwurf eines Gesetzes, betreffend das Urheberrecht an Werken der bildenden Künste und der Photographie, in: GRUR 1904, 189–229

Osterrieth, Albert, Lehrbuch des gewerblichen Rechtsschutzes, Leipzig 1908 (zitiert: *Osterrieth,* Gewerblicher Rechtsschutz)

Peifer, Karl-Nikolaus, Individualität im Zivilrecht, 2001 (zitiert: *Peifer*, Individualität im Zivilrecht)

Peifer, Karl-Nikolaus, „Individualität" or Originality? Core concepts in German copyright law, in: GRUR Int. 2014, 1100–1104

Peifer, Karl-Nikolaus, Kleine Münze oder Snippets? – Der urheberrechtliche Werkbegriff und das Leistungsschutzrecht, in: AfP 2015, 6–11

Peifer, Karl-Nikolaus, Kunst, Gestaltungshöhe und Gebrauchszweck – Neuigkeiten auch für die Werke der Architektur?, in: Dohna, Inge Gräfin/Olenhusen, Albrecht Götz von (Hrsg.), Im Dienste des Architekten-, Bau- und Urheberrechts, Festschrift für Klaus Neuenfeld zum 80. Geburtstag, 2016, S. 217 – 228 (zitiert: *Peifer*, FS Neuenfeld, 217)

Peifer, Karl-Nikolaus, Anmerkung zu BGH: Voraussetzungen der Urheberrechtsschutzfähigkeit von Musikwerken – Goldrapper, in: LMK 2016, 376107

Perez de Vega, Eva, Produkt-Design, in: Erlhoff, Michael/Marshall, Tim (Hrsg.), Wörterbuch Design, Begriffliche Perspektiven des Design, 2008, S. 323–324 (zitiert: *Perez de Vega*, in: Erlhoff/Marshall, Wörterbuch Design, Produkt-Design, 323)

Pilgrim, Volker von, Der urheberrechtliche Schutz der angewandten Formgestaltung, Zur Problematik eines vereinheitlichten Rechtsschutzes für Werke der angewandten Kunst und für Geschmacksmuster und -modelle, 1971 (zitiert: *Pilgrim*, Der urheberrechtliche Schutz der angewandten Formgestaltung)

Rauer, Nils/Ettig, Diana, Urheberrechtsschutz für Werke angewandter Kunst – BGH gibt ständige Rechtsprechung auf, Zugleich eine Anmerkung zu BGH, Urteil vom 13.11.2013 – I ZR 143/12 – Geburtstagszug, in: WRP 2014, 135–140

Rauer, Nils/Ettig, Diana, Zur urheberrechtlichen Schutzfähigkeit der „kleinen Münze“ bei Gebrauchstexten, in: K&R 2015, 452–457

Read, Herbert, Kunst und Industrie, Grundsätze industrieller Formgebung, 1958 (zitiert: *Read*, Kunst und Industrie)

Rehbinder, Manfred/Peukert, Alexander, Urheberrecht, 17. Auflage 2015 (zitiert: *Rehbinder/Peukert*, UrhR)

Reuleaux, Franz, Briefe aus Philadelphia, Braunschweig 1877 (zitiert: *Reuleaux*, Briefe aus Philadelphia)

Riezler, Erwin, Deutsches Urheber- und Erfinderrecht, Eine systematische Darstellung, München/Berlin 1909 (zitiert: *Riezler*, Urheber- und Erfinderrecht)

Riley, Noël, Kunsthandwerk & Design, Stile, Techniken, Dekors von der Renaissance bis zur Gegenwart, 2003 (zitiert: *Riley*, Kunsthandwerk & Design)

Ritscher, Michael/Schramm, Peter, Praxisänderung in Deutschland zum urheberrechtlichen Schutz von Werken der angewandten Kunst, in: Sic! 2014, 303–306

Rudes, Isabella, Urheberrechte an Werken der angewandten Kunst in der Europäischen Gemeinschaft, Die Lücke im gemeinschaftsweiten Urheberrechtsschutz der Werke der angewandten Kunst, 2001 (zitiert: *Rudes*, Urheberrechte an Werken der angewandten Kunst)

Schack, Haimo, Schönheit als Gegenstand richterlicher Beurteilung, in: KUR 2008, 141–148

Schack, Haimo, Anmerkung zur Entscheidung des BGH-Urteil vom 13.11.2013 (I ZR 143/12) – Zur Frage des Urheberschutzes von Werken der angewandten Kunst, in: JZ 2014, 207–208

Schack, Haimo, Kunst und Recht, Bildende Kunst, Architektur, Design und Fotografie im deutschen und internationalen Recht, 3. Auflage 2017 (zitiert: *Schack*, Kunst und Recht)

Schack, Haimo, Urheber- und Urhebervertragsrecht, 8. Auflage 2017 (zitiert: *Schack*, UrhR)

Schäder, Susan, Die entpersönlichte Kunst und der urheberrechtliche Werkbegriff, Eine Untersuchung zur Angemessenheit der in der Rechtsprechung und Literatur vertretenen Auffassungen zur Einordnung von Kunsterzeugnissen unter den urheberrechtlichen Kunstbegriff anhand eines aktuellen Phänomens der bildenden Kunst, 2000 (zitiert: *Schäder*, Die entpersönlichte Kunst)

Schanze, (Vorname unbekannt), Kunstschutz und Musterschutz nach Ansicht des Reichsgerichts, in: GRUR 1929, 60–71

Schmid, Paul, Die Entwicklung des Geschmacksmusterschutzes in Deutschland, Berlin 1896 (zitiert: *Schmid*, Die Entwicklung des Geschmacksmusterschutzes)

Schneider, Beat, Design – Eine Einführung, Entwurf im sozialen, kulturellen und wirtschaftlichen Kontext, 2. Auflage 2009 (zitiert: *Schneider*, Design)

Schönberger, Arno, Einführung, in: Honour, Hugh/Fleming, John (Hrsg.), Lexikon Kunsthandwerk und Design, S. 5–10, 2004 (zitiert: *Schönberger*, in: Honour/Fleming, Lexikon Kunsthandwerk und Design, 5)

Schrader, Paul T., Auswirkungen des neuen Designrechts auf das „unveränderte" Urheberrecht, in: WRP 2017, 1421–1430

Schricker, Gerhard, Zum Urheberrechtsschutz und Geschmacksmusterschutz von Postwertzeichen – Teil I, in: GRUR 1991, 563–573

Schricker, Gerhard, Der Urheberrechtsschutz von Werbeschöpfungen, Werbeideen, Werbekonzeptionen und Werbekampagnen, in: GRUR 1996, 815–826

Schricker, Gerhard/Loewenheim, Ulrich/Leistner, Matthias/Ohly, Ansgar (Hrsg.), Urheberrecht, Kommentar, 5. Auflage 2017 (zitiert: *Bearbeiter*, in: Schricker/Loewenheim, UrhR)

Schulze, Gernot, Die kleine Münze und ihre Abgrenzungsproblematik bei den Werkarten des Urheberrechts, 1983 (zitiert: *Schulze*, Die kleine Münze)

Schulze, Gernot, Werturteil und Objektivität im Urheberrecht, Die Feststellung der urheberrechtlichen Schutzfähigkeit am Beispiel der „kleinen Münze", in: GRUR 1984, 400–417

Schulze, Gernot, Das Urheberrecht und die bildende Kunst, in: Beier, Friedrich-Karl/Kraft, Alfons/Schricker, Gerhard/Wadle, Elmar, Gewerblicher Rechtsschutz und Urheberrecht in Deutschland, Festschrift zum hundertjährigen Bestehen der Deutschen Vereinigung für gewerblichen Rechtsschutz und Urheberrecht und ihrer Zeitschrift, Band II, 1991, S. 1303–1348 (zitiert: *Schulze*, FS GRUR 100 Jahre II, 1303)

Schulze, Gernot, Schleichende Harmonisierung des urheberrechtlichen Werkbegriffs?, Anmerkung zu EuGH „Infopaq/DDF", in: GRUR 2009, 1019–1022

Schulze, Gernot, Anmerkung: Gestaltungshöhe von Werken der angewandten Kunst – Geburtstagszug, in: NJW 2014, 475

Schwarze, Jürgen/Becker, Ulrich/Hatje, Armin/Schoo, Johann (Hrsg.), EU-Kommentar, 3. Auflage 2012 (zitiert: *Bearbeiter*, in: Schwarze/Becker/Hatje/Schoo, EU-Kommentar)

Steinbeck, Anja, Die Entwicklung des europäischen Urheberrechts in den Jahren 2012–2013, in: EuZW 2014, 329–336

Strauß, Gerhard (Begr.); *Olbrich, Harald/Dolgner, Dieter/Faensen, Hubert/Feist, Peter H./Flierl, Bruno/Häusler, Alexander/Junghanns, Kurt/Langer, Alfred/Meißner, Günter/Otto, Karl-Heinz/Rößler, Detlef/Schindler, Wolfgang* (Hrsg.), Lexikon der Kunst: Architektur, Bildende Kunst, Angewandte Kunst, Industrieformgestaltung, Kunsttheorie, in 7 Bänden, Band 1, A-Cim, 2. Auflage 2004 (zitiert: *Strauß/Olbrich*, Kunstlexikon, Bd. 1, Stichwort)

Strauß, Gerhard (Begr.); *Olbrich, Harald/Dolgner, Dieter/Faensen, Hubert/Feist, Peter H./Flierl, Bruno/Häusler, Alexander/Junghanns, Kurt/Langer, Alfred/Meißner, Günter/Otto, Karl-Heinz/Rößler, Detlef/Schindler, Wolfgang* (Hrsg.), Lexikon der Kunst: Architektur, Bildende Kunst, Angewandte Kunst, Industrieformgestaltung, Kunsttheorie, in 7 Bänden, Band 2, Cin-Gree, 2. Auflage 2004 (zitiert: *Strauß/Olbrich*, Lexikon der Kunst, Bd. 2, Stichwort)

Strauß, Gerhard (Begr.); *Olbrich, Harald/Dolgner, Dieter/Faensen, Hubert/Feist, Peter H./Flierl, Bruno/Häusler, Alexander/Junghanns, Kurt/Langer, Alfred/Meißner, Günter/Otto, Karl-Heinz/Rößler, Detlef/Schindler, Wolfgang* (Hrsg.), Lexikon der Kunst: Architektur, Bildende Kunst, Angewandte Kunst, Industrieformgestaltung, Kunsttheorie, in 7 Bänden, Band 3, Greg-Konv, 2. Auflage 2004 (zitiert: *Strauß/Olbrich*, Lexikon der Kunst, Bd. 3, Stichwort)

Strauß, Gerhard (Begr.); *Olbrich, Harald/Dolgner, Dieter/Faensen, Hubert/Feist, Peter H./Flierl, Bruno/Häusler, Alexander/Junghanns, Kurt/Langer, Alfred/Meißner, Günter/Otto, Karl-Heinz/Rößler, Detlef/Schindler, Wolfgang* (Hrsg.), Lexikon der Kunst: Architektur, Bildende Kunst, Angewandte Kunst, Industrieformgestaltung, Kunsttheorie, in 7 Bänden, Band 4, Kony-Mosa, 2. Auflage 2004 (zitiert: *Strauß/Olbrich*, Kunstlexikon, Bd. 4, Stichwort)

Strauß, Jürgen, Urheberrechtsschutz bei Werken der angewandten Kunst, in: GRUR-Prax 2014, 17

Szalai, Stephan, Anmerkung zu BGH, Urteil vom 13. November 2013 – BGH I ZR 143/12 – Geburtstagszug, in: ZUM 2014, 231–234

Tietenberg, Annette, Design ≠ Art? Zum Ersten, zum Zweiten und … zum Dritten, in: Geiger, Annette/Glasmeier, Michael (Hrsg.), Kunst und Design, Eine Affäre, 2012, S. 25–36 (zitiert: *Tietenberg*, in: Geiger/Glasmeier, Kunst und Design, 25)

Ulmer, Eugen, Der Schutz der industriellen Formgebung, Vorbemerkung der Schriftleitung, in: GRUR Ausl. 1959, 1–2

Ulmer, Eugen, Urheber- und Verlagsrecht, 3. Auflage 1980 (zitiert: *Ulmer*, UrhR)

Ungern-Sternberg von, Joachim, Die Rechtsprechung des Bundesgerichtshofs zum Urheberrecht und zu den verwandten Schutzrechten in den Jahren 2008 und 2009 (Teil I), in: GRUR 2010, 273–282

Ungern-Sternberg von, Joachim, Die Rechtsprechung des EuGH und des BGH zum Urheberrecht und zu den verwandten Schutzrechten im Jahre 2013, in: GRUR 2014, 209–224

Velde, Henry van de, Das neue Ornament, 1901, in: Fischer, Volker/Hamilton, Anne (Hrsg.), Theorien der Gestaltung, Grundlagentexte zum Design, Band 1, 1999, S. 95–99 (zitiert: *Velde*, in: Fischer/Hamilton, Theorien der Gestaltung, 95)

Verweyen, Urs, Die Karawane zieht weiter, in: MMR 2014, 785–786

Verweyen, Urs/Richter, Melanie, Urheberrechtsschutz für Design – Erste Instanzrechtsprechung nach der BGH-Entscheidung „Geburtstagszug", in: MMR 2015, 156–161

Vonau, Eva, Anmerkung zu BGH: Urheberrechtsschutz für Werke der angewandten Kunst, in: CR 2014, 166–168

Wadle, Elmar, Geistiges Eigentum, Bausteine zur Rechtsgeschichte, Band I, 1996 (zitiert: *Wadle*, Geistiges Eigentum I)

Wadle, Elmar, Geistiges Eigentum, Bausteine zur Rechtsgeschichte, Band II, 2003 (zitiert: *Wadle*, Geistiges Eigentum II)

Wandtke, Artur, Die Kommerzialisierung der Kunst und die Entwicklung des Urheberrechts im Lichte der Immaterialgüterrechtslehre von Josef Kohler, in: GRUR 1995, 385–392

Wandtke, Artur-Axel/Ohst, Claudia, Zur Reform des deutschen Geschmacksmustergesetzes, in: GRUR Int. 2005, 91–102

Wandtke, Artur-Axel/Bullinger, Winfried (Hrsg.), Praxiskommentar zum Urheberrecht, 4. Auflage 2014 (zitiert: *Bearbeiter*, in: Wandtke/Bullinger, UrhR)

Weischede, Jan Henrik, Urheberrechtsschutz für Gebrauchsgegenstände? Ein Vergleich der Kriterien der Entscheidung BGH, GRUR 2012, 58 – Seilzirkus mit der aktuellen EuGH-Judikatur zum Werkbegriff, insbesondere den

Entscheidungen EuGH, GRUR 2009, 1041 – Infopaq, GRUR 2011, 220 – BSA/Kulturministerium und GRUR 2012, 386 – Dataco/Yahoo in: BLJ 2013, 73–79

Wollenberg, Ernst (Hrsg.), Gutachten der fünf preußischen Sachverständigenkammern für Urheberrecht, Eine Auswahl, Berlin 1936 (zitiert: *Wollenberg*, Gutachten der fünf preußischen Sachverständigenkammern)

Zech, Susanne, Der Schutz von Werken der angewandten Kunst im Urheberrecht Frankreichs und Deutschlands, Rechtsvergleichende Untersuchung unter Berücksichtigung des europäischen Rechts, 1999 (zitiert: *Zech*, Der Schutz von Werken der angewandten Kunst)

Zentek, Sabine, Designschutz, Fallsammlung zum Schutz kreativer Leistungen in Europa, 2. Auflage 2008 (zitiert: *Zentek*, Designschutz)

Zentek, Sabine, Designspezifische Absenkungen der urheberrechtlichen Gestaltungshöhe – Keine Angst vorm BGH, in: WRP 2010, 73–80

Zentek, Sabine, Anmerkung zu BGH, Urteil vom 12. Mai 2011 – I ZR 53/10 – Seilzirkus, in: ZUM 2012, 42–45

Zentek, Sabine, Auswirkungen technischer Schutzrechte und Merkmale im Nachahmungsschutz des Wettbewerbs-, Formmarken-, Design- und Urheberrechts, in: WRP 2014, 1289–1298

Zentek, Sabine, Acht Jahrzehnte verkanntes Design im deutschen Urheberrecht, Die Geschichte des Schutzes von Gebrauchsgestaltungen unter besonderer Berücksichtigung des Nationalsozialismus, 2015 (zitiert: *Zentek*, Acht Jahrzehnte verkanntes Design)

Zentek, Sabine, Die Geschichte des Schutzes von Gebrauchsprodukten und die Auswirkungen des Nationalsozialismus auf die urheberrechtlichen Schutzkriterien, in: UFITA 2016-I, 35–97

Verzeichnis der interviewten Personen

Albus, Volker, Telefonisches Gespräch am 23.5.2016. Volker Albus studierte Architektur an der RWTH Aachen und ist seit 1994 Professor für Produktdesign an der Hochschule für Gestaltung Karlsruhe. Er war Kurator zahlreicher Ausstellungen. 2001 wurde die von ihm entworfene Leuchte „Downlight" mit dem Internationalen Designpreis Baden-Württemberg ausgezeichnet. (zitiert: *Albus*, Telef. Gespräch v. 23.5.2016)

Bergner, Anne, Telefonisches Gespräch am 8.6.2016. Anne Bergner absolvierte eine Goldschmiedeausbildung und studierte Produktgestaltung in Stuttgart und London. Seit 2009 ist sie Professorin für Grundlagen des Gestaltens, Designtheorie und digitale Darstellung an der Hochschule Coburg. Für Ihre Designarbeit erhielt Anne Bergner den Braun Preis und den Bayrischen Staatspreis für Nachwuchsdesigner. (zitiert: *Bergner*, Telef. Gespräch v. 8.6.2016)

Bischoff, Nikolaus, Telefonisches Gespräch am 24.5.2016. Nikolaus Bischoff studierte Kunstgeschichte, klassische Archäologie und europäische Ethnologie an der Philipps-Universität Marburg und dem DAMS Bologna. Er war als Kurator am Kunsthaus Hamburg tätig und ist seit 2012 Professor für Kunst- & Kulturgeschichte, Kunsttheorie und Designgeschichte an der Hochschule für Kunst, Design und Populäre Musik Freiburg. (zitiert: *Bischoff*, Telef. Gespräch v. 24.5.2016)

Blomberg, Katja, Telefonisches Gespräch am 19.4.2016. Katja Blomberg studierte Kunstgeschichte, klassische Archäologie und Neue deutsche Literaturwissenschaften in Freiburg im Breisgau, Hamburg und Heidelberg. Sie wurde mit einer Arbeit zur deutschen Plastik nach 1945 in Heidelberg promoviert und leitet heute als Direktorin und künstlerischer Leitung das Haus am Waldsee in Berlin. (zitiert: *Blomberg*, Telef. Gespräch v. 19.4.2016)

Busse, Rido, Persönliches Gespräch am 15.7.2016. Rido Busse machte eine Lehre zum Silberschmied und studierte anschließend an der Hochschule für Gestaltung Ulm. Im Jahr seines Studiumabschlusses gründete er das Unternehmen busse design ulm für Produktdesign und war dort als Designer tätig. Er entwarf u.a. die Krups-Rührschüssel und die Soehnle-Küchenwaage. Seine Produkte wurden vielfach prämiert. 1977 stiftete Rido Busse den Negativpreis Plagiarius, mit dem besonders dreiste Plagiate ausgezeichnet werden. Ein Jahr später stiftete er den Busse Longlife Design Award, mit dem Produkte ausgezeichnet werden, die länger als acht Jahre am Markt bestehen konnten. Er war Honorarprofessor an der Kunsthochschule Berlin-Weißensee. 2007 war er Mitglied der Jury des Red Dot Design Award: Product Design.

Rido Busse verfasst Gutachten in Marken-, Design- und Urheberrechtssachen. (zitiert: *Busse*, Pers. Gespräch v. 15.7.2016)

Funke, Rainer, Telefonisches Gespräch am 10.5.2016. Rainer Funke lehrt an der Fachhochschule Potsdam Designtheorie. Er studierte Philosophie an der Martin-Luther-Universität Halle-Wittenberg, promovierte zur Semiotik und arbeitete anschließend in der designtheoretischen Forschung an der Burg Giebichenstein – Hochschule für Kunst und Design Halle. 1992 wurde Rainer Funke als Gründungsdekan des Fachbereichs Design nach Potsdam berufen. Er war Inhaber der Designagentur Ö-Projekt Designmanagement Halle/Saale, Vorstandsvorsitzender des brandenburgischen Designzentrums Designinitiative Brandenburg-Berlin e.V. und Gastprofessor an der Universität für künstlerische und industrielle Gestaltung Linz. Rainer Funke forscht und publiziert zu designtheoretischen Fragen unter semiotischen und kulturtheoretischen Aspekten und berät Unternehmen. (zitiert: *Funke*, Telef. Gespräch v. 10.5.2016)

Godau, Marion, Telefonisches Gespräch am 10.5.2016. Marion Godau studierte Industrial-Design und Soziologie in Berlin und ist seit 2012 Professorin für Design-, Kultur- und Kunstgeschichte an der Fachhochschule Potsdam. (zitiert: *Godau*, Telef. Gespräch v. 10.5.2016)

Hermsen, Herman, Telefonisches Gespräch am 9.3.2016. Herman Hermsen ist seit 1992 Professor für Produkt- und Schmuckdesign an der Hochschule Düsseldorf – Peter Behrens School of Arts. Er erhielt für seine Arbeiten im Produkt- und Schmuckdesign, die international in Ausstellungen präsentiert werden und sich in Sammlungen renommierter Museen befinden, mehrere Auszeichnungen. Er war mehrmals Jurymitglied bei Designwettbewerben u.a war er Juror beim „Red Dot Award: Product Design". (zitiert: *Hermsen*, Telef. Gespräch v. 9.3.2016)

Jonas, Wolfgang, Telefonisches Gespräch am 11.4.2016. Wolfgang Jonas studierte Schiffbau an der Technischen Universität Berlin und vertritt seit 2010 die Professur „Designwissenschaft" an der Hochschule für Bildende Künste Braunschweig. Er verfasste eine gutachterliche Stellungnahme zur Vorlage bei Gericht im Rahmen von Nachahmungsvorwürfen betreffend die Unterschiede und Gemeinsamkeiten zweier bekannter und teilweise als Werk der angewandten Kunst anerkannter Regale. (zitiert: *Jonas*, Telef. Gespräch v. 11.4.2016)

Klemp, Klaus, Persönliches Gespräch am 4.5.2016. Klaus Klemp studierte Design, Visuelle Kommunikation, Kunstgeschichte und Geschichtswissenschaften in Dortmund, Münster und Marburg. Seit 2008 ist er Honorarprofessor für Designgeschichte und Designtheorie an der Hochschule RheinMain in Wiesbaden und seit 2014 ordentlicher Professor für Designtheorie und Designgeschichte an der Hochschule für Gestaltung Offenbach. Klaus Klemp ist Kurator für Design am Museum Angewandte Kunst in Frankfurt am Main. (zitiert: *Klemp*, Pers. Gespräch v. 4.5.2016)

Kurz, Melanie, Telefonisches Gespräch am 4.4.2016. Melanie Kurz ist seit 2008 Professorin für Designtheorie und Designgeschichte am Fachbereich Gestaltung der FH Aachen. (zitiert: *Kurz*, Telef. Gespräch v. 4.4.2016)

Naumann, Peter, Telefonisches Gespräch am 21.6.2016. Peter Naumann studierte Industrie- und Fahrzeugdesign in München, Offenbach und London. Seine Arbeiten wurden mit zahlreichen Designpreisen ausgezeichnet, u.a. mit dem „Red Dot Award: Product Design" und dem „German Design Award". Seit 2006 ist er Professor für Industrial Design an der Hochschule für angewandte Wissenschaften München. (zitiert: *Naumann*, Telef. Gespräch v. 21.6.2016)

Plüm, Kerstin, Telefonisches Gespräch am 30.6.2016. Kerstin Plüm studierte Kunst- und Designpädagogik an der Universität Duisburg-Essen. Sie ist als Professorin für Kunst- und Designwissenschaft an der Hochschule Niederrhein tätig. (zitiert: *Plüm*, Telef. Gespräch v. 30.6.2016)

Rebbelmund, Romana, Persönliches Gespräch am 2.5.2016. Romana Rebbelmund ist Kunsthistorikerin und Kuratorin für Bildende Kunst, Design, Grafik und Plakat im Museum für Angewandte Kunst Köln. (zitiert: *Rebbelmund*, Pers. Gespräch v. 2.5.2016)

Straßer, Josef, Telefonisches Gespräch am 7.6.2016. Josef Straßer studierte Kunstgeschichte, klassische Archäologie und historische Hilfswissenschaften in München und Salzburg. Seit 1991 ist er als Konservator für Design an der Neuen Sammlung, Staatliches Museum für angewandte Kunst in München tätig. (zitiert: *Straßer*, Telef. Gespräch v. 7.6.2016)

Tietenberg, Annette, Telefonisches Gespräch am 11.4.2016. Annette Tietenberg studierte Kunstwissenschaft und Philologie in Bonn und Berlin. Seit 2007 ist sie Professorin für Kunstwissenschaft mit dem Schwerpunkt Kunst der Gegenwart an der Hochschule für Bildende Künste Braunschweig. Sie untersucht u.a. das Verhältnis von Kunst und Design und befasst sich mit Design, Kunst und Architektur im Weltraumzeitalter. (zitiert: *Tietenberg*, Telef. Gespräch v. 11.4.2016)

Abbildungsverzeichnis

www.ingramcontent.com/pod-product-compliance
Ingram Content Group UK Ltd.
Pitfield, Milton Keynes, MK11 3LW, UK
UKHW021129041026
8980IPUK00034B/1412

9 783631 785294